# 传媒发展的范式革命：
## 传统报业的困境与进路

基于2015—2016中国报业景气状况调查与研究

新闻学论集第33辑（专辑）

喻国明 丁汉青 主编

人民日报出版社

图书在版编目（CIP）数据

传媒发展的范式革命：传统报业的困境与进路：基于2015—2016中国报业景气状况调查与研究/喻国明，丁汉青主编.—北京：人民日报出版社，2016.8
ISBN 978-7-5115-4112-3

Ⅰ.①传… Ⅱ.①喻…②丁… Ⅲ.①报业－产业发展－研究－中国 Ⅳ.①G219.2

中国版本图书馆CIP数据核字（2016）第201842号

| | |
|---|---|
| 书　　名： | 传媒发展的范式革命：传统报业的困境与进路——基于2015—2016中国报业景气状况调查与研究 |
| 主　　编： | 喻国明　丁汉青 |
| 出 版 人： | 董　伟 |
| 责任编辑： | 梁雪云 |
| 封面设计： | 春天书装工作室 |
| 出版发行： | 人民日报出版社 |
| 社　　址： | 北京金台西路2号 |
| 邮政编码： | 100733 |
| 发行热线： | (010) 65369527　65369509　65369510　65369846 |
| 邮购热线： | (010) 65369530　65363527 |
| 编辑热线： | (010) 65369526 |
| 网　　址： | www.peopledailypress.com |
| 经　　销： | 新华书店 |
| 印　　刷： | 北京鑫瑞兴印刷有限公司 |
| 开　　本： | 710mm×1000mm　1/16 |
| 字　　数： | 290千字 |
| 印　　张： | 19 |
| 版　　次： | 2016年10月第1版　2016年10月第1次印刷 |
| 书　　号： | ISBN 978-7-5115-4112-3 |
| 定　　价： | 42.00元 |

本项研究为中国人民大学新闻与社会发展研究中心自选研究项目"中国传媒业的发展困境与转型之路"的成果

## 本特刊编委会

喻国明　张建新　丁汉青　胡怀福　杨保军　李　彪

## 本特刊出品方

中国人民大学新闻与社会发展研究中心

中国报业协会

中国人民大学新闻学院

# 中国发展的"紧要关头":呼唤传媒研究者的责任与大智慧

"这是一个最好的年代,也是一个最坏的年代;这是一个智慧的年代,也是一个愚昧的年代。"狄更斯在其小说《双城记》开篇语中这句宿命式的名言,似乎总适用于每一个发展变化中的大时代。就中国社会的当前发展而言,人们普遍的心结是,无法判断这是一个最好的年代,还是一个最坏的年代,但几乎人人都可以确认的是——这是一个充满迷宫式选择与错愕的纠结年代。中国社会正经历着一场深刻的革命,从未有哪个时代的社会格局像现在这样纷纷扰扰、万象横生。显然,我们所处的时代,在历史发展的大坐标系上,恰处在一种必须做出某种重大抉择的"紧要关头"。如果说,在非"紧要关头"时,我们尚可以将关注的重点放在"如何做"这类战术性问题上的话,在"紧要关头"时,我们必须将关注重点放在"在哪做""做什么"这类战略性的问题上,因为它是"系好衬衣的第一个纽扣"。正是在这个意义上,我们说,方向比速度更重要。

然而,时下的中国传媒业的研究如同一个寓言所描述的:在黑夜里,有一个醉汉丢了钱,他在路灯下一圈一圈地寻找,直到倒卧在地。勤奋的记者们完整再现了醉汉是如何转了一圈又一圈，并且访问了他的家属，甚至追溯了他的童年；专家们则争吵不休，有人说他应该再多转一圈，有人说他应该转得更快一点，有人说他为什么醉酒带钱走夜路呢——要么策略有问题要么背后有阴谋，还有人说这"本质上"是一个法治问题，加强酒后理财机制建设势在必行。

这个寓言几乎成了所有传媒领域问题的公共讨论的"标准模板"：几乎人人都是在醉汉逻辑框定的范式内寻找答案。其实，事实的真相是，钱并不在路灯下，只是因为醉汉觉得灯下最明亮、最便利。这也正是我们目前应对发展中的危机与困境时的真实状态——短视、自欺、直觉主义、饶舌和隔靴搔痒。远见卓识缺位，整体性的理解力丧失，一切流于虚浮和泡沫，最终被一盏路灯、一条新闻或一句断言所遮蔽了。必须指出的是，在当前的"紧要关头"，我们需要竭力呼唤理论的超越意识和批判力，重归时代思想者的关键位置。而选择的大智慧的第一要义是：我们所面对的外部环境究竟发生了哪些深刻的变化？这些变化对于我们意味着什么？接下来，需要做的就是——"有勇气来改变可以改变的事情，有胸怀来接受不可改变的事情，有智慧来分辨两者的不同。"这便是现时代传媒学术研究者的责任和担当，我们以此来自勉也就教于传媒学术和实践界的各位同人。

2015年10月至2016年3月，基于对以报业为代表的传统媒介业困境与发展状况的深刻理解和关注，中国人民大学新闻与社会发展研究中心与中国报业协会携手合作，共同开展中国报业景气状况调查。调查所获得的来自实践一线的大量数据与案例对于我们真切认识转型困境中的传统媒介业的状况和深层次原因具有特殊重要的学术认识价值和决策参考意义。

本书包括总论篇、专题报告篇、专家座谈与访谈篇、研究篇四部分。

总论篇中的《现实与出路：把脉中国报业》为整个研究的概括，本篇中数据出自专题篇三份专题研究报告。

专题报告篇包括《专题一：2015年全国报业景气状况调查报告》《专题

二：全国报业景气指数舆情分析》《专题三：中国大陆报业现状深描：总体衰退加剧表象下的三重危机》。专题一采用问卷调查法了解传媒经营者对本报业综合经营情况的判定与预期，用以综合反映报业的经营与发展状况。专题二采用舆情分析法，分析相关报业网站、微博、微信公众号上关于报业新闻报道内容的情感倾向，检测当前新闻媒体、社会公众等主体对报业的基本判断。专题三采用深度访谈法深入了解从业者对当前报业经营状况的真实感受。上述三份专题报告所采用的研究方法与研究视角相互补充，其研究发现共同构建起一幅完整的中国大陆报业现实图景，从而可以全面反映当前报业的运营状况，并为推测报业未来发展变化趋势提供基本依据。上述三份专题研究报告篇幅较大，故每份报告前均设置报告摘要，以帮助读者快速抓取核心信息。

专家座谈篇与访谈篇包括 1 篇专家座谈、1 篇人民日报访谈及 10 篇采用匿名形式呈现的访谈精要。

研究篇包括 6 篇深度解析当前形势下报业困境与发展之道的研究性论文。

希望这些来自实践一线的数据、案例和研究性文字能够为中国传媒业的发展起到一种正本清源、开拓未来的积极作用。

中国人民大学新闻与社会发展研究中心主任　喻国明教授
2016 年 7 月　于北京明德新闻楼

# 目录

## 总论篇

■ 现实与出路：把脉中国报业 / 003

　　一、中国报业经营现状 / 004

　　二、中国报业目前存在的三大问题 / 005

　　三、中国报业三大问题原因剖析 / 007

　　四、促进中国报业健康发展的策略建议 / 010

　　五、结语：2016年中国报业发展展望 / 014

## 专题报告篇

■ 专题一：2015年全国报业景气状况调查报告 / 019

　　一、报告综述 / 019

　　二、报业集团 / 022

　　三、报业单位 / 041

　　附录1　2015年全国报业集团景气度调查问卷 / 069

　　附录2　2015年全国报业景气度调查问卷 / 076

■ 专题二：全国报业景气指数舆情分析 / 085
　　一、研究方法 / 086
　　二、描述统计分析 / 088
　　三、报业 2015 年度热词 / 095
　　四、报业景气度舆情现状解读 / 100
　　五、相关建议分析 / 107

■ 专题三：中国大陆报业现状深描：总体衰退加剧表象下的三重危机 / 111
　　一、问题的提出 / 111
　　二、中国大陆报业现状 / 112
　　三、报业经济压力加剧背后的三重危机 / 123
　　四、2016 年报业展望 / 129
　　附录：深度访谈 / 132

## 专家座谈与访谈篇

■ "中国报业景气状况研究"专家座谈会精华录 / 135

■ 人民日报社的融合与转型 / 149

■ 案例一："基本可以维持正常运营" / 155
　　一、党报集团基本情况 / 155
　　二、被访者对报业的判断 / 156

■ 案例二："下滑幅度巨大" / 159
　　一、地市级党报广告收入基本状况 / 159
　　二、被访者对报业的判断 / 160

# 目录

- **案例三:"整体运营不错"** / 163
  - 一、地市级党报的基本状况 / 163
  - 二、被访者对报业的判断 / 165

- **案例四:无线城市项目推动数字化转型** / 167
  - 一、无线城市项目的基本情况 / 167
  - 二、被访者对报业的判断 / 169

- **案例五:"主要收入为广告,未来开展多元化经营"** / 171
  - 一、报业公司基本情况 / 171
  - 二、被访者对报业的判断 / 172

- **案例六:"面临改革困境"** / 175
  - 一、集团基本情况 / 175
  - 二、报业集团面临改革困境 / 176

- **案例七:"生存较为艰难"** / 177
  - 一、报社基本情况 / 177
  - 二、被访者对报业的判断 / 178

- **案例八:"亟需政策、资金和具体项目的支持"** / 181
  - 一、报社发展的基本情况 / 181
  - 二、被访者对报业的判断 / 182

- **案例九:"人力资源状况堪忧"** / 183
  - 一、党报集团基本情况 / 183
  - 二、关于纸媒的四点思考 / 184

- 案例十：新媒体业务运营良好，纸媒广告收入大幅下滑 / 185
  - 一、集团基本情况 / 185
  - 二、被访者对报业的判断 / 186

# 研究篇

- "平台型媒体"的理论范式与实践路径（上）/ 191
  ——"平台型媒体"的缘起、理论与操作关键
  - 一、互联网作为一种"高维媒介"构造和激活了以个人为基本单位的社会传播的全新格局 / 192
  - 二、"个人"被激活之后的媒介生态重构是一场革命 / 193
  - 三、未来传媒转型发展的主流模式："平台型媒体" / 198
  - 四、"平台型媒体"：运行法则与操作要点 / 201

- "平台型媒体"的理论范式与实践路径（下）/ 209
  ——平台型媒体的生成路径与发展战略
  - 一、催生平台型媒体形成的四个动因 / 210
  - 二、平台型媒体的特征及形态架构 / 213

- 试析传统媒介与新媒体的合作模式与操作要点 / 221
  - 一、执行力欠缺、技术人才匮乏、规避体制性风险：传统媒体与互联网公司合作的三大主因 / 222
  - 二、"新旧媒体"合作的案例分析及简要评价 / 224
  - 三、"新旧媒体"合作的原则及操作之关键 / 231

- 中美报业数字化转型现状之比较 / 235
  ——基于《中国经营报》与《华尔街日报》的分析
  - 一、案例选择 / 236
  - 二、研究方法 / 236
  - 三、数据分析 / 239
  - 四、研究讨论 / 244

- 理解传统媒体的现实境遇 / 249
  - 一、传统媒体正在经历着的衰退：受众流失—广告下行—投资者转身 / 250
  - 二、传统媒体现实境遇不乐观的实质：吸聚注意新旧模式的碰撞 / 260
  - 三、洞察用户——传统媒体重建吸聚注意新模式的逻辑起点 / 262
  - 四、结语 / 263

- 移动互联时代传统媒体核心竞争力再造路径研究 / 265
  - 一、引言 / 265
  - 二、关系传播和情感传播成为移动互联时代的软硬件 / 266
  - 三、移动互联时代的信息生产格局：UGC+PGC 和 OGC 多元化生产方式 / 268
  - 四、移动互联时代的商业模式：从单点支撑到生态圈布局 / 270
  - 五、结语与讨论 / 275

- "互联网+"时代媒体融合转型的做点研究 / 277
  - 一、媒体融合的历史脉络梳理 / 278
  - 二、当前传统媒体融合转型的思考与反思 / 280
  - 三、集成经济视角下的传媒集团融合转型的路径选择与未来趋势 / 285

# CHUANMEI

CHUANMEI FAZHAN DE FANSHI GEMING
CHUANTONG BAOYE DE KUNJING YU JINLU

## 总 论 篇

# 现实与出路：把脉中国报业[①]

**《中国报业景气状况研究》课题组**[②]

2015年10月至2016年1月，中国人民大学新闻与社会发展研究中心与中国报业协会携手，共同开展中国报业景气状况调查。调查发现，目前中国报业不仅正在失去广告价值（广告主离开），而且还正在失去渠道价值（发行量减少）；不仅正在失去渠道价值，而且还正在失去内容提供者价值（报业内容景气指数走低）；不仅正在失去内容提供者价值，而且还正在失去影响社会的价值（社会影响力下降）。内容（特别是新闻报道）提供者价值与影响社会价值的流失正在导致报业"空心化"。谋求重生的报业急需改变此前过于重视数字化或融合"形式"的做法，重新回归报业的核心价值——用专业内容（尤其是新闻报道）获取社会影响力。报业重生不仅意味着走出当前传统商业模式坍塌所带来的经济困局，实现国有资产保值增值；而且更意味着寻得切实可行的专业内容价值补偿方式（如版权、交叉补贴等），继续承担起环境监测、社会协调等功能。

社会体系运转离不开报业等"软力量"。当前报业之困不仅是行业之困，更是社会发展之困。报业谋求重生不仅需要自身努力，更需要社会各方的支持。

---

[①] 本文数据材料来自"中国报业景气调查研究"的三份基础报告——《2015年全国报业景气状况研究调查报告》《全国报业景气指数舆情分析》及《中国大陆报业现状深描：总体衰退加剧表象下的三重危机》。文中将不再一一注明数据出处。

[②] 中国报业景气状况研究课题组成员来自中国人民大学新闻与社会发展研究中心、中国报业协会。课题主要负责人为中国人民大学新闻与社会发展研究中心主任喻国明教授，中国报业协会胡怀福秘书长。本报告由中国人民大学新闻学院副教授丁汉青执笔。

我们认为，相关主管部门面对当前中国报业危局，首先，需意识到社会的良性发展离不开发挥环境监测、社会协调等功能的报业；其次，需顺应新媒体技术给传统媒体带来的这次重生机会，采取积极措施，优化"存量"，引导"增量"，最终打造出有巨大社会影响力的"新"报业！

# 一、中国报业经营现状

传统营收下降之势不可阻挡，新业态"补血量"赶不上老业态"失血量"，报业资金链面临断裂风险。

**（一）2015年中国报业传统营收（广告与发行）深度下跌，且2016年预期更加悲观。**

从发行上来看，2015年报纸发行量与发行收入与2014年相比"持平"者分别为36.1%与43.3%，"略有减少"者分别为37.7%与31.73%，并且被调查者对2016年发行量与发行收入变化的预期较2015年更悲观。考虑到通货膨胀与行政力量助推报纸发行的事实，报纸发行量与发行收入实际变化可能较数据显示更为消极。

从广告收入看，2015年广告收入与广告实际价格与2014年相比"持平"者分别占比15%与59%，"略有减少"者分别占比33.3%与27.9%，"大幅减少"者分别占比41.7%与4.9%。预期2016年比2015年相比"持平"或"略有减少"者均有不同程度的增加。得益于行政助推，报业发行相对广告更乐观些，不过，情况更糟糕的广告可能更能反映目前报业市场的真实状况。

**（二）报业新业态"补血量"比不上老业态"失血量"，不少报业面临资金链断裂危险。**

报业衰退迹象早已显现，"狼来了"的预警也已响了多年。在报业传统营业收入沦落至今日境地之前，报业当然早已开始另觅出路：建设网站、"两微"等新媒体渠道自不必说，涉足印刷、版权、影视、游戏、教育、体育、演艺、旅游、活动、会展、物流、房地产、艺术园区、投融资、电子商务平台、智慧城市建设等领域也已相当普遍。不过，调查显示，报业集团（2015年）与报社（2014年）传统经营收入（主要包括广告与发行）在总收入中的比例分别高达65.9%与66.6%。对广告、发行等传统经营收入的过分倚重致使传统营收"失血"严重时，其他新业态收入无法及时补上"窟窿"。报业资金链吃紧现象已显露出来。

## 二、中国报业目前存在的三大问题

在中国大陆报业经营压力增大背景下，报业人员、社会影响力及资源配置效率低下等三大问题凸显。

**（一）人员问题：人力资源结构不匹配与核心人才流失问题严重。对报业而言意味着乏人可用，可持续发展堪忧；对社会而言，意味着新增一份社会不稳定因素。**

报业发展离不开人才支持，目前报业人力资源面临结构不匹配与核心人才流失双重危机。

1. 人力资源结构与新经营格局不匹配，老业态产生冗员，新业态乏人可用。

在原商业模式中，业务部门负责采编出报，经营部门负责将读者注意力卖给广告主，原商业模式的长期运行已"固化"出相对稳定的人力资源结构。该人力资源结构与新经营格局所要求的人力资源结构存在一定的差距：一方面，老业态萎缩产生冗员；另一方面，新经营格局中出现的新业态（如游戏、智慧城市建设等）乏人可用。人力资源结构无法迅速调整到位，新业态又必须开展，此时退而求其次的一个选择是老"材"新"用"。但老"材"新"用"又会产生两个问题，一是人员有热情但缺少必要的专业知识，可持续发展堪忧；二是员工既无热情又无专业知识，靠磨洋工得过且过。

2.核心人才流失，人员"逆淘汰"现象突出。

传媒行业属于智力密集型行业，在该行业成本结构中，人力资源成本占比较高。当报业经营困难时，减薪减员在所难免。减员对于减少人力成本是好事儿，但是目前员工"逆淘汰"现象突出，即"想减的减不掉，不想减的人家自己走了"，核心人才"组团"出走往往伤及报社元气。

报纸从业者总体来看不仅拥有较高的文化水平，而且颇具社会责任感与忧患意识，这批人在中国社会发展过程中曾释放出巨大的正能量。如果在当前产业更新换代的过程中，这批人无法顺利实现职业转型，一方面会造成社会人力资源的浪费，另一方面也可能会增加社会安全隐患。

**（二）社会影响力问题：报业社会影响力正在下降。一方面，报纸在社会公众中的意见领袖地位可能被网络空间中的意见领袖取而代之；另一方面，社会逐渐失去一个非常重要的环境监测与社会协调平台。**

报业的核心产品既非报纸这种载体形式，亦非报纸所采用的编排形式，而是借助专业报道或宣传服务满足公众、党、政府的需要。报业生存离不开经济基础，但是现代报业的核心价值并非来自经济实力，而是来自其履行环境监测、社会协调、教育、娱乐等社会功能时所产生的影响力。

调查显示，47.5%的被调查者认为未来3年，报纸的社会影响力会略有下降，23.7%的被调查者则认为未来3年，报纸的社会影响力将大幅下降。

一方面，报纸社会影响力下降意味着报纸意见领袖地位弱化，这为网络空间中意见领袖的崛起留出机会。另一方面，当报纸在民众的信息来源清单中处于最底端甚至无迹可寻时，整个社会将失去一个重要的环境监测与社会协调平台。

**（三）社会资源配置效率问题：报业并非完全遵循市场逻辑配置资源，某些决策效率低下，造成社会资源浪费，不利于社会经济的整体发展。**

报业存在的社会资源配置效率问题主要有以下两方面表现：

1. 发行出去的报纸阅读率很低，造成社会资源浪费。

对于报纸来讲，阅读产生价值。有些报纸则靠行政力量推动公费订阅。行政力量虽可确保党报成功发行，但不能确保发行的党报被阅读。高发行量与低阅读率造成"大量报纸印发出来，又原封不动地被回收进入废纸厂"，社会资源浪费问题突出。

2. 报业从政府部门拿得的某些项目带有垄断优势，无法保证实现效率，很有可能造成社会资源浪费。

政府部门将某些项目交给报社并非完全是基于效率考虑而做出的资源配置决策。拿到项目后，有的报社因缺乏执行项目的专业团队、良好机制等，或任由项目烂尾，或虽勉强完成但资源投入量大，效率低下。从整个社会角度看，无论是项目烂尾还是高投入低产出的勉强完成，都造成了社会资源的浪费。

## 三、中国报业三大问题原因剖析

### （一）报业人才问题产生的原因

结构不匹配问题一方面缘于人才结构调整的相对滞后性，另一方面缘于目前报业事业单位性质增加了人才结构调整的难度。

报业核心人才流失主要缘于以下几个方面的原因：

1. 报社内工作报酬降低：薪金减少"瘪"了口袋，职业荣誉感丧失则"瘪"了精神。

报纸从业者所得报酬既包括报社薪酬，还包括补偿性收入。

首先，工资收入与福利有所下降。

调查数据显示，相比2014年，2015年全国绝大多数报业集团员工工资与上年持平或略有增加。与2015年相比，预估2016年工资收入将"持平"或将"略有增加"的比例略有下降；将"略有减少"的比例有较大幅度的上升。

从福利收入来看，2015年55.3%的报业集团保持持平，21.1%的报业集团略有减少。并且报业集团对2016年员工福利收入的预期比较保守，总体上看，报业集团员工福利收入呈现略微收缩的态势。

考虑到通货膨胀因素，员工工资福利收入状况可能要比数据显示的更不乐观。

其次，补偿性收入下降。

报纸从业者所得收入除实际工资外，还包括补偿性收入。传媒业的补偿性收入来自报业特殊社会地位与功能赋予从业者的额外满足（如社交、尊重、自我实现等需要的满足）。为"生计"问题挟持，当前报纸从业者既要承受减薪之痛，又要感受前途未明所带来的身份困惑与成就感、荣誉感丧失。

2. 所担风险增加。

报业组织内部的激烈内耗与监管部门在"广告收入提成（组稿费）、实物代替广告费"等方面所拉起的"红线"增大了中高层领导所承担的风险。

总的来看，报偿减少与风险提升并行，降低了报业对从业者的吸引力。在此情况下，手握更优质工作机会的报业人才很有可能选择离开。

（二）社会影响力衰退问题产生的原因

一方面，内容对用户的吸引力降低，报业难以积聚新的社会影响力，另一方面，报业为解燃眉之急而采取的各种办法正在变现报业原有社会影响力，报业社会影响力堪忧！

1. 报业原创内容吸引力下降，难以积聚新的社会影响力。

报业景气度舆情分析显示，2013、2014、2015 年微博所呈现的报业内容景气指数分别为 –0.095、–0.294、–0.417，说明在微博用户眼中，报纸内容吸引力变差且日益恶化。报业的核心并不在于"纸"，而在于新闻报道内容，当报业不能凭借内容赢得用户时，报业失去的不仅是渠道价值，更是内容价值。失去内容价值的报业，何谈社会影响力？

当前报业内容价值的消减在一定程度上与报业极力压缩成本的做法及新闻从业者职业操守下滑等有关。

（1）压缩深度报道，自弃打造社会影响力的"重型武器"。

虽然深度报道本应是报业打造社会影响力的"重型武器"，但无奈其支出大、风险高，且难以得到相关行政单位的回应，在报业暂未寻得弥补深度报道成本的途径时，深度报道常遭压缩。

（2）新闻工作者职业操守下滑亦削弱着报业影响力。

一些报社或报纸从业者原创积极性不高，从网上扒取信息转载，甚至直接抄袭填充版面。此举虽是"以其人之道还治其人之身"，但鉴于公众对报业的期待高于网媒，因此当报业屈身抄袭时，其节操碎了一地。以至有人叹惜："传统媒体的没落，难道真的要从职业操守的堕落开始？能不能做到体面退场？"报纸从业者职业操守下滑进一步加剧了报业社会影响力的衰退。

2. 刊登形象广告等变现报业原有影响力。

报业通过履行社会功能积聚影响力，又通过为广告主刊载广告等将此影响力变现。在诸种广告形式中，形象广告尤其是党报形象广告颇受国企、事业单位及行政部门的青睐。当报纸通过刊登形象广告为广告主做形象背书时，一方面得到经济回报，另一方面亦会消耗自己的影响力。2004 年 5

月10日和11日，人民日报、光明日报、经济日报基于"形象广告泛滥，损害新闻媒体的声誉和公信力"的认识，刊登公告，决定取消刊登形象广告。时至今日，报业虽仍有此认识，但在经济压力增大时，不少媒体还是选择大做形象广告，变现已有社会影响力。

### （三）社会资源配置效率低下问题产生的原因

报业一身兼容行政与市场两种逻辑，易相互掣肘。具体到操作层面，由于未能理顺管理、财务、人员激励等机制，导致经营过程不灵活，效率低下。

## 四、促进中国报业健康发展的策略建议

当前报业困局，时代使然。解困之策，既来自报业自身努力，又离不开社会相关部门的支持。

### （一）相关主管部门要将报业发展置于兴国安邦的大战略背景下考虑，从思想上高度重视当前报业在价值流失方面的危局。

今日报业之困局不仅是个经济问题，更是个社会问题、政治问题。不解决报业当前面临的经济问题，报业便无法继续保持引导社会舆论的独特价值；报业若失去引导社会舆论的独特价值，则不仅意味着社会不同利益主体失去了利益协调平台，而且还意味着党与政府失去一支忠诚的新闻战线力量。从这个意义上看，决策部门需对拯救报业危局予以高度重视。

### （二）尊重市场规律，顺应当前淘汰机制，帮助一批小、散、乱的报纸有序"退场"。

当前全国真正有品牌和影响力的报纸有限，小、散、乱的报纸大量存在。

报业正好可以利用市场淘汰机制，使一批小、散、乱的报纸有序"退场"。此举一方面可借助市场力量，另一方面也需政府主管部门适度介入，譬如政府主管部门可以根据当前报业实际情况，确定退场的先后顺序以及"退场"的标准等。

**（三）对有能力或有必要存活下去的报业分批考察、分类指导，帮助不同类别的报纸重新确立原创内容的价值补偿途径。**

原创内容所需经济支撑既可来自市场，也可来自政府。来自市场的经济支撑既可出自直接的内容售卖（版权），也可出自市场主体内部不同业态间的交叉补贴或是不同市场主体间的交叉补贴。来自政府的支撑则为财政拨款。

1. 严格版权保护，在报业原创内容供求之间建立直接的价格联系，维护原创内容生产者的积极性。

虽说在传统商业模式中，报业也不直接靠卖内容赚钱，但问题是，拿到报业原创内容的网站等线上平台目前不仅拿走内容，而且还挖走了传统报业赖以生存的广告。当报业无法借助广告收入弥补内容生产成本时，不得不回过头来寻求"版权"收益。

报业版权目前虽受《著作权法》等的保护，但无奈维权成本高、回报低，报业依法保护自身版权可操作性差。鉴于此，当务之急是制定有利于维护报业生产原创内容积极性的版权环境。譬如对报业原创内容分类分级分别定价、简化侵权诉讼程序、提高侵权成本等，使原创内容生产者可以直接从内容本身获利。

2. 鼓励报业发挥主动性，用满足用户其他需求的业务所赚得的收入补贴满足用户社会信息需求的新闻报道业务所产生的亏损，帮助报业建立起良性的资金交叉补贴机制。

严格版权保护虽然被很多从业者认为是报业摆脱目前经济困境的重要

举措,但从现实来看,确立制度、执行制度及监督制度实施等不仅需要耗费大量社会资源,而且还需假以时日。可报业尽快摆脱目前经济困境又迫在眉睫。基于此,交叉补贴亦是可以考虑的一种方式。

如果将版权保护视为以原创内容养原创内容,交叉补贴则是以其他业态收入养原创内容。实际上,报业传统的"二次售卖"商业模式也是一种交叉补贴形式,即用广告部门的收入来补贴新闻报道部门的亏损。二次售卖交叉补贴模式建立在读者与消费者"二位一体"的基础之上,新交叉补贴模式则基于用户有多种需求的客观现实。

(1)采用减免税等手段,鼓励报业探索市场单元内部不同业态间交叉补贴的良性机制。

市场单元(如报业集团或报社)内部不同业态间的交叉补贴指新闻报道部门(或报社)只负责报道新闻、服务社会,其运转经费由报社或报业集团内其他业务部门(或子公司)供给。新闻报道业务在经济层面上被组织"包养"起来。交叉补贴可以是集团层面,也可以是报社层面。新闻报道部类似企业的社会责任部(CSR),其价值不在于赚取经济收益,而在于因维护社会公共利益而给集团/报社带来的良好社会声誉(无形资产)。

财政部门可以采用减税手段鼓励报业单位内部不同业态间的交叉补贴。譬如对报社或报业集团内部从其他业态转移至新闻报道部门的收入实行减免税。

交叉补贴类似目前的"两分开"。但是,需要进一步通过机制体制建设理顺非营利的新闻报道部与营利部门之间的关系,譬如在进行交叉补贴时,是否需要根据新闻报道部门的实际业绩确定补贴额度;再如何建立起对新闻报道部门员工的激励机制等。

(2)支持报业探索市场单元间交叉补贴的新机制,鼓励搭建报业将内容使用权让渡给互联网公司、互联网公司给报业广告分成的平台。

报业长于内容,互联网长于渠道。需要报业原创内容的互联网公司除可通过版权交易获得内容外,亦可考虑与报业签订广告分成协议:即报业将原创内容使用权让渡给互联网公司,互联网公司则给报社提供广告分成,以补贴报业原创内容的成本。此种做法可以避免制定、完善、执行版权保护制度及监督制度实施所需要的成本（包括时间成本）。

（3）允许一批无法靠版权或交叉补贴生存下去且政府又认为其必须活下去的报纸，回归完全依靠财政拨款的事业单位性质。

**（四）主管部门做好顶层设计，增大报业吸聚社会资本的能量，突破目前报业资金规模普遍偏小的窘境；与此同时按照现代企业制度要求，促使少数具有社会影响力的报业集团加快建设成为完备的市场主体。**

在确保报业可以重获原创内容价值，继续发挥环境监测、社会协调、社会控制功能的前提下，继续深化报业经营部分的市场主体身份。报业市场主体可以是上市的报业集团，也可以是报社下属的分公司。经营方面，目前已有的少量优质报业集团在政策允许下可以尝试双层股权制，既可保证国有股的控制权，又能以"小"搏"大"，吸纳大量社会资本，以突破目前报业发展资金量普遍不足之窘境。与此同时，打破报业经营的地域限制、行业限制，推动报业在更大范围内整合散乱的内外资源。就报社内部管理来说，则按现代企业制度要求，积极优化报业集团内激励机制、分配机制、组织结构等。

**（五）善待报纸从业者，指导其有序流动，完善激励机制。**

新闻从业者的工作能力、工作热情与职业精神是几十年来新中国报业繁荣发展的动力来源。在当前报业经营不景气的背景下，仍要善待之。

目前报纸从业者职业流动已为常态。决策部门需指导职业流动有序进行。第一，积极培训不适合报业新发展要求的员工，帮助其获得新技能，以胜任新工作、新任务。第二，妥善安排那些即使通过培训仍无法胜任新工作者。第三，以开放心态对待主动选择离开报业者。第四，完善报社激励机制，帮助从业者做好职业生涯规划，稳定骨干人员队伍。

## 五、结语:2016年中国报业发展展望

2015年是中国报业特别艰难的一年。2016年的中国报业仍将处在下行通道中,不过,由于近段时间专业人士的疾呼与主管部门的关注,在2016年里,中国报业有望争取到更有利的政策空间。

**(一)经济分层更加明显。**

在经济层面上,报业冷暖各异。当前的经济困境就像一个筛子,一批小、散、乱的报纸将首先被"筛"出去;中间一批苦苦挣扎,使尽浑身解数,动用一切社会资本,争取"留下"的机会;还有个别早已摆脱广告收入依赖的报业则将同行远远抛于身后,获得整合报业资源的机会。对于前两种处境的报业来讲,这场信息革命更多是场挑战;对于最后一种处境的报业来讲,这场信息革命更多是场机遇。

**(二)报业经营领域既会创新出新的经营样态,又会出现种种经济"乱象"。主管部门需要做好规范引导工作。**

经济压力促使报业想方设法谋得生存机会,压力一方面会激活报业经营者的智慧,创造出新的模式;另一方面,亦会在打擦边球的过程中出现种种经济"乱象"。

**(三)人员流失进一步加剧,稳定报业骨干队伍任务艰巨。**

报业人员尤其是核心人员受其他行业工作机会吸引,离职者众。已离职人员的示范作用、对报业未来的悲观预期等将引发更大规模的离职潮。部分年龄稍长、适应新环境能力稍差的员工会感受到更多的失落、焦虑与迷茫。管理者需要更加关注与疏导从业者的职业心理。

**（四）报业困局有望受到主管部门的重视。**

报业版权、报业交叉补贴、报业现代企业制度等受到国家领导人与政策主管部门的重视后，有望出现多部门联动、多角度探索解决当前报业困局的新气象。

## CHUANMEI

CHUANMEI FAZHAN DE FANSHI GEMING
CHUANTONG BAOYE DE KUNJING YU JINLU

# CHUANMEI

## 专题报告篇

# 专题一：2015年全国报业景气状况调查报告

《中国报业景气状况研究》课题组[①]

**摘 要**：本报告采用问卷调查法，调研当前中国大陆报业集团、报业单位的发展现状。研究发现：目前中国报业经济的主要收入来源是广告收入和内容发行收入，在数字化转型方面，尽管多数报业集团和报业单位均实现了"两微一端"的全覆盖，但其变现能力有限，并且报业经营者对未来数字化转型带来的收益保持谨慎态度。在对2016年报业经济预测时，多数报业集团和报业单位认为，2016年报业传统主营业务收入将继续呈现下滑趋势，但多元化业务或成为报业经济新的增长点。

**关键词**：报业 广告收入 发行收入 数字化转型

## 一、报告综述

2015年全国报业景气调查由中国报业协会和中国人民大学新闻与社会发展研究中心联合发起，本次调查是在中国报业发展环境出现新变化、面临形势日趋严峻的背景下开展的，旨在通过科学的抽样与分析，全面掌握近年来全国报业的经营发展状况，认清当前报业发展存在的实际困难和问题

---

[①] 中国报业景气状况研究课题组成员来自中国人民大学新闻与社会发展研究中心、中国报业协会。课题主要负责人为中国人民大学新闻与社会发展研究中心主任喻国明教授，中国报业协会胡怀福秘书长。本报告由中国人民大学新闻学院传媒经济专业2015级博士生王梦宇执笔。

的同时为有关部门战略决策提供具有重要参考价值的智力支持。本次调查依据科学的调研方法，按照中国报业的实际编制体系，科学地抽样确定调查对象，邮寄纸质问卷以及发放电子版问卷。问卷调查于2015年11月–2016年1月开展，调查对象分为两部分：报社与报业集团。抽样名单为中国报协第五届理事会理事名录中的274个理事单位，按照excel公式roundbetween随机抽取160个，回收有效问卷99份，其中报社问卷样本量61份，报业集团38份，问卷回收率约为61.9%。

本次调查以38家报业集团作为调查样本，其中，按地域分布划分，西部报业集团6家，中部报业集团10家，东部报业集团22家。样本报业集团平均员工数量为1502.2人，平均净资产约为9.08亿元，主要以传统报业经营（广告、发行等）作为资金的最主要来源，平均每个集团旗下拥有5.69份报纸，平均年度收入约为4.92亿元。在61家报社调查样本中，其中，按地域分布划分，西部报社16家，中部报社12家，东部报社33家。按报纸的内容不同划分，综合性报纸48家，专业性报纸13家。按从属关系划分，机关报41家，非机关报20家。按发行范围划分，全国性报纸17家，地方性报纸41家。多数样本为自收自支的事业单位，在职员工平均约为290.3人，平均总收入为15278.87万元。

调查数据表明，近年来，随着数字化技术和媒介技术的迅速发展，受众的阅读习惯和报业的生产方式都发生了巨大变化，样本报业集团与报社几乎都积极采取了多样化的数字化转型措施以应对这一新的变化，主要包括：通过短信、微博、QQ等平台与读者互动，开设互动版面；主办报纸网站；自建微信公众号推送内容等。此外，为了提高综合竞争力，报业集团还积极进行集团转型，拓宽业务布局，广泛涉足文化产业、会展业、物流产业等行业。

我们从报业集团生产经营状况、人员状况、跨行业经营创收等方面考察了报业集团2015年较2014年的生产经营状况和其对于2016年状况的预期。从总成本、利润、投资回报率等方面来看，多数报业集团2015年生产经营状况偏向负面，而对2016年的预期相比2015年更加不容乐观。从员工工资报酬、员工福利收入、新进员工数量、离职员工数量等因素来看，报业集团2015年出现一定程度人才流失，员工数量略有减少，工资略有增加，福利略有减少，但仍保持较旺盛的人才需求。此外，报业集团利用自身优势涉及经营文化会展业、物流配送、房产租赁业务、房地产投资等行业，并取得了较多的收入。调查从发行收入状况、成本利润状况、广告价格状况、人员状况等维度考察2015年报业单位生产经营状况和对于2016年状况的预期。从平均每期报纸版数、报纸发行量、报纸出版频次和各项收入情况来看，2015年报社单位的发行收入状况呈现出了明显的负面倾向，对于2016年的预期负面倾向也依然明显，其中尤以广告收入的现状和预期的悲观倾向最为显著；从报社总成本和盈利亏损情况看，报社单位2015年状况和2016年的预期也较为严峻；报社单位对于2015年的广告价格状况和2016年的状况预期中，对于广告刊例价和实际广告价格主要持持平态度，但是在广告刊载量的现状和预期上显示出了较为强烈的悲观色彩；而从员工工资报酬、员工福利收入、新进员工数量、离职员工数量因素来看，报社单位2015年人员状况大致与去年持平，而在2016年的人员状况预期上，相比2015年倾向维持现状的程度更加明显。

在针对报业集团目前生产经营状况的主观评估调查中，我们发现，盈利模式单一，体制、机制遗留的弊病，创新动力不足等因素成为制约当前报业集团发展面临的最主要问题。报业集团也以约7.79的高平均分数感知到了新媒体带来的竞争压力，而由于互联网和新媒体分流了很大一部分传统报纸受众并成为广告主广告投资热点领域，因而报业集团在这几个方面感受到的来自新媒体的竞争激烈程度明显。从报业单位目前生产经营状况的整体评估来看，新媒体冲击造成的读者和广告主流失，宏观经济低迷，体制、机制上遗留弊病成为了近三年报业发展面临的主要问题，其中新媒体冲击造成的读者和广告主流失这一因素近年来重要程度迅速上升，以极高比例成为现阶段报业发展最主要问题。

在对报纸行业宏观环境的判断和预计的调查中，我们从报业发生重大变革的可能性、产业结构份额、社会影响力等进行诸多方面评估，发现报业集团以及报社对未来 3 年中国报业的预期悲观倾向明显。报业集团对 2016 年经营状况预测评分平均为 6.63，对 2016 年中国报业发展状况预测评分平均为 6.10，报社单位对 2016 年经营状况预测评分平均为 6.40，对 2016 年中国报业发展状况预测评分平均为 6.06，持保守乐观态度。

## 二、报业集团

### （一）中国报业集团的几项重要经济指标

1. 报业集团资金来源结构多样，以报业传统经营（广告、发行等）为主要收入来源

从对全国报业集团的调查数据来看，在 34 个有效样本中，报业传统经营（广告、发行等）仍是报业集团最主要的资金来源。此外，报业集团还通过涉足经营非文化产业，如资本、房地产、电子商务、物流配送等多样化业务，获得了约 9.4% 的资金。多数报业集团虽获得地方政府的临时补贴和国家的财政拨款的支持，但占比较少，可见报业集团虽负担着舆论导向和社会责任，但其传媒产业市场属性凸显。而通过如教育、体育、影视剧及内容生产及版权交易、会展活动、艺术品经营、游戏等大文化产业经营获得的资金只占到集团 2015 年年度资金来源的 2.6%（见图 1），在这方面报业集团可进一步利用自身优势发力，仍有一定的发展空间。

2. 近一半样本集团净资产低于 3 亿元，大于 10 亿元的约占 1/5

集团净资产和集团规模密切相关。在 36 个有效样本中，报业集团的净资产最低为 0.17 亿元，最高为 122.00 亿元，平均约为 8.95 亿元（见图 2）。我们可以通过样本推断全国报业集团的规模分布是呈现"两极"状态，由

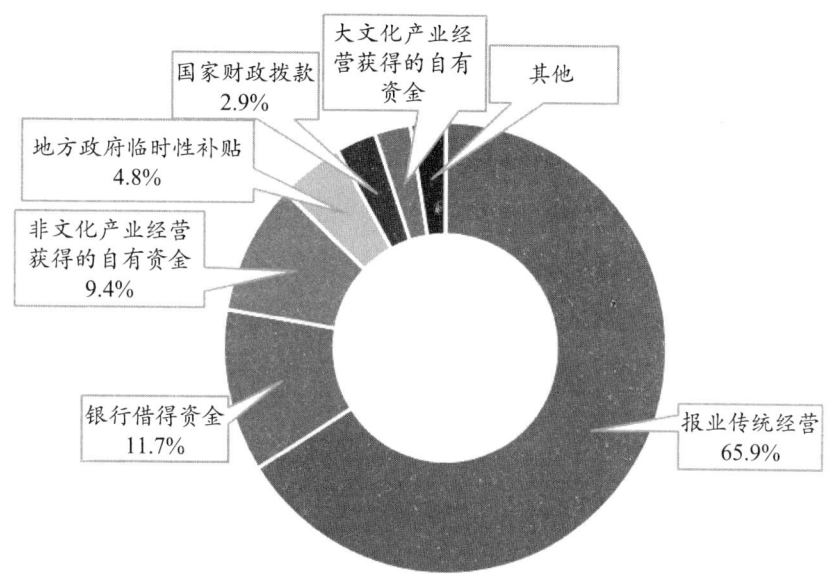

图1 调查样本报业集团2015年资金来源结构统计图

于中国报业集团化存在明显以行政区划为特征的市场壁垒,以及行政主导下的"强强合作"式的"拉郎配",导致净资产小于3亿元的集团占了较大比重。如果资讯产量过剩,多余的媒体自然会被淘汰,净资产低的报业集团首当其冲。

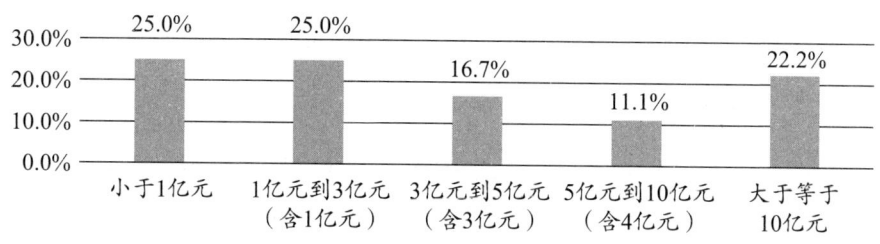

图2 样本报业集团净资产统计图

3.上市集团仍属少数,报业集团资本运作水平有待提高

是否上市在一定程度上关系到报业集团市场化的程度。在中国现实语境下,报业集团往往涉及舆论引导并担负社会责任,由于体制、管理方面

等原因，与其他产业集团相比，其上市也更为复杂和困难。在 33 个有效样本中，仅有一个样本选择了该集团已上市或即将上市，仅占有效总体的 3.0%（见表 1）。报业集团上市，可利用证券市场进行筹资，广泛地吸收社会上的闲散资金，从而迅速扩大企业规模，增强自身实力。从目前市场发展来看，资本尤其是 VC（风险投资）不断"攻城略地"，很多传媒转型的背后都有资本运作的身影。① 但是由我们的调查结果来看，有条件完成股份制改造，进行上市融资的报业集团仍属少数。

表 1　样本报业集团上市情况统计报

| 集团是否上市 | 频率 | 百分比（%） |
| --- | --- | --- |
| 是 | 1 | 3.0 |
| 否 | 32 | 97.0 |
| 总计 | 33 | 100.0 |

4. 2014 年度各项收入

在 37 个有效样本中，报业集团 2014 年度总收入最低为 0.26 亿元，最高为 39.4 亿元，平均为 4.85 亿元。同 2015 年情况相似，广告收入和发行收入两部分约占各集团收入的 72.7%，是报业集团最主要的收入来源。非文化产业经营收入也在 2015 年报业集团各项收入中占到了很大比例，该项平均收入为 0.57 亿元，所占比例约为 14.4%（见表 2）。

表 2　样本报业集团 2014 年年度收入统计表

| 收入项目 | 平均收入（单位：亿元） | 所占比例（%） |
| --- | --- | --- |
| 广告收入 | 2.09 | 52.9 |
| 发行收入 | 0.78 | 19.8 |

---

① 李彪：《"互联网+"时代传统媒体融合转型的做点》，《编辑之友》，2015 年第 11 期。

续表

| 收入项目 | 平均收入（单位：亿元） | 所占比例（％） |
|---|---|---|
| 非文化产业经营收入 | 0.57 | 14.4 |
| 其他收入 | 0.39 | 9.7 |
| 大文化产业经营收入 | 0.13 | 3.2 |
| 总　　计 | 3.96 | 100.0 |

## （二）拓展多元产业为报业集团主要转型路径

1. 集团利用已占有资源涉足产业多样，印刷业务、文化会展业务、房产租赁业务为主要创收途径

在总计34个有效样本中，共有32个报业集团曾采取过转型措施，占到总数的百分比达到94.1%（见表3），可见集团转型是整个报纸行业的大势所趋，也是行业内各经营主体所达成的一个共识。可以预计，在政策引导与市场的合力作用下，未来传统媒体转型与融合将持续深化。

表3　样本报业集团跨行业经营情况统计表

| 行业名称 | 第一位比例（％） | 第二位比例（％） | 第三位比例（％） | 综合比例（％） |
|---|---|---|---|---|
| 印刷业 | 25.0 | 29.0 | 10.0 | 64.0 |
| 文化会展业 | 12.5 | 29.0 | 6.7 | 48.2 |
| 房产租赁业务 | 15.6 | 16.1 | 10.0 | 41.8 |
| 物流配送 | — | 6.5 | 23.3 | 29.8 |
| 房地产投资 | 18.8 | 3.2 | — | 22.0 |
| 其他 | 9.4 | 3.2 | 6.7 | 19.3 |
| 信息服务 | — | — | 16.7 | 16.7 |
| 旅游开发 | 3.1 | 3.2 | 10.0 | 16.4 |
| 出版业 | 9.4 | — | 6.7 | 16.0 |
| 股权投资 | — | 6.5 | 6.7 | 13.1 |

续表

| 行业名称 | 第一位比例（%） | 第二位比例（%） | 第三位比例（%） | 综合比例（%） |
|---|---|---|---|---|
| 酒店业 | 3.1 | — | 3.3 | 6.5 |
| 餐饮业 | — | 3.2 | — | 3.2 |
| 影视制作与发行 | 3.1 | — | — | 3.1 |
| 总计 | 100.0 | 100.0 | 100.0 | 300.0 |

将 2015 年度集团跨行业经营创收最多的 3 个行业进行依次排序，我们采得的有效样本中印刷业务、文化会展业务、房产租赁业务无论是从占经营创收第一位比例还是从综合选择比例来看，都居于前列。文化产业由于较低的准入门槛，政府近年的大力推动，加之和传媒行业纵横联系较为密切，是报业集团转型的第一选择。会展、印刷业务由于与发行关系密切，报业集团涉足早、根基深，也成为报业集团转型的优势选择。但在调查对象中，选择最能发挥报业内容优势的"信息服务"的报业集团仅占 16.7%，占比较少。还有部分报业集团利用目前所占资源进军旅游产业、金融产业、地产、影视产业、游戏产业等。报业集团通过跨行业经营，可以链接和整合更为广泛的社会资源，带动产业优化升级，最终提升报业集团的核心竞争力。可以看出，报业集团转型路径和着力点多样，多利用目前已有资源，在具体转型实践中可能面临的各项问题，则需政府的进一步支持。

值得关注的是，传统媒体要完成转型，在拓展多元产业背后，还必须同时推动管理运营的产权制度创新，实现真正的公司化治理，抓住媒介融合的契机，建立可持续的商业发展模式。① 否则，仅仅是为"多元"而"多元"，易陷入盲目。

2. 普遍数字化转型，在移动互联网和 PC 端布局，提升用户体验，适应互联网时代用户需求

随着近年来数字化技术和媒介技术的迅速发展，报纸的生产方式和受众的阅

---

① 张志安：《报业融合发展趋势及挑战》，《中国报业》，2014 年第 11 期。

读习惯都发生了巨大变化,传统报业集团面临着数字化变革的要求。在我们的调查中,所有样本报业集团都采取了数字化转型措施,具体采取的措施如表4所示:

表4 样本报业集团数字化转型措施统计表

| 数字化转型措施 | 个案百分比(%) |
| --- | --- |
| 主办报纸网站 | 94.7 |
| 通过短信、微博、QQ等平台与读者互动,开设互动版面 | 92.1 |
| 自建微信公众号推送内容 | 92.1 |
| 开发移动终端APP应用 | 89.5 |
| 新闻采编等办公环节数字化 | 84.2 |
| 实现激光照排、彩色印刷、胶版印刷和远程传输 | 76.3 |
| 发送手机报 | 71.1 |
| 户外电子应用 | 60.5 |
| 推出WAP手机版 | 42.1 |
| 发行PDF电子版 | 42.1 |
| 入驻新闻客户端 | 39.5 |
| 制作光盘电子版 | 36.8 |
| 其他 | 10.5 |
| 发送电子邮件版报纸 | 7.9 |

由于微博、微信、QQ等互联网社交平台庞大的用户基础,使得报业集团积极向社交平台扩张以获取大量互联网和新媒体受众。在38个样本中,所有报业集团都采取了如主办报纸网站,通过短信、微博、QQ等平台与读者互动,开设互动版面,自建微信公众号推送内容等方式进行数字化转型。值得注意的是,开发移动终端APP应用也成为报业集团非常重要的数字化转型措施,然而众多APP的上线运营,其在用户中的实际影响力和到达率值得怀疑。除了采取不同的数字化措施吸引受众外,多数集团也利用数字化技术降低生产管理成本、提高产品质量,在新闻采编等办公环节采用数字化方式和对纸质报纸实现激光照排、彩色印刷、胶版印刷和远程传输。

有研究者认为，当下信息传播技术的迅猛发展使得资讯产量相对过剩，很多传统型媒体已经沦为资讯传播机构中的冗余，[①] 报业集团如果不改变自身定位和内容生产，仅仅是进行形式上的数字化转型前景如何，有待讨论。

**3. 集团互联网和新媒体业务年度成本和收入近半数集中在 500 万元以下，现阶段收支处于一个基本持平**

在所有拥有互联网和新媒体业务的样本集团中，平均年度成本约为 1117.08 万元，平均年度收入约为 1214.83 万元。集团互联网和新媒体业务年度成本和收入与集团净资产统计图相似，接近一半（48.1%）的报业集团，在互联网和新媒体的投入较少，年度成本在 500 万元及以下。对于互联网和新媒体业务，在我们的统计中，年度成本多于年度收入的报业集团占到约 46.2%，年度收入多于年度成本的报业集团占到 53.8%（见图 3），表明现阶段收支处于一个基本持平的状态，新媒体业务目前并没有成为集团盈利的"救命稻草"。

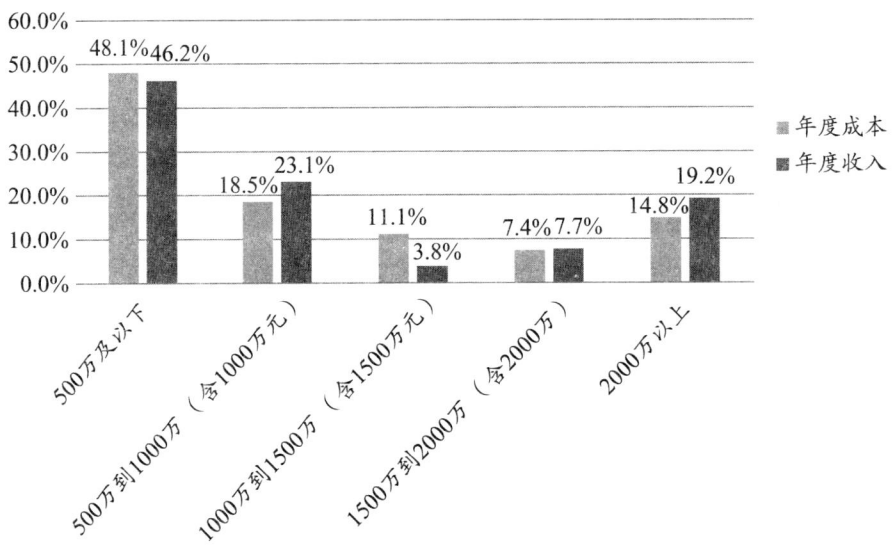

图 3　样本报业集团互联网和新媒体业务年度成本和收入统计图

---

① 赵云泽：《传统型媒体衰落的结构性原因》，《新闻记者》，2014 年第 11 期。

## （三）报业集团2015年经营状况判断以及对2016年的预估

### 1. 集团总成本压力有所增加

从全国报业集团的调查数据来看，2015年报业集团的经营总成本相对平稳。在37个有效样本中，"略有增加"和"略有减少"的报业集团各占约三分之一。在对2016年经营成本的预估中，没有报业集团表示会大幅减少经营成本，预计略微增加经营成本的报业集团接近半数（43.2%），有10.8%的报业集团预计2016年会大幅增加经营总成本（见图4），足见经营成本压力较2015年增加。

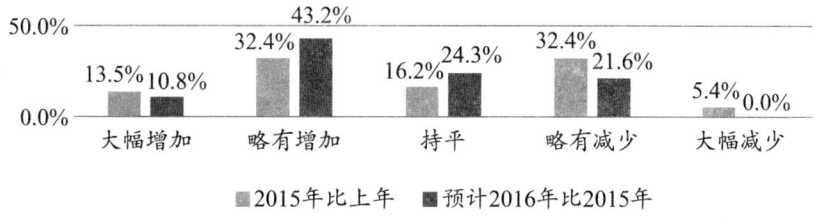

图4　2014-2016年样本报业集团生产经营总成本变化图

### 2. 集团总利润持续增亏

通过对抽样问卷数据的分析，在37个有效样本中，2015年较上年略有增亏/减盈的报业集团占比40.5%，大幅增亏/减盈的报业集团占比37.8%，绝大多数集团2015年处于亏损状态。在2016年的预计中，没有报业集团预计2016年集团利润有大幅增盈/减亏，59.5%的报业集团预计2016年较上年集团利润会略有增亏/减盈（见图5）。可见报业集团对2016年利润预期整体平稳，但偏向悲观。

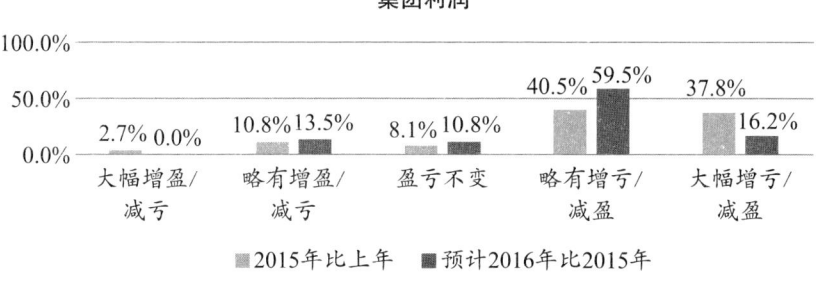

图5　2014-2016年样本集团利润变化图

**3. 集团投资回报率多数持平或略有减少**

在24个有效样本中，有超过半数的报业集团认为2015年投资回报率较上年持平（54.2%），三分之一报业集团投资回报率出现略有减少的情况。在对2016年投资回报率的预计上，没有报业集团认为2016年投资回报率预计比2015年大幅增加，仅有4.5%的集团认为2016年投资回报率预计比2015年略有增加。而认为2016年投资回报率预计和2015年持平的报业集团高达68.2%（见图6），可见，超过95%的报业集团对2016年投资回报率的态度不是很乐观，这与中国经济整体面临下行压力有一定关联。

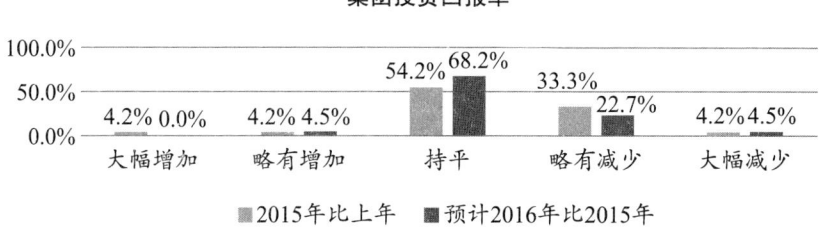

图6　2014-2016年样本集团投资回报率变化图

**4. 集团投资/融资规模整体有所增加**

在全国报业集团的抽样调查所统计出来的数据中，报业集团的投资/

融资规模没有大幅度的波动。在 30 个有效样本中，绝大多数选择 2015 年投融资规模略有增加或与上年持平。在对 2016 年的预计中，多数报业集团预计 2016 年集团投资/融资规模将略有增加或持平（见图 7）。可以看出，虽然面临"报业寒冬"，仍有大部分报业集团会保持甚至增加他们的投资/融资规模，投资融资作为扩大再生产的重要手段，反映出被调查者对 2016 年资金利用的乐观预期。同时，也反映出资本对于进入报业的浓厚兴趣。

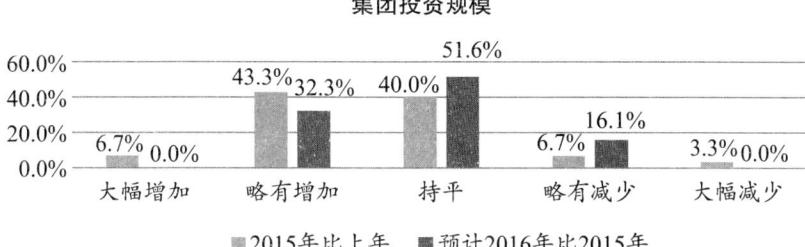

图 7　2014-2016 年样本集团投资规模变化图

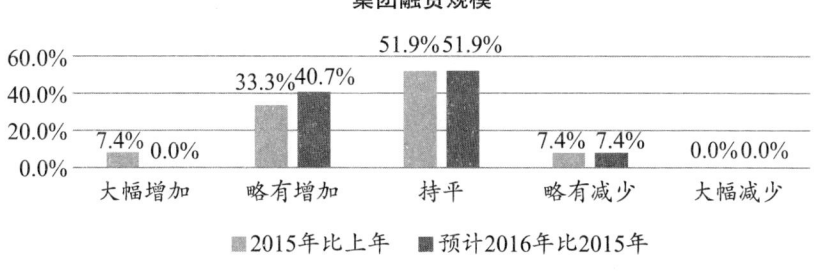

图 8　2014-2016 年样本集团融资规模变化图

**（四）2015 年出现一定程度人才流失，员工数量、福利略有减少，工资略有增加，仍保持较旺盛的人才需求**

1. 员工数量

在 18 个有效样本中，各集团员工数量差异较大。员工数量最少的集团为 240 人，而员工最多的集团为 5000 人，平均员工数量为 1502.2 人。在分布上，集团的员工数量呈两极化分布，1000 人及以下的集团占到了有效总体的 50.0%，1500 人以上集团的占到了有效总体的 44.4%（见图 9）。

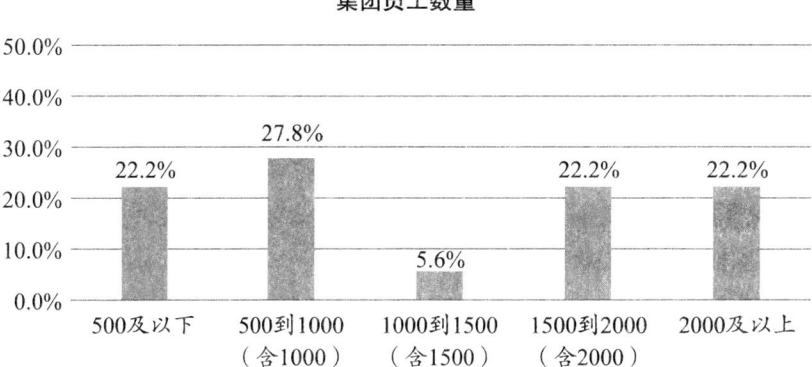

图 9　样本集团员工数量统计图

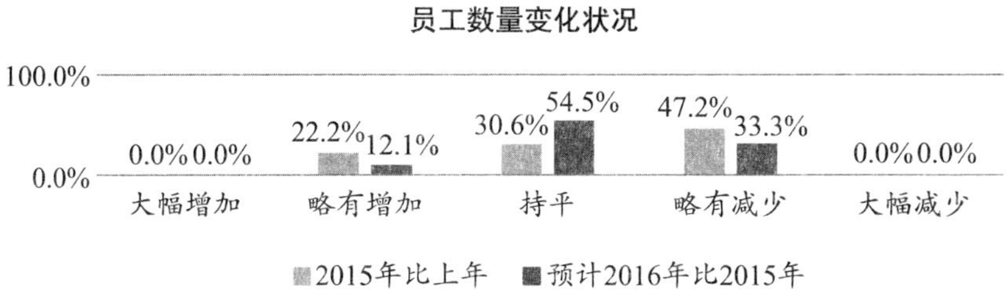

图 10　2014-2016 年样本集团员工数量变化统计图

从样本数据来看，2015 年总体上报业集团的员工数量并没有急剧地增加或减少，而是呈现略微收缩的态势。而从报业集团对 2016 年员工数量情况的预估来看，大部分报业集团在员工数量上对 2016 年的预期是大致与 2015 年的状况持平，并不会有大幅的变化。

2. 员工工资报酬

从样本数据来看，2015 年全国绝大多数报业集团员工工资与上年持平或有所增加。报业集团对 2016 年员工工资报酬情况的预估，认为 2016 年将持平的比例略有下降，为50.0%；认为将会略有增加的比例有所下降；认为员工收入将略有减少的比例则有一定程度的上升（见图11）。由此看来，与2015年相比，对2016年员工工资报酬预期稍显负面，反映出对整体经济下行和报业衰落的担忧。

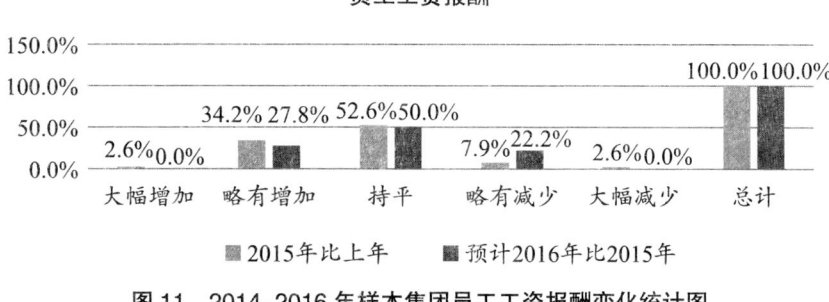

图11 2014-2016年样本集团员工工资报酬变化统计图

3.员工福利收入

2015年报业集团员工的福利收入相比去年，55.3%的集团保持持平，略有减少的比例占21.1%。而报业集团对2016年员工福利收入的预期比较保守（见图12），总体上看，报业集团员工福利收入是呈现略微收缩的态势。

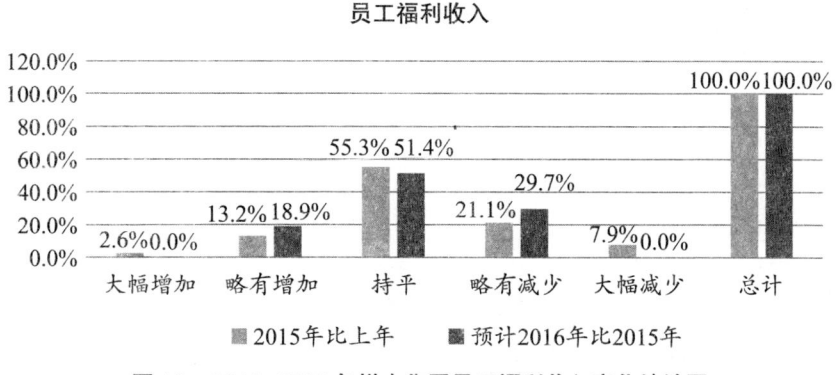

图12 2014-2016年样本集团员工福利收入变化统计图

4. 新进员工数量

从2015年报业集团新进员工数量来看，呈现出较明显的增长态势。而从大部分报业集团对2016年新进员工的数量预计来看，2015年的增长态势不会有进一步增长，而是会保持现状（见图13）。尽管有人认为报业已是"夕阳产业"，但总体看来近年来报业集团仍然保持较旺盛的人才需求。

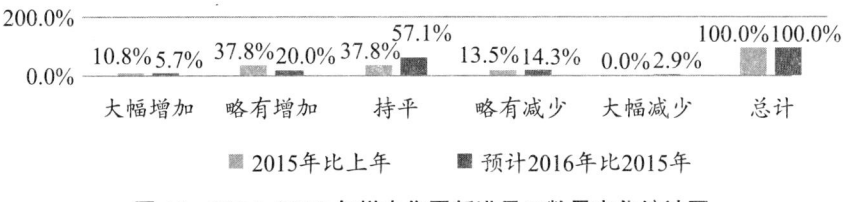

图13　2014-2016年样本集团新进员工数量变化统计图

5. 离职员工数量

近年来，传统媒体人离职新闻屡见报端，被评论人士认为反映出传统媒体的衰落。从报业集团离职员工的数量来看，相比上年，2015年报业集团离职员工数量保持了一个较为稳定而有微弱减少的态势。报业集团对2016年离职员工数量的预计表现出了稳定的态势，多数被调查者预计持平或略有减少（见图14）。

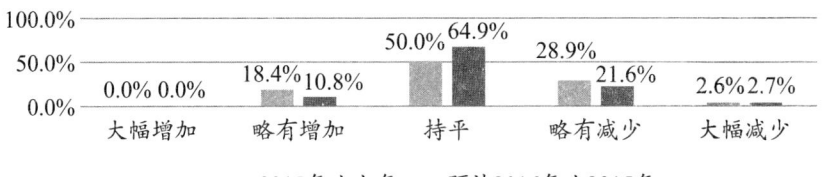

图14　2014-2016年样本集团离职员工数量变化统计图

## （五）报业集团目前生产经营状况的主观评估与竞争感知

1. 当前报业集团发展面临问题的主观评估：经营模式、体制、机制问题是目前制约报业集团发展的重要因素

**表5　样本报业集团负责人对报业发展所面临的问题看法统计表**

| 报业发展面临的问题 | 第一位比例（%） | 第二位比例（%） | 第三位比例（%） | 综合比例（%） |
|---|---|---|---|---|
| 营利模式单一 | 22.2 | 22.2 | 8.3 | 52.8 |
| 体制、机制上遗留的弊病 | 13.9 | 16.7 | 11.1 | 41.7 |
| 没有根本扭转粗放式的经营和管理模式 | 16.7 | 8.3 | 13.9 | 38.9 |
| 创新动力不足 | 13.9 | 13.9 | 11.1 | 38.9 |
| 精英人才匮乏 | 5.6 | 11.1 | 19.4 | 36.1 |
| 缺乏必要的发展思路及理念 | 19.4 | 2.8 | — | 22.2 |
| 报业人才流失严重 | 2.8 | 2.8 | 11.1 | 16.7 |
| 价值链开发有限 | 2.8 | — | 11.1 | 13.9 |
| 相关政策能否放开 | — | 2.8 | 8.3 | 11.1 |
| 版权保护不力 | — | 5.6 | 2.8 | 8.3 |
| 内容同质化，缺乏原创性 | — | 5.6 | — | 5.6 |
| 集团内报纸结构不合理，重复建设严重 | — | 5.6 | — | 5.6 |
| 只重视眼前经济利益，忽视长远的社会效益 | 2.8 | — | — | 2.8 |
| 市场定位模糊 | — | — | 2.8 | 2.8 |
| 盲目投资效益低 | — | 2.8 | — | 2.8 |
| 总　计 | 100.0 | 100.0 | 100.0 | 300.0 |

本次调查对全国报业集团当前发展面临的最主要的前3个问题进行统计，按其严峻程度进行排序，在关于这些问题严重性排序的调查中营利模式单一

（22.2%）、缺乏必要的发展思路及理念（19.4%）、没有根本扭转粗放式的经营和管理模式（16.7%）、创新动力不足（13.9%）、体制、机制上遗留的弊病（13.9%）是当前全国报业集团发展所面临的重要问题，不难看出报业集团内部的经营模式、发展思路、创新能力等的缺漏是限制报业集团发展的主要因素。综合第1位、第2位和第3位的统计数据，我们可以看到，各报业集团发展面临的问题主要有：营利模式单一（52.8%）、体制、机制上遗留的弊病（41.7%）、创新动力不足（38.9%）、精英人才匮乏（37.1%）、没有根本扭转粗放式的经营和管理模式（38.9%）（见表5）。可见，经营模式、体制、机制问题是目前制约报业集团发展的重要因素。其中，体制、机制问题需要政府从政策层面给予引导。

2. 竞争感知

（1）对新媒体竞争压力感知度高

在新媒体给报业集团带来的压力感知中，0分代表报业集团对新媒体的出现完全没有压力，10分则表示报纸集团在面对新媒体时感到非常大的压力。在总计34个有效样本的评分中，中间态度即评分为5分的仅占5.9%，其余评分都大于5分，说明报业集团明显感知到了新媒体所带来的竞争压力。且有23.5%的样本给予了7分、38.2%的样本给予了8分的高评分，样本的评分均值达到了约7.79分（见图15），说明大多数报业集团感受到的新媒体带来的竞争压力非常显著。以上数据深刻地表明，新媒体背景下传统媒体的生存处境堪忧，报纸集团在面对新媒体冲击时普遍感到压力较大，因此报业集团急需通过转型来摆脱自身困境。

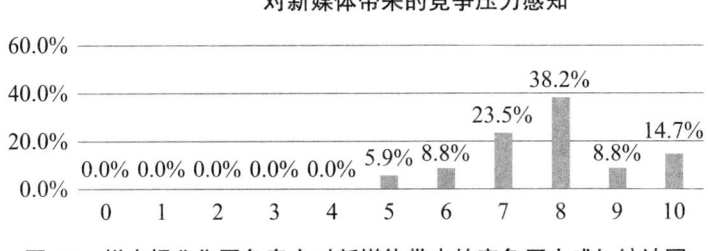

图15 样本报业集团负责人对新媒体带来的竞争压力感知统计图

（2）对广告主和用户的竞争程度感知尤为激烈

我们对各报业集团在对用户的竞争、对广告主的竞争、对员工的竞争、对资本的竞争、对内容版权的竞争五方面做了调查，其中0分代表报业集团感知该因素竞争不激烈，10分则表示感知该因素竞争非常激烈。调查发现，报业集团在这五个竞争因素变量上，平均激烈程度都超过了5分，可以说在这五个变量上都感知到了比较激烈的竞争。其中，对广告主的竞争和对用户的竞争感知程度最高，平均值分别达到7.84和7.68（见图16），这两个因素的高竞争程度感知是由于互联网和新媒体分流了很大一部分传统报纸用户并成为广告主新的广告投资热点领域，而报业集团在这场竞争中较为被动，处于不利的竞争地位，因而感知到的竞争激烈程度更高。

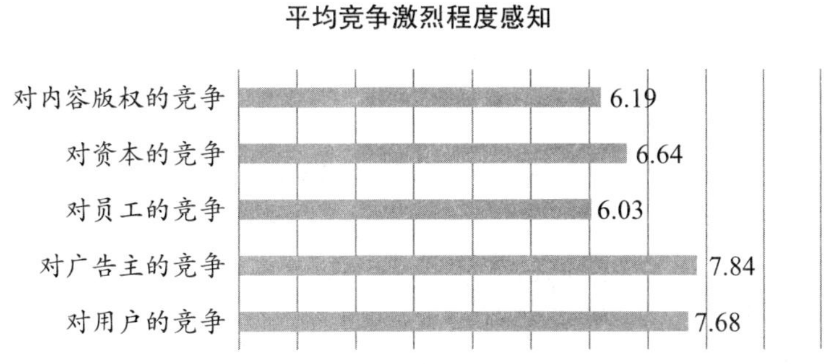

**平均竞争激烈程度感知**

| 竞争因素 | 数值 |
| --- | --- |
| 对内容版权的竞争 | 6.19 |
| 对资本的竞争 | 6.64 |
| 对员工的竞争 | 6.03 |
| 对广告主的竞争 | 7.84 |
| 对用户的竞争 | 7.68 |

图16　样本报业集团负责人对竞争激烈程度感知统计图

### （六）对报纸行业宏观环境的判断和信心评估

报业综合景气指数包括报业负责人信心指数和报业企业景气指数，前者用于综合反映报业负责人（即报业负责人）对整个报业所处状态和未来发展变化趋势的看法和信心；后者用于综合反映报业企业的生产经营现状和未来发展变化趋势。前文概括集团生产2015年经营状况可反映报业企业的生产经营现状，通过对2016年的预估以及未来三年报业发展情况的判断可评测报业负责人信心指数。

本调查从2016年报业集团经营状况预测、2016年中国报业发展状况预测、未来3年内中国报业经历重组整合和淘汰的重大变动的可能性、在传媒产业结构中的份额、报纸的社会影响力等诸多方面对报业负责人信息指数进行评测,总体看来,报业士气较为低落,行业整体信心缺失。

1. 对 2016 年本集团经营状况的预测

我们对 2016 年报业集团经营状况预测进行了调查,0-4 分为 2016 年报业经营状况预期同比较差,5 分为预期与 2015 年持平,6-10 分为预期同比较好。在 31 个有效样本中,平均分为 6.68 分,多集中在 5-9 分之间,表明各报业集团对 2016 年中国报业的经营状况的预期一般(见图 17)。

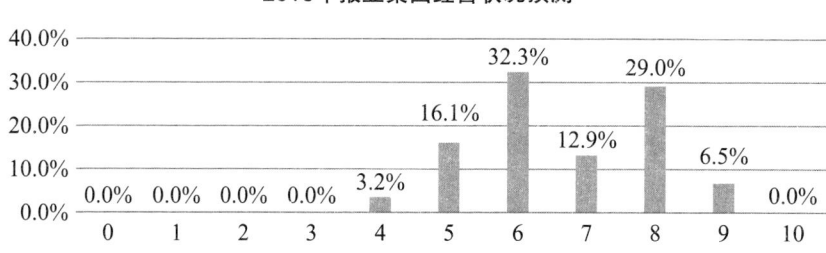

图 17　样本报业集团负责人对 2016 年本集团经营状况预测统计图

2. 对 2016 年中国报业整体发展状况的预测

我们对 2016 年中国报业发展状况预测进行了调查,0-4 分为 2016 年报业发展预期同比较差,5 分为预期与 2015 年持平,6-10 分为预期同比较好。在 29 个有效样本中,平均分为 6.10 分,多集中于 5-8 分之间(见图 18),表明各报业集团对 2016 年中国报业的发展的预期审慎乐观。

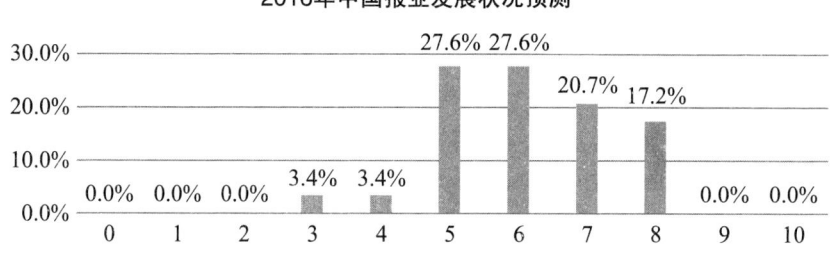

图 18　样本报业集团负责人对 2016 年报业发展状况预测统计图

### 3. 多数被调查者认为中国报业在未来3年内有可能经历重组整合和淘汰等重大变动

在38个有效样本中，超过80%的报业集团认为在未来3年内，中国报业是有可能经历重组整合和淘汰等重大变动的（见图19）。在媒体融合发展与"互联网＋"的大背景下，多数被调查者认为报业即将出现深入转型、深层融合、深度洗牌。

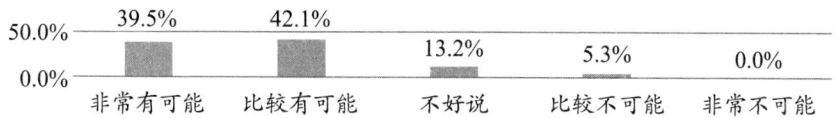

图19 样本报业集团负责人对未来3年内中国报业是否会经历重组整合和淘汰等重大变动态度统计图

### 4. 一半的被调查者认为未来3年中国报业在传媒产业结构中的份额将大幅下降

在38个有效样本中，超过90%的报业集团认为未来3年内报业在传媒产业结构中的份额会下降，没有集团认为份额会大幅上升（见图20），反映出对报业影响力的整体悲观情绪，印证了对中国报业面临空前严酷的寒冬的论断。

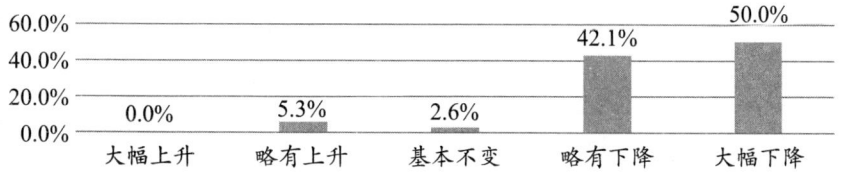

图20 样本报业集团负责人对未来3年内中国报业在传媒结构中的份额态度统计图

### 5. 七成被调查者认为未来3年报纸的社会影响力将有所下降

在38份有效数据中，认为未来3年报纸的社会影响力会略有上升的报业集团占比仅 2.6%（见图 21），整体看来，全国报业集团对未来 3 年内报纸的社会影响力持悲观态度。

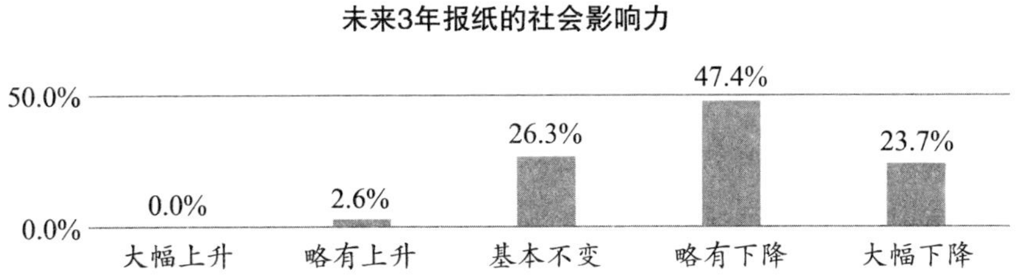

**未来3年报纸的社会影响力**

（柱状图：大幅上升 0.0%，略有上升 2.6%，基本不变 26.3%，略有下降 47.4%，大幅下降 23.7%）

图 21　样本报业集团负责人对未来 3 年报纸社会影响力态度统计图

### 6. 多数被调查者对未来 3 年内报业出现突破性新技术的前景感到担忧

在 37 份有效数据中，对未来 3 年内报业出现突破性新技术持有非常乐观和非常不乐观态度的报业集团各占比仅 2.7%（见图 22），从数据可以看出，对于未来 3 年内中国报业出现突破性新技术这一前景，更多报业集团持有不乐观的态度。

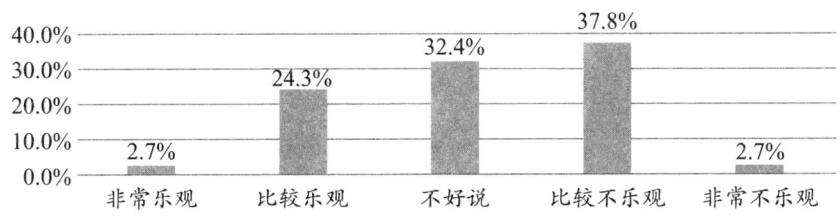

**未来3年内报业也出现突破性新技术的前景**

（柱状图：非常乐观 2.7%，比较乐观 24.3%，不好说 32.4%，比较不乐观 37.8%，非常不乐观 2.7%）

图 22　样本报业集团负责人对未来 3 年报业出现突破性新技术态度统计图

### 7. 约七成被调查者认为未来 3 年内中国报业经营业绩下行的可能性比较大

在 37 份有效问卷中，高达 83.8% 的报业集团认为未来 3 年内中国报业经营业绩有很大下行的可能性，仅 5.4% 的报业集团认为未来 3 年中国报业经营业绩不太可能下行（见图 23）。

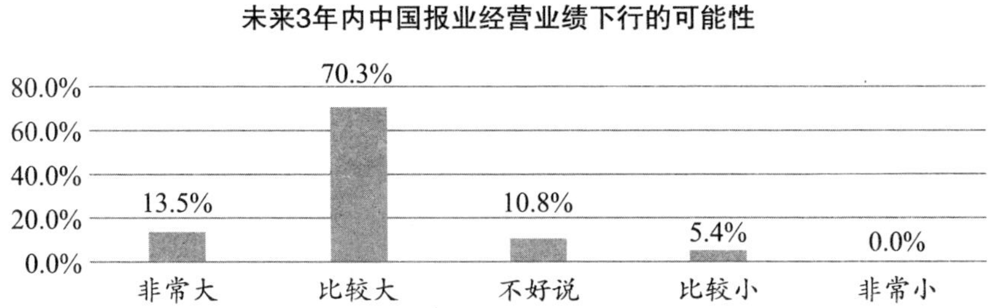

**未来3年内中国报业经营业绩下行的可能性**

- 非常大：13.5%
- 比较大：70.3%
- 不好说：10.8%
- 比较小：5.4%
- 非常小：0.0%

图23　样本报业集团负责人对未来3年报业经营业绩下行可能性态度统计图

## 三、报业单位

### （一）关于报社生产经营的几项重要指标

1. 样本报社经营主体的性质多为自收自支的事业单位

中国报社目前的经营主体主要包括行政全额拨款的事业单位、行政差额拨款的事业单位、自收自支的事业单位和全民所有制企业等。在我们调查的58个有效样本中，报社经营主体占比最多的是自收自支的事业单位，其次为行政差额拨款的事业单位，而行政全额拨款的事业单位、全民所有制企业和其他主体性质所占比例较小，都在10%以下（见图24）。这表明大部分的报社单位目前自收自支，完全由报社自身的经营所获得的收入维持自身运营，承担市场风险；此外部分单位为差额拨款，国家财政划拨一定数目的款项支持报业单位经营（主要是人员费用），报业单位通过自主经营自筹其他费用；而通过行政全额拨款获得经营资金的报社数量极少。

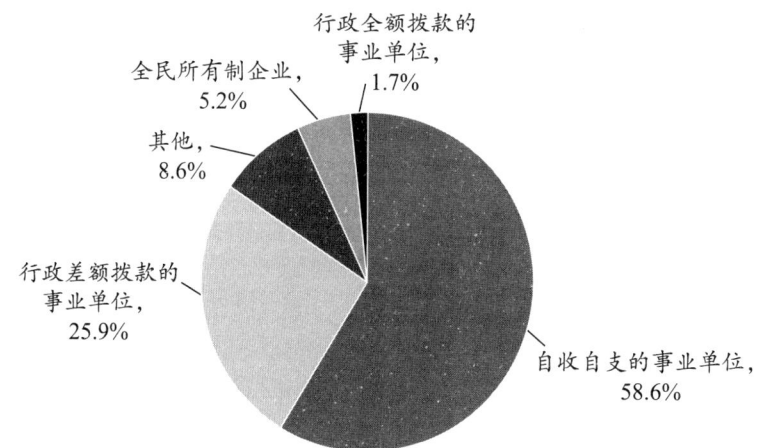

图 24　样本报业单位经营主体性质统计图

### 2. 在职员工数量在 100-199 人之间的比例最高

在 57 个有效样本中,报社的员工数量最少为 31 人,最多为 10500 人,平均员工数为 469.4 人。由于 10500 这一孤立极端值对平均值影响非常显著,在去除这一数据后的平均员工数为 290.3 人。报社员工人数在 100-199 人之间的比例最高,占到了 28.1%。而 1-299 内的三个分组总计包含了 65.0% 样本(见图 25),可以说大部分报社的员工数量都集中于此区间。

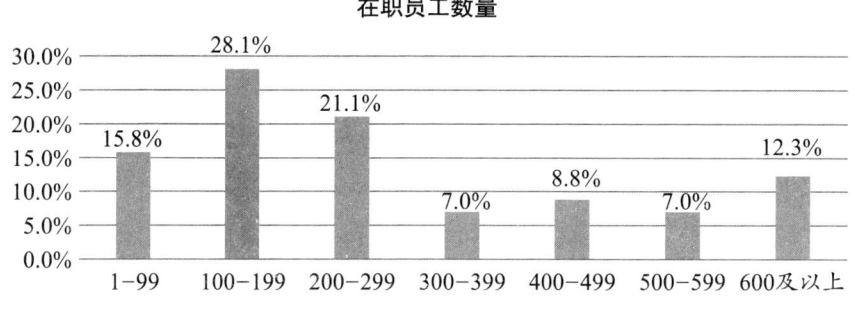

图 25　样本报业单位经营在职员工数量统计图

### 3. 2014年度各项收入

**表6　样本报业单位2014年度各项收入统计表**

| 收入项目 | 平均收入（单位：万元） | 所占比例（%） |
| --- | --- | --- |
| 广告收入 | 7607.59 | 50.2 |
| 非文化产业经营收入 | 2585.13 | 17.1 |
| 发行收入 | 2477.21 | 16.4 |
| 其他收入 | 1524.75 | 10.1 |
| 大文化产业经营收入 | 947.68 | 6.3 |
| 总　　计 | 15142.36 | 100.0 |

在59个有效样本中，各报社2014年度总收入最高为214423万元，最低为0.67万元，平均总收入为15278.87万元，这其中包括报社的发行收入、广告收入、大文化产业经营收入、非文化产业经营收入和其他收入。我们发现，报社与报业集团各项收入占年度总收入的比例十分相似，同样是广告收入成为了报社收入的最主要来源，占比达到了50.2%；发行收入也占到较大比重，占到了16.4%；此外，与报业集团相比，报社单位因其"船小好掉头"，经营方式更加灵活，年度各项收入中非文化产业经营收入的占比更高，达到了17.1%，超越发行收入成为报社单位年度收入的第二大来源，涉足非文化产业也不失为报社单位拓宽多样化产业布局，提供多元化服务增强自身竞争力的良好途径（见表6）。

## (二)数字化转型措施多样，多为报社全资投入，互联网和新媒体业务规模多集中于 100 万元以下

1. 有效样本全部都采取了不同程度的数字化转型措施

**表 7　样本报业单位数字化转型措施统计表**

| 数字化转型措施 | 个案百分比（%） |
| --- | --- |
| 自建微信公众号推送内容 | 86.7 |
| 通过短信、微博、QQ 等平台与读者互动，开设互动版面 | 85.0 |
| 主办报纸网站 | 85.0 |
| 实现激光照排、彩色印刷、胶版印刷和远程传输 | 81.7 |
| 新闻采编等办公环节数字化 | 81.7 |
| 开发移动终端 APP 应用 | 66.7 |
| 发送手机报 | 58.3 |
| 制作光盘电子版 | 38.3 |
| 发行 PDF 电子版 | 36.7 |
| 推出 WAP 手机版 | 28.3 |
| 户外电子应用 | 21.7 |
| 入驻新闻客户端 | 21.7 |
| 发送电子邮件版报纸 | 11.7 |

我们的调查中，60 个有效样本全部都采取了不同程度的数字化转型措施。与报业集团相同，自建微信公众号推送内容，通过短信、微博、QQ 等平台与读者互动，开设互动版面和主办报纸网站是最主要的三个措施；同样，为降低生产管理成本、提高产品质量，报业也采用实现激光照排、彩色印刷、胶版印刷和远程传输新闻采编等办公环节数字化等措施，这两部分个案百分比分别同为 81.7%（见表 7）。

相比报业集团采取的数字化措施,各报社采取的各种措施在比例上都有一定程度的下降,其中开发移动终端APP应用、户外电子应用、入驻新闻客户端三项下降程度明显。究其原因,或是这几项措施相比入驻微信公众号、微博、QQ等平台,需要更多的人力、物力、财力资源投入建设,且相比报业集团,各报社没有那么迫切的业务覆盖需求,因而采用比例较少。

有研究提出,纸质媒体应明确确定自己在互联网中的位置和坐标,新媒体发展势头虽盛,却不一定适于纸质媒体的发展,[1]互联网时代对纸质媒体的要求并不是让所有纸质媒体都变为新媒体。如何把握内容、对媒体自身精准定位值得探索。

2.绝大多数报社单位全资投入新媒体业务,与社会资本合作的报社比例非常低

表8 样本报业单位新媒体业务的资本结构统计表

| 新媒体业务的资本结构 | 百分比(%) |
| --- | --- |
| 报社全资投入 | 87.7 |
| 与社会资本合作 | 7.0 |
| 尚未有明确资本投入 | 5.3 |
| 总　计 | 100.0 |

在报社的新媒体业务的资本结构上,绝大多数(87.7%)报社单位是报社全资投入,与社会资本合作的报社比例非常低(7.0%)(见表8)。随着互联网资本日益活跃,国外互联网巨头注资、收购报业单位的新闻屡见报端,通过资本市场可以解决报业的救市资金,但现行报刊出版业管理政策却没有提供操作空间。

---

[1] 喻国明、翟旭瑾:《"后(厚)网"时代:纸质媒体的行动路线图》,《新闻爱好者》,2015年第3期。

### 3. 互联网和新媒体业务规模较小，多集中于 100 万元以下，成本稍多于收入

在所有拥有互联网和新媒体业务的报社中，平均年度成本约为 601.00 万元，平均年度收入约为 836.64 万元。各报社在互联网和新媒体的投入上主要在 100 万元及以下（41.7%）；投入成本在 100 万元到 1000 万元区间的报社比例随成本增加逐减；而大型报社单位在互联网和新媒体相对较高，投入 1000 万以上成本的报社占比达到了 12.5%。从互联网和新媒体业务的年度收入来看，其分布也大致与成本的分布相似，在 100 万以下收入的报社比例最高，达到 53.2%。对于互联网和新媒体业务，在我们的统计中，年度成本多于年度收入的报社占到约 67.4%，年度收入多于年度成本的报社占到 30.4%，成本与收入持平的报社占 2.2%（见图 26）。相比报业集团中这一比例保持基本持平的状态，对于大多数报社单位来说，在互联网和新媒体业务上的成本稍多于收入。

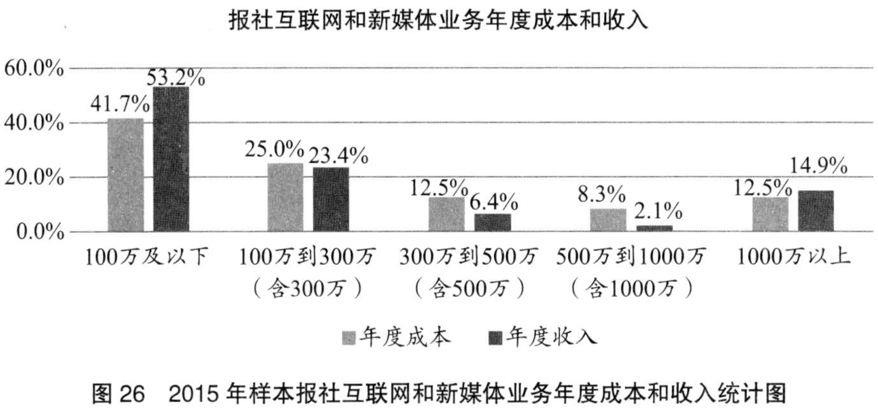

**报社互联网和新媒体业务年度成本和收入**

| 区间 | 年度成本 | 年度收入 |
|---|---|---|
| 100万及以下 | 41.7% | 53.2% |
| 100万到300万（含300万） | 25.0% | 23.4% |
| 300万到500万（含500万） | 12.5% | 6.4% |
| 500万到1000万（含1000万） | 8.3% | 2.1% |
| 1000万以上 | 12.5% | 14.9% |

图 26 2015 年样本报社互联网和新媒体业务年度成本和收入统计图

### 4. 多数被调查者认为未来 5 年数字化转型成本多于收益

在各报社对未来 5 年进行数字化转型的成本与收益关系的推测中，对未来 5 年数字化转型持成本高于收益态度的总计占到了 58.6%，其中态度强烈，认为成本将远高于收益的高达 31.0%；而持收益将高于成本态度的

总计占到了 29.3%，其中态度强烈，认为收益将远高于成本的仅 1.7%（见图 27）。由此我们可以推断，目前阶段报业单位的数字化转型是由于互联网新媒体时代受众流失带来的压力"倒逼"而生的改革，因而对未来 5 年的预期偏向于负面，数字化转型需要持续的资金；而也有部分报社尝到了数字化转型带来"甜头"，对未来的预期持乐观态度，但其所持态度也较为谨慎。

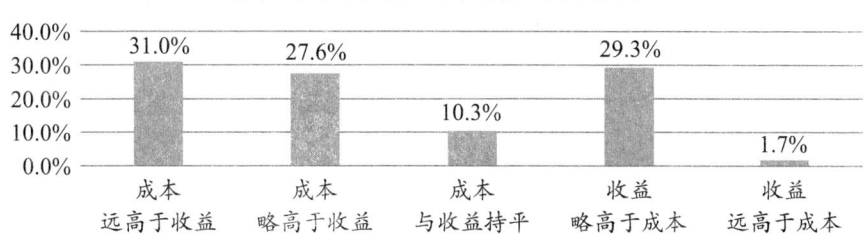

图 27 被调查者对未来 5 年本报社进行数字化转型的成本与收益关系推测统计图

### （三）报业单位 2015 年生产经营状况判断和对 2016 年的预计

1. 发行各项指标普遍有所下滑，但并未出现"断崖式下跌"

（1）平均每期报纸版数

在 60 个有效样本中，没有报社的平均每期报纸版数比上年有大幅增加，多数样本大致与上年数量持平，而 29.5% 的报社表示 2015 年平均每期报纸版数比上年略有减少，6.6% 的报社比上年大幅减少。而对于 2016 年平均每期报纸版数量的预期大致与 2015 年相比去年的状况基本类似，大部分报社平均每期报纸版数保持不变，近三分之一的报社表示 2015、2016 两年平均每期报纸版数有所减少（见图 28）。在"厚报时代"远去之后，减少每期报纸版数成为报社"节流"方式之一。

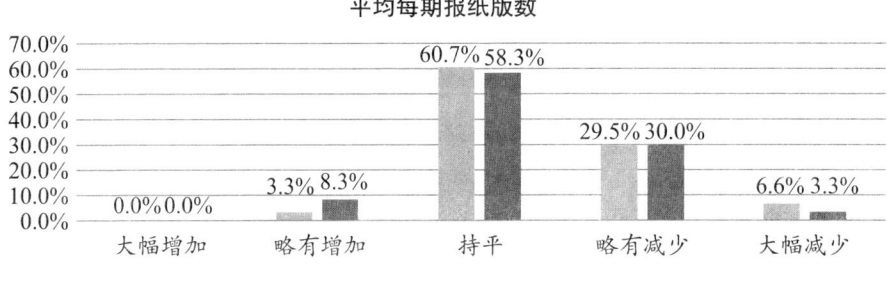

图28 2014-2016年样本报社平均每期报纸版数变化统计图

（2）报纸发行量

传播学理论认为，任何一种能够被社会广泛接受的后继介质，往往具有此前介质没有的突出优势，因而新介质的成长壮大是一种必然的趋势。[①] 纸张作为报纸采用的介质形式，越来越明显地受到电子介质挑战。在报纸发行量方面，在61个有效样本中，更多的报社报纸发行量比上年略有减少，但并没有出现"断崖式下跌"。而在预计2016年报纸发行量的60个有效样本中，超过半数报社预计2016年数量与2015年持平（51.7%），21.7%的报社预计2016年数量比2015年略有减少，11.7%的报社预计2016年发行量比2015年有大幅减少。多数报社预计2016年报纸发行量会与2015年数量持平，预计发行量减少的报社远多于预计发行量增加的报社单位（见图29）。

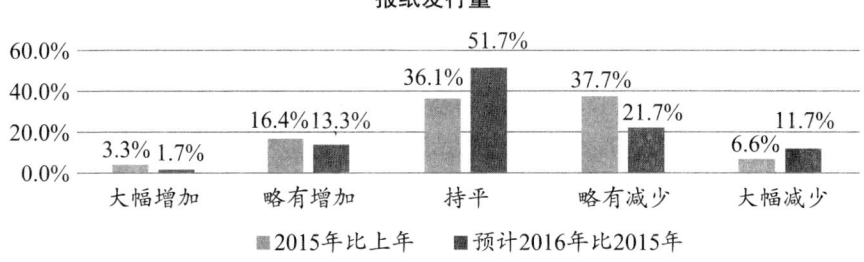

图29 2014-2016年样本报社报纸发行量变化统计图

---

① 翁忠英：《我国报业发展现状、困境及出路浅析》，《社会科学论坛》，2013年第4期。

（3）报纸出版频次

在 60 个有效样本中，高达 91.7% 的报社出版频次与上年持平。在预计 2016 年报社出版频次时，预计 2016 年出版频次略有增加的报社占比 1.7%，略有减少的报社占比 8.3%，90.0% 的报社预计报纸出版频次 2016 年仍旧与 2015 年持平（见图 30）。

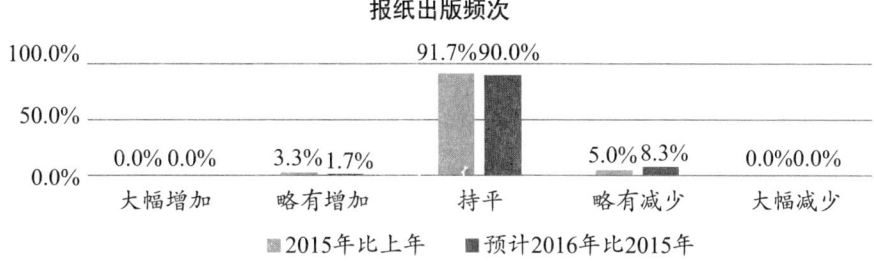

图 30　2014-2016 年样本报社报纸出版频次变化统计图

（4）发行收入

在 60 个有效样本中，近一半的报社发行收入与上年持平，将近另一半的报社发行收入比上年有所减少。在预计 2016 年的报纸发行收入情况方面，总体而言，预计发行收入减少的报社多于发行收入增加的报社（见图 31）。

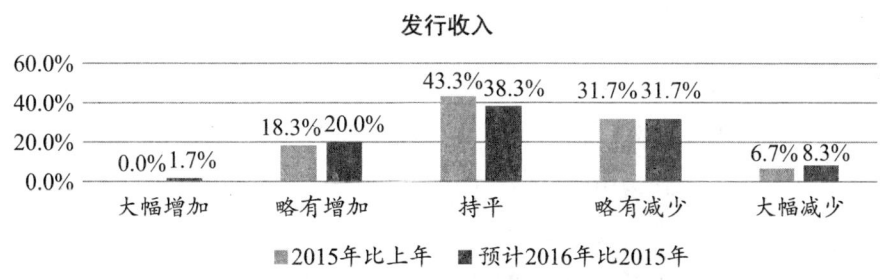

图 31　2014-2016 年样本报社发行收入变化统计图

在发行收入不乐观的前提下，发行收入占报社收入的比重也在变化。在 59 个有效样本中，2015 年发行收入比重比上年略有上升的占比 20.3%，与上年持平的占比 44.1%，比上年略有下降的占比 27.1%，比上年大幅下降的占比8.5%。2016年预计发行收入比重比2015年略有上升的占比23.3%，和2015年持平的占比41.7%，比今年略有下降的占比28.3%，与2015年相比大幅下降的占比6.7%。2016年预计发行收入比重的动态变化与2015年趋势相同，无明显波动（见图32）。

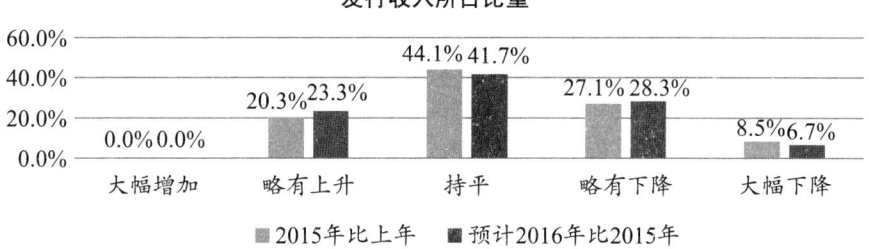

图32　2014-2016年样本报社发行收入所占比重变化统计图

2. 广告收入等指标大幅下降，2016年并无逆转趋势

2015年中国经济面临着越来越大的下行压力，宏观形势之严峻体现在各个领域，加之互联网对于广告商的分流作用日益凸显，总体看来，作为多数报社主要收入来源的广告收入出现较大程度的下降，广告刊例价、实际广告价格、广告刊载量均出现下滑。多数被调查者对2016年预计同样也不容乐观。

（1）广告收入

据统计数据可知，多数报社的2015年报社广告收入以及预计2016年报社广告收入都有不同程度的减少。在60个有效样本中，绝大多数报社广告收入比上年减少。在2016年广告收入的预计中，报社的广告收入或将整体呈现继续下滑的趋势（见图33）。

广告收入呈现不同程度下滑，广告收入比重也发生了变化。在60个有效样本中，2015年报社广告收入比重呈现整体下滑趋势，仅少数报社广告收入比重呈可观之态（见图34）。总体而言，广告收入比重呈现持平或下降的趋势，而2016的预期中下滑趋势更为明显。

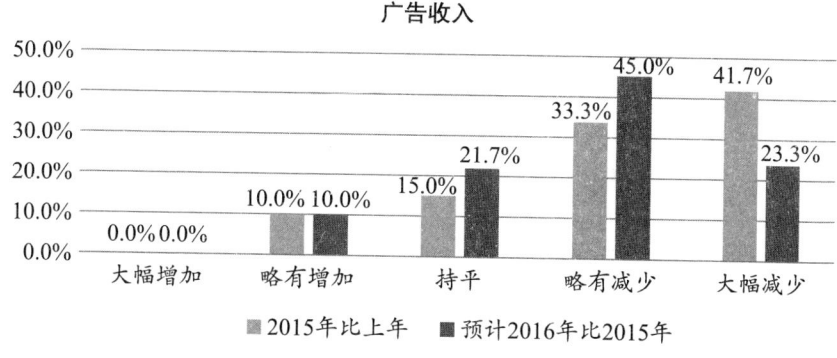

图 33 2014-2016 年样本报社广告收入变化统计图

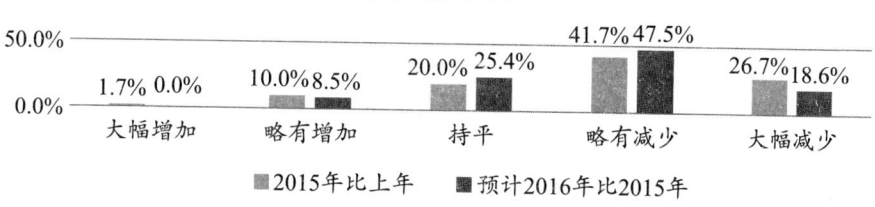

图 34 2014-2016 年样本报社广告收入比重变化统计图

（2）广告刊例价

近两年来报纸的广告收入下滑在广告刊例价中也有所体现。2015 年的广告刊例价在平稳中有下降的趋势。2016 年预计广告刊例价与 2015 年持平的占比 70.5%，略有下降的占比 21.3%，大幅下降的占比 3.3%（见图 35）。可以看出，2016 年广告刊例价总体持平，但稳中有降。

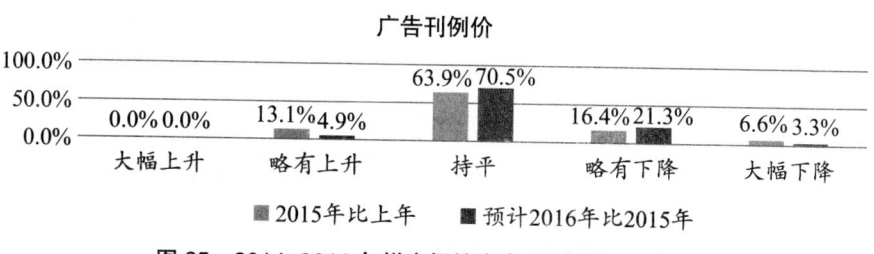

图 35 2014-2016 年样本报社广告刊例价变化统计图

（3）实际广告价格

广告实际价格也呈现稳中有降的态势。其中2015年比上年广告实际价格略有上升的占比8.2%，与上年持平的占比59.0%，略有下降的占比27.9%，大幅下降的占比4.9%。2016年预计广告实际价格更加不乐观。2016年预计广告实际价格比2015年持平或下降的比例高达93.4%，报社的广告收入不太乐观（见图36）。

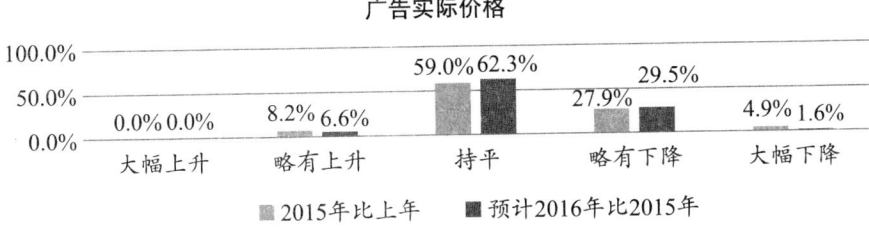

图36　2014-2016年样本报社广告实际价格变化统计图

（4）广告刊载量

2015年报纸的广告刊载量比上年几乎没有上升，与上年持平的比例为23.3%，比上年略有下降的占比40.0%，比上年大幅下降的占比35%。可见，2015年广告刊载量呈明显的下降态势。2016年预计广告刊载量比2015年略有上升的占比3.3%，与2015年保持持平的占比25.0%，略有下降的占比51.7%，大幅下降的占比20.0%。总体来说相较于2015年，2016年预计的广告刊载量也并不乐观（见图37）。

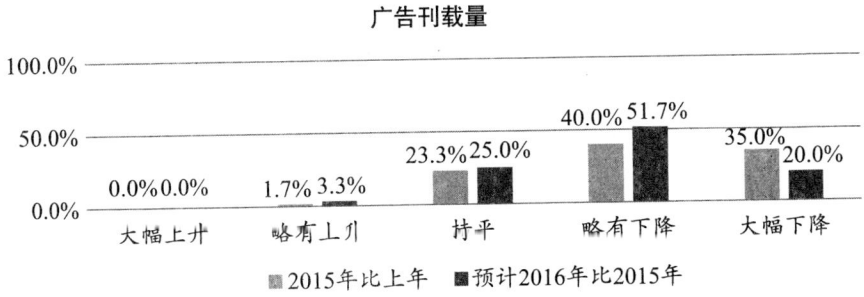

图37　2014-2016年样本报社广告刊载量变化统计图

（5）投放广告金额最多的行业分析

广告一直被称作经济的晴雨表。经济结构和产业景气的变化也必然投射在广告投放的行业结构。我们对在报纸上投放广告金额最多的行业进行调查。位列报社第一位投放广告金额最多的行业主要是房地产/建筑工程（35.6%）、商业及服务性行业（15.3%）等，可见，房地产/建筑工程依然是报纸广告收入的主要来源。同时，综合第一位、第二位、第三位广告投放行业的排名可见，房地产/建筑工程（57.7%）、商业及服务性行业（52.1%）、金融投资（29.7%）、活动类（28.9%）、交通（18.2%）这几个行业对报纸投放广告金额最多（见表9），因此也对报纸的广告收入甚至报纸总收入有着重要意义。广告行业结构的变化，反映了经济结构的转型和市场的变化。由此可以看出房地产/建筑工程、商业及服务性行业、金融投资、活动类等行业在市场上的强势地位，同时也表明整体宏观经济运行情况对报业的深刻影响。

表9 样本报社投放广告行业统计表

| 行　业 | 第一位比例（%） | 第二位比例（%） | 第三位比例（%） | 综合比例（%） |
| --- | --- | --- | --- | --- |
| 房地产/建筑工程 | 35.6 | 14.5 | 7.5 | 57.7 |
| 商业及服务性行业 | 15.3 | 23.6 | 13.2 | 52.1 |
| 其他 | 18.6 | 5.5 | 7.5 | 31.6 |
| 金融投资 | 1.7 | 9.1 | 18.9 | 29.7 |
| 活动类 | 6.8 | 12.7 | 9.4 | 28.9 |
| 交通 | 5.1 | 3.6 | 9.4 | 18.2 |
| 娱乐及休闲 | 1.7 | 5.5 | 9.4 | 16.6 |
| 邮电通信 | 3.4 | 9.1 | 3.8 | 16.3 |
| 家居用品 | — | 7.3 | 5.7 | 12.9 |
| 工业用品 | 3.4 | 1.8 | 3.8 | 9.0 |
| 农业 | 3.4 | 1.8 | 3.8 | 9.0 |
| 食品 | 1.7 | — | 5.7 | 7.4 |

续表

| 行　业 | 第一位比例（%） | 第二位比例（%） | 第三位比例（%） | 综合比例（%） |
|---|---|---|---|---|
| 个人用品 | 1.7 | 1.8 | — | 3.5 |
| 酒精类用品 | 1.7 | 1.8 | — | 3.5 |
| 药品 | — | — | 1.9 | 1.9 |
| 家用电器 | — | 1.8 | — | 1.8 |
| 总计 | 100.0 | 100.0 | 100.0 | 300.0 |

3. 文化产业/非文化产业经营收入与所占比重略有增加

（1）文化产业经营收入有所增加，成为报社重要业务增长领域

在报社的广告收入和发行收入下滑的背景下，文化产业经营收入开始呈现增加的态势。在46个有效样本中，文化产业经营收入比去年增加的多于减少的。在2016年的文化产业经营收入的预计中，更多报社预计收入会略有增加或与2015年持平（见图38）。可见，当下文化产业经营方面是报社的又一重要业务增长领域。

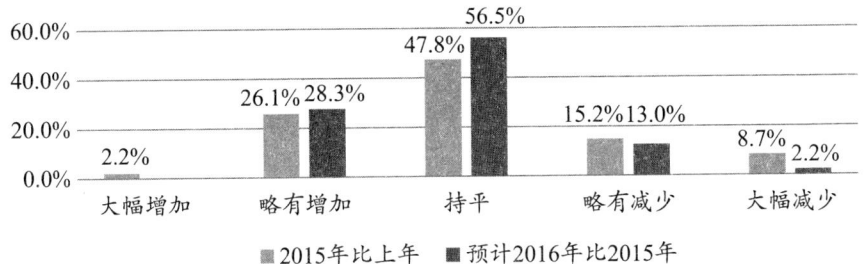

图38　2014-2016样本报社文化产业经营收入变化统计图

文化产业经营收入在报社收入中所占比重整体而言平稳中有增长。总体而言，2015年比上年平稳或增长的比例为80.4%。而2016年预计比2015年略有增加的占比增至28.3%，与2015年持平的占比为56.5%，略有减少的占比为13.0%，大幅减少的占比降至2.2%。2016年预计文化产

业经营收入比重平稳中上升的比重增至84.8%，文化产业经营收入比重大幅减少的比重降至2.2%（见图39），可见文化产业经营收入在报社总收入中的重要性。

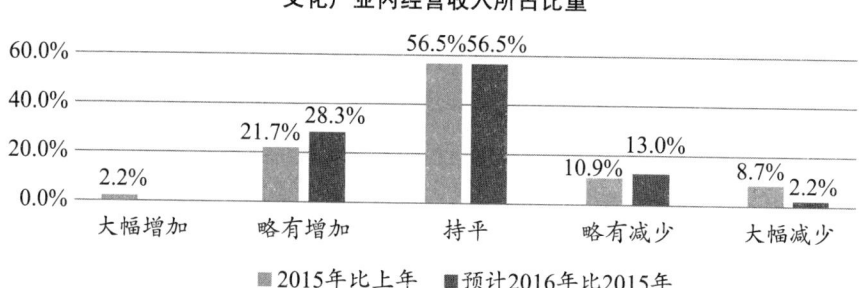

图39 2014-2016样本报社文化产业经营收入所占比重变化统计图

（2）非文化产业领域内的经营收入呈增加趋势

在非文化产业领域内，报社的经营收入变化基本稳定。近两年的收入与前一年相比，超半数与前一年持平。但是在2016年的预计中，非文化产业领域内的经营收入增加的趋势略微明显（见图40）。

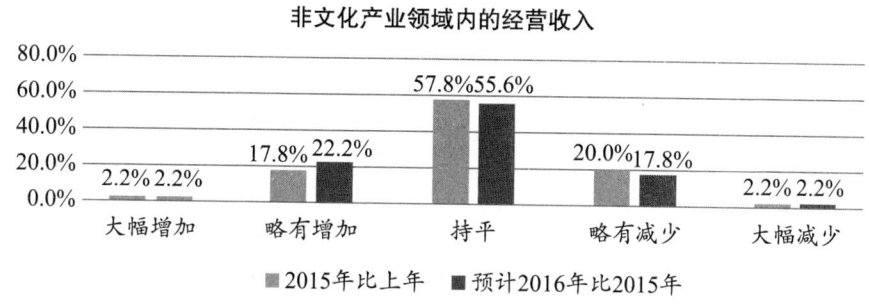

图40 2014-2016年样本报社非文化产业领域内的经营收入变化统计图

非文化产业领域内的经营收入比重变化趋势也趋于稳定，超半数报社的非分化产业领域内的经营收入比重近两年保持平稳，但是在对2016年的预计中，报社非文化产业领域的经营收入比重有略微增加的趋势（见图41）。

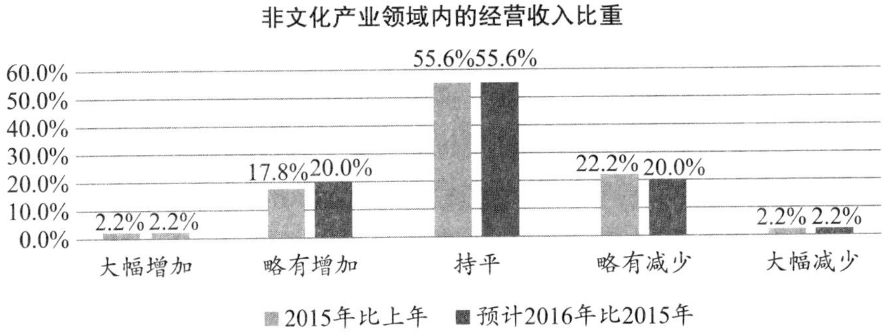

非文化产业领域内的经营收入比重

图41　2014-2016年样本报社非文化产业经营收入所占比重变化统计图

### 4. 报社成本持续增加，利润下滑

（1）报社总成本

报社的总成本总体呈现增加的势态。在60个有效样本中，2015年比上年总成本大幅增加和略有增加的报社占比超过55%。也有近三分之一的报社总成本减少。在2016年预计总成本中，总成本预计比2015年增加的报社占比降至54.3%，预计与2015年持平的占比20.3%，比2015年减少的占比25.4%（见图42）。2016年全国的报社整体上呈现出增加总成本的态势。

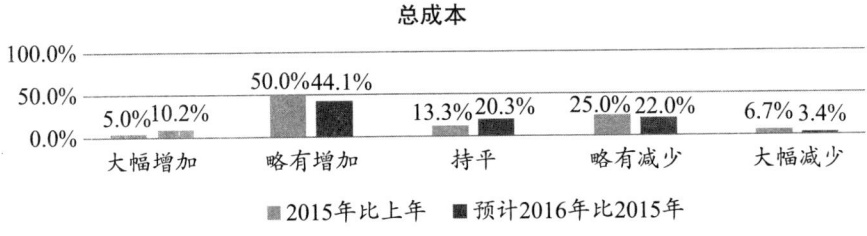

图42　2014-2016年样本报社总成本变化统计图

（2）报社的盈利或亏损

整体看来，近两年来，报社没有大幅增盈/减亏，绝大多数报社出现了不同程度的增亏/减盈。在58个有效样本中，2015年有75.8%的报社出现不同程度的亏损，盈利的占24.2%。2016年预计盈利的报社大幅度减少，保持盈亏不变的报社增多，但预计报社亏损还是最普遍的现状（见图43）。

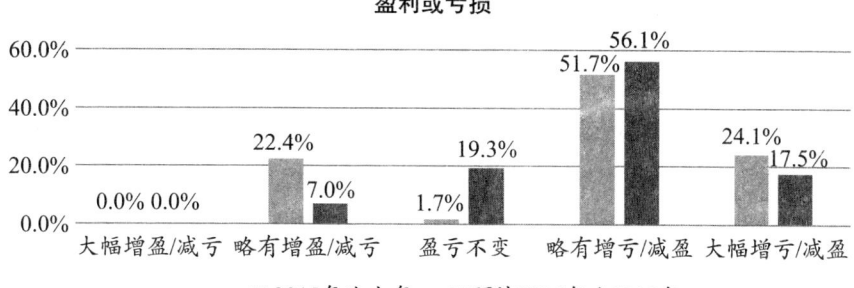

图 43　2014-2016 年样本报社盈利/亏损变化统计图

## （四）人才出现一定程度流失，员工工资略有增加，福利略有减少，仍保持较旺盛的人才需求

### 1. 员工数量

从样本数据来看，2015 年，大部分报社员工数量与上年持平（48.3%），一些报社员工数量略有下降（31.7%），少数报社员工数量略有上升（16.7%），而大幅上升和大幅下降的比例极少。由此看来，总体上报社的员工数量在 2015 年呈现出了略微收缩的态势。而观察各报社对 2016 年员工数量情况的预估数据，各报社对 2016 年员工数量的变化预期相比 2015 年更倾向于维持持平状态：更多的报社认为而 2016 年员工数量将与 2015 年状况相持平，上升到总体的 61.6%，而认为员工数量在 2016 年将比 2015 年略有下降的比例下降至 20.3%（见图 44）。

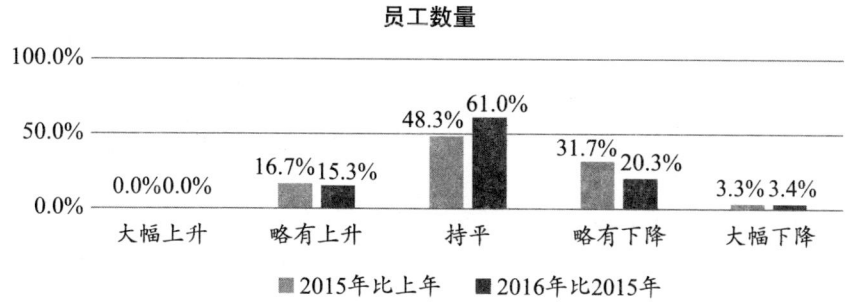

图 44　2014-2016 年样本报社员工数量变化统计图

## 2. 员工工资报酬

从样本数据来看，相比上年，2015年各报社员工工资略有上升的比例占到了46.7%，持平的比例占到了31.7%，这两部分共计比例高达78.3%，大幅上升、略有下降、大幅下降的样本比例都很小。由此看出2015年全国大多数报业集团员工工资状况与去年相比保持了一个良好并有略微增长的态势。各报社对2016年员工工资报酬情况的预估方面，认为2016年将持平的比例有一定程度的上升，达到47.5%；认为将会略有上升的比例也出现一定程度的下降，降为28.8%；认为员工收入将略有下降的比例有少许上升。由此看来，大部分报业集团对于2016年员工收入的预计偏向于保守，认为2016年的员工收入增长态势将有所回落，倾向于维持2015年的状态（见图45）。

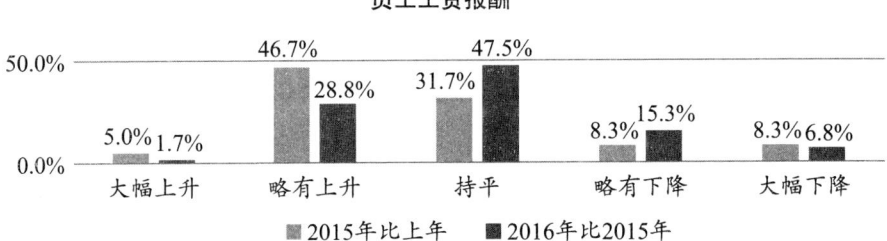

图45 2014-2016年样本报社员工工资报酬变化统计图

## 3. 员工福利收入

相比2014年，2015年报社员工的福利收入上，43.1%的保持持平，略有下降的比例占32.8%，略有上升、大幅下降的、大幅上升所占比例较小。而报社对2016年员工福利收入的预期上与2015年状况基本相同，认为不会有大幅地上升或下降，并在持平比例上略有上升（见图46）。因而从总体上看，报社员工福利收入呈现出了略微收缩的态势，并且该态势比较稳定，三年来变化程度不高。

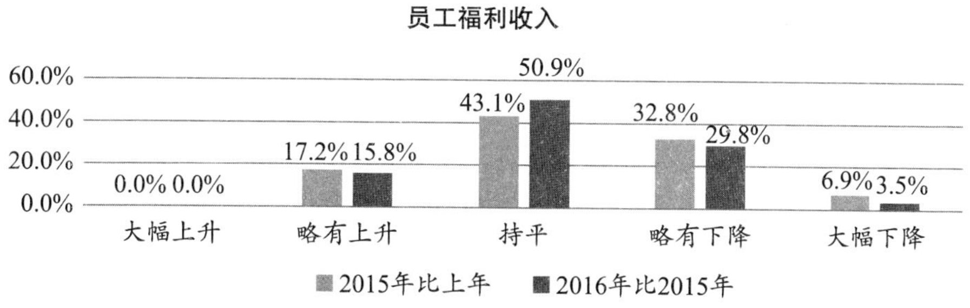

**员工福利收入**

```
60.0%
                              50.9%
40.0%                    43.1%
                                       32.8%
                  17.2% 15.8%               29.8%
20.0%
       0.0% 0.0%                                    6.9% 3.5%
 0.0%
       大幅上升    略有上升      持平      略有下降      大幅下降
            ■2015年比上年    ■2016年比2015年
```

**图 46　2014-2016 年样本报社员工福利收入变化统计图**

4. 新进员工数量

从 2015 年报社新进员工数量来看，49.2% 的报社新进员工与上年持平，28.8% 的报社新进员工略有上升，15.3% 略有下降，大幅上升和大幅下降所占比例极小。相比上年，2015 年的报社新进员工在基本持平中呈现出一个弱的上升态势。而从各报社对 2016 年新进员工的数量预计来看，其状态上与 2015 年状况基本相同，各部分比例无明显变化，同样在稳定中呈现了弱的上升态势（见图 47）。

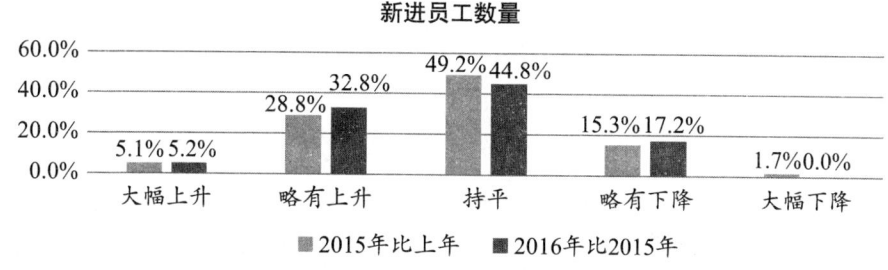

**图 47　2014-2016 年样本报社新进员工数量变化统计图**

5. 离职员工数量增多，出现一定程度人才流失

从报社离职员工的数量来看，相比上年，2015 年报社离职员工数量保持了一个较为稳定而有弱下降趋势的态势：略有上升的比例占 18.6%，持平的比例占 44.1%，略有减少的比例占 32.2%，大幅上升和大幅下降的比例极低。而在 2015 年的基础上，各报社集团对 2016 年离职员工数量的预计表

现出了更加倾向于保持稳定的态势：认为2016年离职员工数量将略有上升的比例有少许下降；认为将略有下降的比例下降到15.5%；认为将持平的比例除了显著的上升，达到了60.3%（见图48）。因而我们认为在各报社单位2016年的预计中，离职员工数量与今年相比会更加倾向于保持现状，目前若下降的趋势将逐渐转为持平趋势。

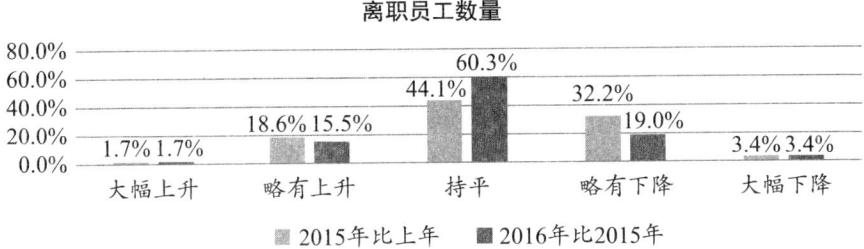

图48　2014-2016年样本报社离职员工数量变化统计图

### （五）报业单位目前生产经营状况的主观评估与竞争感知

#### 1. 近3年报业发展面临的最主要的3个问题分析

我们对各报业集团2014、2015年的发展面临的问题和对2016年预计面临的问题做了调查，调查结果如表10。从共时的角度来看，2014年被视为首要发展问题主要包括：报业结构不合理，同质化竞争（23.0%）；过度依赖广告收入，多元化经营交叉（26.2%）；新媒体冲击，读者和广告主流失（19.7%）。而从2014年的综合比例来看，宏观经济低迷，人才匮乏，体制机制上遗留弊病和问题也是当年报业发展面临的重要问题。而被视为2015年报业面临的首要发展问题最主要的是新媒体冲击，读者和广告主流失（37.7%），大大高于其他问题所占比例。从2015年的综合比例来看，报业发展面临的问题更加多元化，宏观经济低迷，体制机制上遗留弊病，人才匮乏，过度依赖广告收入、多元化经营交叉都成为这年报业发展面临的重要问题。在报业单位对2016年的发展预期中，新媒体冲击造成的读者和广告主流失依然被视作最首要的问题，比例高达49.2%，而从综合比例来看，影响2015年报业发展的诸多问题依然被视作2016年报业发展的重要问题。

从历时的角度来看，一些影响因素综合比例下降明显，如过度依赖广告收入，多元化经营交叉（从59.3%下降到31.4%）；报业结构不合理，同质化竞争（从32.8%下降到4.9%）等。这些下降因素将更多的比例让位于新媒体冲击等影响因素。新媒体冲击造成的读者和广告主流失这一影响因素从综合比例56.0%，上升为84.0%，成为报业发展面临的首要问题，可见近些年来由于互联网新媒体的崛起给报业发展带来的挑战之严峻。宏观经济低迷这一因素从33.0%上升至47.8%，体制机制上的遗留弊病因素从19.8%上升至34.6%，也反映出了这两个因素给当今报业发展带来的巨大影响。可以预计，2016年经济结构的调整将继续，经济增长将继续沿着下行的通道前行，稳定增长将成为常态，结构调整对市场的推动和稳定作用还需时日才能见分晓。而互联网特别是移动网络对传统媒体的冲击力度不会减弱，在新的传播环境下，以大众传播为主的传统媒体将会失去越来越多的广告资源。应该看到，报纸不仅仅是"一张纸"，它是一整套内容生产和传播过程——从信息的筛选把关、到加工制作、再到复制发行——全环节诸要素的总和，[①]报业市场遭受严重下行压力，也不是仅仅体现在发行数据上，其生产过程中面临的障碍不容忽视，主管部门有必要出台救市措施，改革体制、机制上的遗留弊病。

表10 样本报社负责人对报业发展面临的问题感知统计表

| 报业发展面临的问题 | 2014年 | | 2015年 | | 2016年预计 | |
|---|---|---|---|---|---|---|
| | 第一位比例(%) | 综合比例(%) | 第一位比例(%) | 综合比例(%) | 第一位比例(%) | 综合比例(%) |
| 新媒体冲击，读者和广告主流失 | 19.7 | 56.0 | 37.7 | 77.0 | 49.2 | 84.0 |
| 宏观经济低迷，影响报业景气 | 9.8 | 33.0 | 11.5 | 44.3 | 16.4 | 47.8 |

---

① 喻国明：《报纸：作为一种内容生产方式的价值思考》，《新闻界》，2012年第18期。

续表

| 报业发展面临的问题 | 2014年 | | 2015年 | | 2016年预计 | |
|---|---|---|---|---|---|---|
| | 第一位比例(%) | 综合比例(%) | 第一位比例(%) | 综合比例(%) | 第一位比例(%) | 综合比例(%) |
| 体制、机制上遗留弊病多 | 3.3 | 19.8 | 8.2 | 34.4 | 8.2 | 34.6 |
| 过度依赖广告收入,多元化经营交叉 | 26.2 | 59.3 | 14.8 | 42.6 | 6.6 | 31.4 |
| 人才匮乏 | 3.3 | 23.0 | 8.2 | 29.5 | 8.2 | 29.6 |
| 行业规制较多,政策不合理,束缚报业发展 | 1.6 | 9.9 | — | 11.5 | 1.6 | 19.8 |
| 市场化运作差,资源浪费效率低 | — | 11.6 | — | 8.2 | — | 13.2 |
| 营销意识不强,报纸品牌作用发挥不足 | 6.6 | 18.2 | 4.9 | 14.8 | 1.6 | 11.6 |
| 广告结构不合理 | 3.3 | 4.9 | 3.3 | 9.8 | 3.3 | 8.3 |
| 劳动力、能源和新闻纸等成本上升 | 1.6 | 6.6 | 1.6 | 8.2 | — | 8.2 |
| 报业结构不合理,同质化竞争 | 23.0 | 32.8 | 4.9 | 4.9 | 3.3 | 4.9 |
| 盲目投资效率低 | 1.6 | 5.0 | 3.3 | 6.6 | 1.6 | 3.3 |
| 发行网络不合理,分销渠道不畅 | — | 8.2 | — | 1.6 | — | 1.6 |
| 与其他传统媒体竞争激烈 | — | 11.6 | 1.6 | 6.6 | — | 1.6 |
| 总　计 | 100.0 | 300.0 | 100.0 | 300.0 | 100.0 | 300.0 |

2. 竞争感知

(1) 对新媒体带来的竞争压力感知强烈

在新媒体给报业单位带来的压力感知中,0分代表报业单位对新媒体的出现完全没有压力,10分则表示报业单位在面对新媒体时感到非常大的压力。通过对样本数据的分析可知,受访者普遍认为新媒体的发展在一定程度上对报业单位带来竞争压力。在调查样本中,仅有9.3%的样本对新媒体对其单位带来的压力感知评分小于 5 分，认为新媒体带来的压力较小；14.8% 的样本评分为 5 分，认为其压力适中；其余 75.9% 的样本评分均高于 5 分，认为新媒体这支强劲力量对报业单位带来的竞争压力偏大。总体上看，新媒体给各报社带来的平均竞争压力感知为 6.89 分（见图 49），可见伴随着新媒体的不断发展，传统报业单位也感受到了愈发强烈的传媒业竞争。

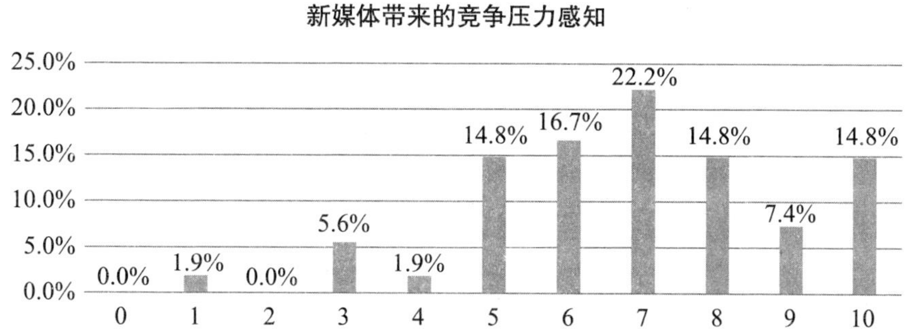

**新媒体带来的竞争压力感知**

| 分值 | 0 | 1 | 2 | 3 | 4 | 5 | 6 | 7 | 8 | 9 | 10 |
|---|---|---|---|---|---|---|---|---|---|---|---|
| 占比 | 0.0% | 1.9% | 0.0% | 5.6% | 1.9% | 14.8% | 16.7% | 22.2% | 14.8% | 7.4% | 14.8% |

图 49　样本报社负责人对新媒体带来的竞争压力感知统计图

（2）对广告主和用户的竞争激烈程度尤为强烈

我们各报业单位在对用户的竞争、对广告主的竞争、对员工的竞争、对资本的竞争、对内容版权的竞争五方面做了调查，调查结果如上图，其中 0 分代表该单位感知该因素竞争不激烈，10 分则表示感知该因素竞争非常激烈。报社单位在这几个变量因素的竞争激烈程度感知上与报业集团非常相似，这五个竞争因素的平均激烈程度感知都超过了 5 分，报业单位五个变量上都感知到了比较激烈的竞争。其中，对广告主的竞争和对用户的竞争感知程度最高，平均值分别达到 7.25 和 7.00（见图 50）。新兴媒体对传统报业的冲击体现在方方面面，尤其对报业的广告主和用户带来了更为明显的竞争，互联网和新媒体分流了很大一部分传统报纸用户，并成为广告主新的广告投资热点领域，而报业集团在这场竞争中较为被动，处于不利的竞争地位，因而感知到的竞争激烈程度更高。

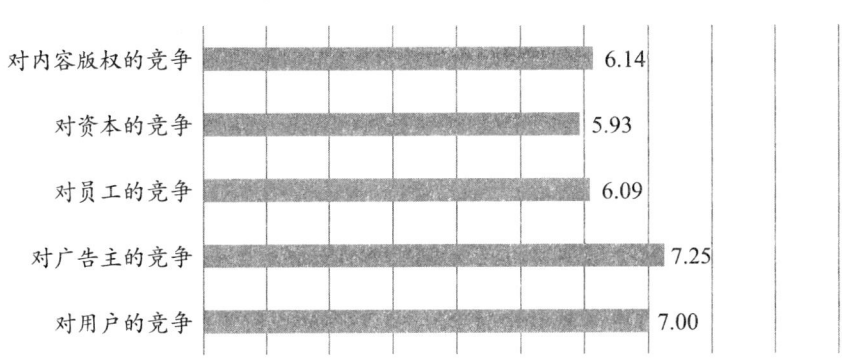

图50 样本报社负责人对各方面竞争程度感知统计图

## （六）报业发展环境景气判断与信心评测

报业综合景气指数包括报业负责人信心指数和报业企业景气指数，前者用于综合反映报业负责人对整个报业所处状态和未来发展变化趋势的看法和信心；后者用于综合反映报业企业的生产经营现状和未来发展变化趋势。前文概括集团生产2015年经营状况可反映报业企业的生产经营现状，通过对2016年的预估可评测报业负责人信心指数。

1.2016年中国报业发展状况预测

我们对2016年中国报业发展状况预测进行了调查，分数0表示2016年中国报业发展状况为历年最差情况，分数为10表明2016年度发展状况达到历年最好情况。在51个有效样本中，15.7%的报社评分为5分，认为2016年中国报业发展状况大致与历年持平；评分小于5分，认为2016年中国报业发展状况与历年相比较差的占到约21.6%；而评分大于5分，认为2016年中国报业发展状况与历年相比较好的比例占了相当大的比重，其比例约为总体的62.7%。总的来看，2016年中国报业发展状况预测平均分值为6.06分，报业单位多认为2016年中国报业发展状况与历年相比将处在中等偏上水平（见图51）。

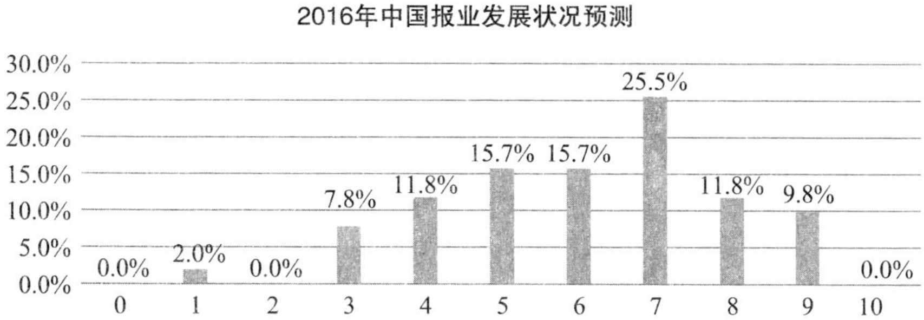

**2016年中国报业发展状况预测**

30.0% — 25.5%
25.0%
20.0% — 15.7% 15.7%
15.0% — 11.8% — 11.8%
10.0% — 7.8% — 9.8%
5.0% — 2.0%
0.0% — 0.0% — 0.0% — 0.0%
   0    1    2    3    4    5    6    7    8    9   10

图51　样本报社负责人对2016年中国报业发展状况预测统计图

2. 2016年报业单位经营状况预测

我们对2016年报业单位经营状况预测进行了调查，分数0表示2016年报业单位经营状况为历年最差情况，分数为10表明2016年度经营状况达到历年最好情况。在52个有效样本中，26.9%的报社评分为5分，认为2016年报业单位经营状况大致与历年持平；评分小于5分，认为2016年报业单位经营状况与历年相比较差的占到约11.5%；而评分大于5分，认为2016年报业单位经营状况与历年相比较好的比例占了相当大的比重，其比例约为总体的61.5%。总的来看，2016年报业单位经营状况预测平均分值为6.40分，说明报业单位多认为2016年的经营与历年相比将处在中上水平（见图52）。

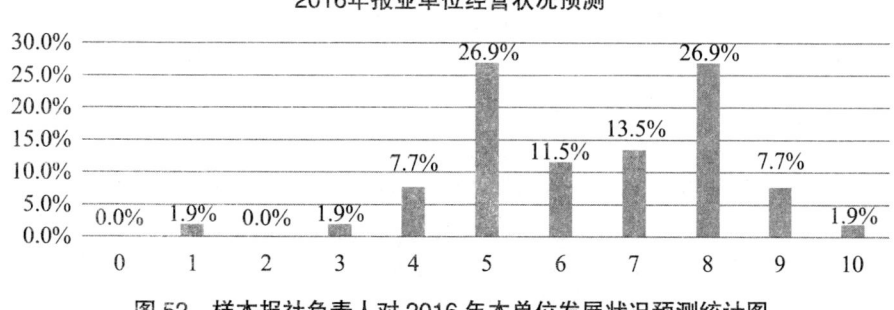

图52　样本报社负责人对2016年本单位发展状况预测统计图

3. 多数被调查者认为未来3年内中国报业转企改制的前景不乐观

在59个有效样本中，仅有1.7%的报社认为未来3年内中国报业转企改制的前景非常乐观;另有18.6%的报社单位认为前景比较乐观。绝大多数报社对中国报业转企改制前景持不看好或模棱两可的态度——其中,有35.6%的报社认为中国报业转企改制前途未卜,占总体比重最大;有30.5%的样本认为前景比较不乐观;而也有一些报社持非常不乐观态度,占到总体的13.6%(见图53)。

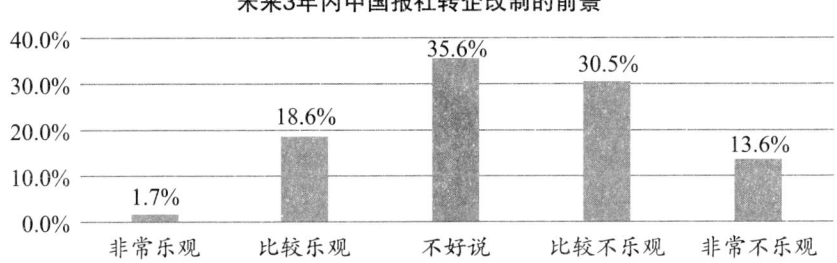

图53　样本报社负责人对未来3年内中国报业转企改制的前景预测统计图

4. 75%的被调查者认为未来3年内中国报业将经历重组整合和淘汰的重大变动

在60个有效样本中,认为未来3年内中国报业比较不可能或非常不可能经历重组整合和淘汰的重大变动的比例非常少,仅占到有效总体的10.0%;另有15.0%的单位认为中国报业未来3年变动之前景尚不可期;其余报社均认为在未来3年内,中国报业恐将经历重组整合和淘汰的重大变动,其中认为非常有可能的达到了26.7%(见图54)。由此观之,中国报业进行重组整合等重大变动实现优胜劣汰乃人心所向。

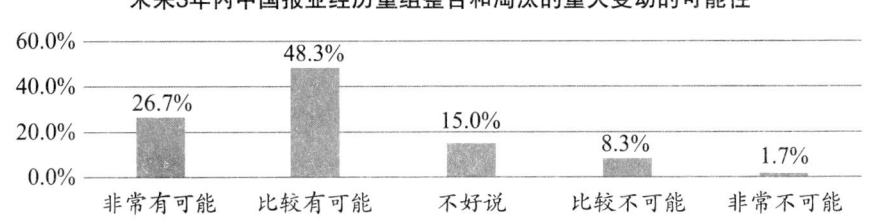

图54　样本报社负责人对未来3年内中国报业经历重组整合和淘汰的重大变动预测统计图

5. 七成被调查者认为未来3年内报纸的社会影响力将下降

在59个有效样本中，认为未来3年内中国报业的社会影响力将上升（略有上升或大幅上升）的报社极少，仅占总体的6.8%；另有22.0%的报社认为未来3年内报纸的社会影响较往年持平。其余大部分（71.2%）的报社单位都认为未来3年内报纸的社会影响力将出现下降，其中，约有一半的报社单位（47.5%）的报社认为下降程度比较小，而另外23.7%的报社则认为下降幅度将会较大（见图55）。

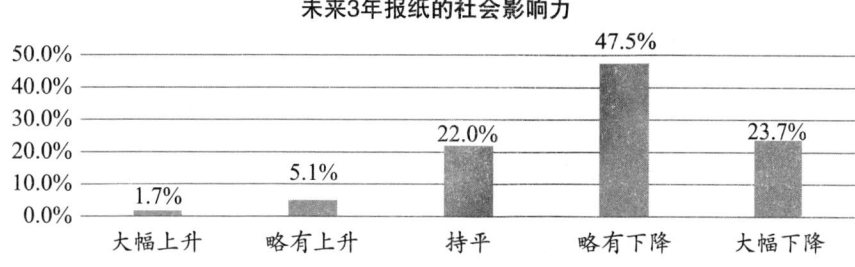

图55　样本报社负责人对未来3年报纸社会影响力变化预测统计图

6. 多数被调查者对未来3年内报业出现突破性新技术的前景持观望态度

在60个有效样本中，没有报社对未来3年报业出现突破性新技术的前景持非常乐观态度；而持非常不乐观态度的也较少，占到总体的10.0%。其余受访者均对该问题表示出了较为保守的意向，其中，40.0%的报社选择了不好说，在总体中所占比重最大；各有25.0%的报社单位持比较乐观态度和比较不乐观的态度（见图56）。总的来说，各报社对未来3年报业出现突破性新技术的前景持观望态度，并无强烈的态度展现。

7. 大多数被调查者认为未来3年内中国报业经营业绩将出现下行

在60个有效样本中，认为未来3年内中国报社经营业绩普遍下行的可能性小的比例极少，仅占总体的3.3%；认为前景不可期的受访者也在少数，占到约16.7%；而其余80.0%的报社都认为，未来3年内中国报社经营业绩普遍下行的可能性大。其中，有21.7%的报社认为下行的可能性非常大；

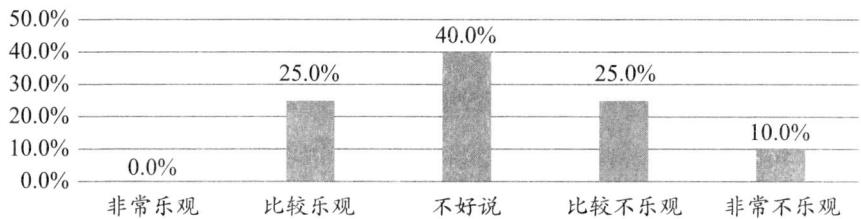

图 56 样本报社负责人对未来 3 年报业出现突破性新技术前景预测统计图

58.3% 的报社认为下行的可能性比较大（见图 57）。总的来看，报业单位对未来 3 年内中国报社经营业绩普遍下行的可能性持较为悲观的态度。

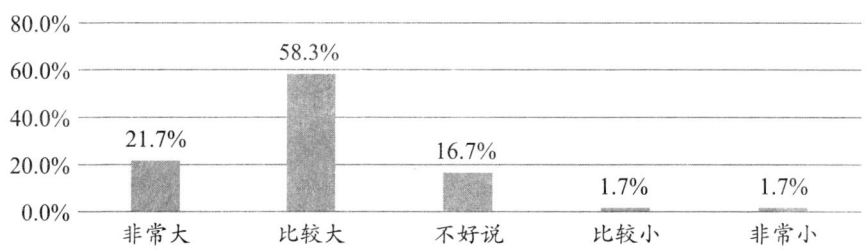

图 57 样本报社负责人对未来 3 年中国报业经营业绩下行预测统计

## 附录 1

## *2015 年全国报业集团景气度调查问卷*

尊敬的女士/先生：

您好，感谢您在百忙之中抽出时间回答我们的问卷。本次调查的目的在于了解中国报业集团目前的景气状况，部分问题意在考察您的认识、看法、判断与预期，无所谓对错。贵集团是课题组通过科学抽样方法选出来的代表，您的仔细填答，对本次研究意义重大。

最后，再次感谢您对本次调查所给予的合作与支持。

中国报业协会　中国人民大学新闻与社会发展研究中心

### 一、集团基本情况：

1. 贵报业集团的具体名称是：＿＿＿＿＿＿＿＿；

2. 贵集团 2015 年度资金来源结构（请在来源项目前打勾，并填写大致比例）

　　01. □ 国家财政拨款＿＿＿＿＿％

　　02. □ 地方政府临时性补贴＿＿＿＿＿％

　　03. □ 报业传统经营（包括广告、发行）获得的自有资金＿＿＿＿＿％

　　04. □ 大文化产业经营获得的自有资金（如教育、体育、影视剧及内容生产及版权交易、会展活动、艺术品经营、游戏等）＿＿＿＿＿％

　　05. □ 非文化产业经营获得的自有资金（如资本经营、房地产、电子商务、物流配送等）＿＿＿＿＿％

　　06. □ 银行借得资金＿＿＿＿＿％

　　07. □ 股票证券市场融资＿＿＿＿＿％

　　08. □ 其他＿＿＿＿＿％

3. 贵集团目前净资产为＿＿＿＿＿亿元，拥有＿＿＿＿＿份报纸。

4. 贵集团 2014 年度总收入为＿＿＿＿＿亿元，其中发行收入总额为＿＿＿＿＿亿元；广告收入总额为＿＿＿＿＿亿元；大文化产业经营收入为＿＿＿＿＿亿元；非文化产业经营收入为_____亿元；其他收入为_____亿元。

5. 贵集团是否已上市或即将上市？

　　┌── 01. □ 是　　　02. □ ──▶ 否跳至第二题继续填答
　▼
6. 贵集团目前的市值/估值为_____亿元。

**二、请对贵集团2015年和2016年的成本和利润、投资、融资状况做出判断和预计（请各选一项打"√"）**

1. 总成本

2015年贵集团的总成本比去年

01. □大幅增加　02. □略有增加　03. □持平　04. □略有减少　05. □大幅减少

2016年贵集团的总成本预计比今年

01. □大幅增加　02. □略有增加　03. □持平　04. □略有减少　05. □大幅减少

2. 利润

2015年贵集团盈利(亏损)比去年

01. □大幅增盈/减亏　02. □略有增盈/减亏　03. □盈亏不变

04. □略有增亏/减盈　05. □大幅增亏/减盈

2016年贵集团盈利(亏损)预计比今年

01. □大幅增盈/减亏　02. □略有增盈/减亏　03. □盈亏不变

04. □略有增亏/减盈　05. □大幅增亏/减盈

3. 投资回报率（如无投融资，请跳至第四题继续回答）

2015年贵集团投资回报率比去年

01. □大幅上升　02. □略有上升　03. □持平　04. □略有下降　05. □大幅下降

2016年贵集团投资回报率预计比今年

01. □大幅上升　02. □略有上升　03. □持平　04. □略有下降　05. □大幅下降

4. 贵集团投资规模

2015年贵集团投资规模比去年

01. □大幅上升　02. □略有上升　03. □持平　04. □略有下降　05. □大幅下降

2016年贵集团投资规模预计比今年

01. □大幅上升　02. □略有上升　03. □持平　04. □略有下降　05. □大幅下降

5. 贵集团融资规模

2015 年贵集团融资规模比去年

01. □大幅上升    02. □略有上升    03. □持平    04. □略有下降    05. □大幅下降

2016 年贵集团融资规模预计比今年

01. □大幅上升    02. □略有上升    03. □持平    04. □略有下降    05. □大幅下降

**三、请对贵集团 2015 年和 2016 年的人员状况做出判断和预计（请各选一项打"√"）**

1. 员工数量

2015 年贵集团的员工数量比去年

01. □大幅上升    02. □略有上升    03. □持平    04. □略有下降    05. □大幅下降

2016 年贵集团的员工数量预计比今年

01. □大幅上升    02. □略有上升    03. □持平    04. □略有下降    05. □大幅下降

2. 员工工资报酬

2015 年贵集团的员工工资报酬比去年

01. □大幅上升    02. □略有上升    03. □持平    04. □略有下降    05. □大幅下降

2016 年贵集团的员工工资报酬预计比今年

01. □大幅上升    02 □略有上升    03. □持平    04. □略有下降    05. □大幅下降

3. 员工福利收入

2015 年贵集团的员工福利收入比去年

01. □大幅上升    02. □略有上升    03. □持平    04. □略有下降    05. □大幅下降

2016 年贵集团的员工福利收入预计比今年

01. □大幅上升    02. □略有上升    03. □持平    04. □略有下降    05. □大幅下降

4. 新进员工数量

2015 年贵集团新进员工数量比去年

01. □大幅下降    02. □略有下降    03. □持平    04. □略有上升    05. □大幅上升

2016 年贵集团新进员工数量预计比今年

01. □大幅上升    02. □略有上升    03. □持平    04. □略有下降    05. □大幅下降

5. 离职员工数量

2015年贵集团离职员工数量比去年

01.□大幅下降　02.□略有下降　03.□持平　04.□略有上升　05.□大幅上升

2016年贵集团离职员工数量预计比今年

01.□大幅上升　02.□略有上升　03.□持平　04.□略有下降　05.□大幅下降

## 四、数字化转型相关问题

1. 到目前为止，贵集团是否采取过数字化转型的有关措施？（请选一项打"√"）

　　01.□ 是　　　02.□ ——→跳至第六题继续填答

2. 贵单位具体采取了哪些措施？（请在所有适合的选项上打"√"）

01.□实现激光照排、彩色印刷、胶版印刷和远程传输　02.□制作光盘电子版　03.□发送手机报　04.□推出WAP手机版　05.□新闻采编等办公环节数字化　06.□开发移动终端（手机、平板电脑等）APP应用　07.□通过短信、微博、QQ等平台与读者互动，开设互动版面　08.□发行PDF电子版　09.□发送电子邮件版报纸　10.□主办报纸网站（包含综合性门户）　11.□自建微信公众号推送内容　12.□户外电子应用（城市通、LED显示屏等）　13.□入驻新闻客户端（如今日头条、搜狐等）　14.□其他_____（请填写）

3. 贵集团所有的互联网和新媒体业务年度成本约为_____万元，年度收入约为_____万元。

## 五、2015年度贵集团跨行业经营创收最多的3个行业是：（请将行业编号填入相应括号）

01.股权投资　02.房地产投资　03.房产租赁业务　04.影视制作与发行　05.文化会展业　06.印刷业　07.出版业　08.高科技开发　09.旅游开发　10.游戏开发　11.信息服务　12.物流配送　13.餐饮业　14.酒店业　15.其他_____

第一位 [　　　]　　第二位 [　　　]　　第三位 [　　　]

**六、集团转型相关问题**

1. 到目前为止，贵集团是否采取过集团转型的有关措施？（请选一项打"√"）

　　　　01. □ 是　　　02. □ ──► 跳至第八题继续填答

2. 贵单位具体采取了哪些措施？（请在所有适合的选项上打"√"）

　　01. □ 提供信息产品，成为信息供应商　02. □ 涉足游戏产业

　　03. □ 涉足物流产业　04. □ 涉足旅游产业

　　05. □ 涉足金融产业，进行金融投资　06. □ 发展会展业务

　　07. □ 进军报业地产　08. □ 涉足文化产业　09. □ 整合上下流产业链

　　10. □ 涉足影视产业　11. □ 其他_____（请填写）

**七、以贵集团历年的经营状况作参考，**据您预测，您给贵集团2016年的经营打几分？

（请在梯形空白处填写具体分数）

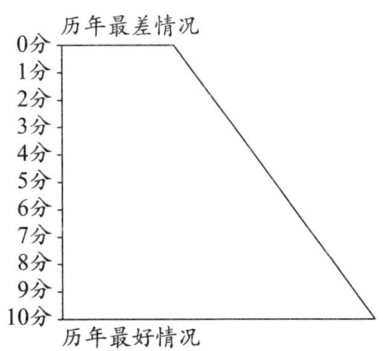

**八、以全国报业历年发展状况作参考，**据您预测，您给中国报业2016年的发展打几分？

（请在梯形空白处填写具体分数）

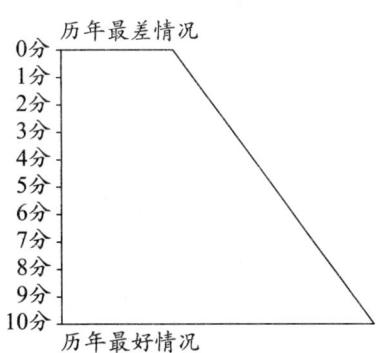

**九、请您对未来中国报业的发展做出评价和预计（请各选一项打"√"）**

1. 您认为未来3年内，中国报业是否会经历重组、整合和淘汰的重大变动？

　　01. □ 非常有可能　02. □ 比较有可能　03. □ 不好说　04. □ 比较不可能

　　05. □ 非常不可能

2. 您认为未来 3 年报业在传媒产业结构中的份额？

01. □大幅上升 02. □略有上升 03. □基本不变 04. □略有下降 05. □大幅下降

3. 您认为未来 3 年内报纸的社会影响力可能？

01. □大幅上升 02. □略有上升 03. □基本不变 04. □略有下降 05. □大幅下降

4. 您如何看待未来 3 年内，报业出现突破性新技术的前景？

01. □非常乐观 02. □比较乐观 03. □不好说 04. □比较不乐观

05. □非常不乐观

5. 您如何看待未来 3 年内，中国报业转企改制的前景？

01. □非常乐观 02. □比较乐观 03. □不好说 04. □比较不乐观

05. □非常不乐观

6. 您认为未来 3 年内中国报业经营业绩下行的可能性？

01. □非常大 02. □比较大 03. □不好说 04. □比较小 05. □非常小

7. 您认为未来 3 年内制约中国报业发展的最主要因素可能是_____。

01. 市场竞争激烈，读者、广告主、员工流失严重 02. 外部政策限制

03. 报业内部经营与管理不善 04. 宏观经济低迷

05. 其他_____（请注明）

**十、您认为当前报业集团发展面临的最主要的 3 个问题是（请将问题编号填入表格相应位置）**

---

01. 缺乏必要的发展思路及理念 02. 只重视眼前经济利益，忽视长远的社会效益 03. 没有根本扭转粗放式的经营和管理模式 04. 市场定位模糊 05. 盲目投资效益低 06. 创新动力不足 07. 价值链开发有限 08. 营利模式单一 09. 报纸品牌缺乏知名度和影响力 10. 内容同质化，缺乏原创性 11. 集团内报纸结构不合理，重复建设严重 12. 经营人才匮乏 13. 版权保护不力 14. 报业人才流失严重 15. 体制、机制上遗留的弊病 16. 相关政策能否放开

---

第一位 [_____] 第二位 [_____] 第三位 [_____]

**十一、面对新媒体的冲击，请对您感知的压力打分（请在对应分数上打"√"）**

压力非常小 |—|—|—|—|—|—|—|—|—|—|→ 压力非常大
　　　　0分　1分　2分　3分　4分　5分　6分　7分　8分　9分　10分

**十二、请根据贵集团感知的竞争激烈程度对下面各项打分（请在对应分数上打"√"）**

1. 对用户的竞争：

不激烈 |—|—|—|—|—|—|—|—|—|—|→ 非常激烈
　　　0分　1分　2分　3分　4分　5分　6分　7分　8分　9分　10分

2. 对广告主的竞争：

不激烈 |—|—|—|—|—|—|—|—|—|—|→ 非常激烈
　　　0分　1分　2分　3分　4分　5分　6分　7分　8分　9分　10分

3. 对员工的竞争：

不激烈 |—|—|—|—|—|—|—|—|—|—|→ 非常激烈
　　　0分　1分　2分　3分　4分　5分　6分　7分　8分　9分　10分

4. 对资本的竞争：

不激烈 |—|—|—|—|—|—|—|—|—|—|→ 非常激烈
　　　0分　1分　2分　3分　4分　5分　6分　7分　8分　9分　10分

5. 对内容版权的竞争：

不激烈 |—|—|—|—|—|—|—|—|—|—|→ 非常激烈
　　　0分　1分　2分　3分　4分　5分　6分　7分　8分　9分　10分

**十三、您对景气词汇的联想**

1. 当您看到"景气"这个词时，您首先联想到的几个词是
　_____\_____\_____\_____\\

2. 当您看到"不景气"这个词时，您首先联想到的几个词是
　_____\_____\_____\_____\\

全卷完，非常感谢您的合作！

## 附录 2

# 2015 年全国报业景气度调查问卷

尊敬的女士 / 先生：

您好，感谢您在百忙之中抽出时间回答我们的问卷。本次调查的目的在于了解中国报业目前的景气状况，部分问题意在考察您的认识、看法、判断与预期，无所谓对错。贵单位是课题组通过科学抽样方法选出来的代表，您的仔细填答，对本次研究意义重大。

最后，再次感谢您对本次调查所给予的合作与支持。

中国报业协会　中国人民大学新闻与社会发展研究中心

**一、基本情况：**

1. 贵单位法定中文名称：_____

2. 贵单位经营主体的性质情况：（请选一项打"√"，以下题目如无特别注明的均为单选题）

   01.□ 行政全额拨款的事业单位　02.□ 行政差额拨款的事业单位　03.□ 自收自支的事业单位　04.□ 全民所有制企业　05.□ 其他（请注明）_____

3. 贵单位目前在职员工共计_____人；

4. 贵单位 2014 年度总收入为_____万元，其中发行收入总额为_____万元，广告收入总额为_____万元，大文化产业经营收入（如教育、体育、影视剧及内容生产及版权交易、会展活动、艺术品经营、游戏等）_____万元，非文化产业经营收入为（如资本经营、房地产、电子商务、物流配送等）_____万元，其他收入为_____万元

4. 到目前为止，贵单位是否采取过数字化转型的有关措施？（请选一项打"√"）

   ┌── 01.□ 是　　02.□ ──▶ 跳至第二题继续填答
   ▼
5. 贵单位目前具体采取的是哪些措施？（多选，请在所有适合的选项上打"√"）

   01.□ 实现激光照排、彩色印刷、胶版印刷和远程传输

02. □ 制作光盘电子版　03. □ 发送手机报　04. □ 推出 WAP 手机版　05. □ 新闻采编等办公环节数字化　06. □ 开发移动终端（手机、平板电脑等）APP 应用　07. □ 通过短信、微博、QQ 等平台与读者互动，开设互动版面　08. □ 发行 PDF 电子版　09. □ 发送电子邮件版报纸　10. □ 主办报纸网站（包含综合性门户）　11. □ 自建微信公众号推送内容　12. □ 户外电子应用（城市通、LED 显示屏等）　13. □ 入驻新闻客户端（如今日头条、搜狐等）　14. □ 其他＿＿＿＿＿＿＿＿＿＿＿＿＿＿（请填写）

6. 本报所有的互联网和新媒体业务年度成本约为＿＿＿＿＿＿万元，年度收入约为＿＿＿＿＿＿万元。

7. 本报新媒体业务的资本结构是：

01. □ 报社全资投入　02. □ 与社会资本合作　03. □ 尚未有明确资本投入

8. 据您推测，未来 5 年贵单位数字化转型物质成本与收益的关系是（请各选一项打"√"）

01. □ 成本远高于收益　02. □ 成本略高于收益　03. □ 成本与收益持平

04. □ 收益略高于成本　05. □ 收益远高于成本

## 二、请对贵单位 2015 年和 2016 年的发行和收入状况做出判断和预计（请各选一项打"√"）

1. 平均每期报纸版数

2015 年贵单位平均每期报纸版数比去年

01. □ 大幅增加　02. □ 略有增加　03. □ 持平　04. □ 略有减少　05. □ 大幅减少

2016 年贵单位平均每期报纸版数预计比今年

01. □ 大幅增加　02. □ 略有增加　03. □ 持平　04. □ 略有减少　05. □ 大幅减少

2. 报纸发行量

2015 年贵单位报纸发行量比去年

01. □ 大幅增加　02. □ 略有增加　03. □ 持平　04. □ 略有减少　05. □ 大幅减少

2016 年贵单位报纸发行量预计比今年

01. □ 大幅增加　02. □ 略有增加　03. □ 持平　04. □ 略有减少　05. □ 大幅减少

3. 出版频次

2015年贵单位报纸出版频次比去年

01. □大幅增加　02. □略有增加　03. □持平　04. □略有减少　05. □大幅减少

2016年贵单位报纸出版频次预计比今年

01. □大幅增加　02. □略有增加　03. □持平　04. □略有减少　05. □大幅减少

4. 广告收入

2015年贵单位的广告收入比去年

01. □大幅增加　02. □略有增加　03. □持平　04. □略有减少　05. □大幅减少

2015年贵单位广告收入占总收入比重比去年

01. □大幅上升　02. □略有上升　03. □持平　04. □略有下降　05. □大幅下降

2016年贵单位广告收入预计比今年

01. □大幅增加　02. □略有增加　03. □持平　04. □略有减少　05. □大幅减少

2016年贵单位广告收入占总收入比重预计比今年

01. □大幅上升　02. □略有上升　03. □持平　04. □略有下降　05. □大幅下降

5. 发行收入

2015年贵单位的发行收入比去年

01. □大幅增加　02. □略有增加　03. □持平　04. □略有减少　05. □大幅减少

2015年贵单位发行收入占总收入比重比去年

01. □大幅上升　02. □略有上升　03. □持平　04. □略有下降　05. □大幅下降

2016年贵单位发行收入预计比今年

01. □大幅增加　02. □略有增加　03. □持平　04. □略有减少　05. □大幅减少

2016年贵单位发行收入占总收入比重预计比今年

01. □大幅上升　02. □略有上升　03. □持平　04. □略有下降　05. □大幅下降

6. 除广告、发行外，贵单位文化产业内经营收入：

2015年贵单位这部分收入比去年

01. □大幅增加　02. □略有增加　03. □持平　04. □略有减少　05. □大幅减少

2015年贵单位这部分收入占总收入比重比去年

01. □大幅上升　02. □略有上升　03. □持平　04. □略有下降　05. □大幅下降

2016年贵单位这部分收入预计比今年

01. □大幅增加　02. □略有增加　03. □持平　04. □略有减少　05. □大幅减少

2016 年贵单位这部分收入占总收入比重预计比今年

01. □大幅上升　02. □略有上升　03. □持平　04. □略有下降　05. □大幅下降

7. 贵单位在非文化产业领域内的经营收入：

2015 年贵单位的这部分收入比去年

01. □大幅增加　02. □略有增加　03. □持平　04. □略有减少　05. □大幅减少

2015 年贵单位的这部分收入占总收入比重比去年

01. □大幅增加　02. □略有增加　03. □持平　04. □略有减少　05. □大幅减少

2016 年贵单位的这部分收入预计比今年

01. □大幅增加　02. □略有增加　03. □持平　04. □略有减少　05. □大幅减少

2016 年贵单位的这部分收入占总收入比重比今年

01. □大幅增加　02. □略有增加　03. □持平　04. □略有减少　05. □大幅减少

**三、请对贵单位 2015 年和 2016 年的成本和利润状况做出判断和预计（请各选一项打"√"）**

1. 总成本

2015 年贵单位的总成本比去年

01. □大幅增加　02. □略有增加　03. □持平　04. □略有减少　05. □大幅减少

2016 年贵单位的总成本预计比今年

01. □大幅增加　02. □略有增加　03. □持平　04. □略有减少　05. □大幅减少

2. 利润

2015 年贵单位盈利（亏损）比去年

01. □大幅增盈 / 减亏　02. □略有增盈 / 减亏　03. □盈亏不变

04. □略有增亏 / 减盈　05. □大幅增亏 / 减盈

2016 年贵单位盈利（亏损）预计比今年

01. □大幅增盈 / 减亏　02. □略有增盈 / 减亏　03. □盈亏不变

04. □略有增亏 / 减盈　05. □大幅增亏 / 减盈

四、请对贵单位 2015 年和 2016 年的广告价格状况做出判断和预计（请各选一项打"√"）

1. 广告刊例价

2015 年贵单位广告刊例价比去年

01. □大幅上升　02. □略有上升　03. □持平　04. □略有下降　05. □大幅下降

2016 年贵单位广告刊例价预计比今年

01. □大幅上升　02. □略有上升　03. □持平　04. □略有下降　05. □大幅下降

2. 广告实际价格

2015 年贵单位广告实际价格比去年

01. □大幅上升　02. □略有上升　03. □持平　04. □略有下降　05. □大幅下降

2016 年贵单位广告实际价格预计比今年

01. □大幅上升　02. □略有上升　03. □持平　04. □略有下降　05. □大幅下降

3. 广告刊载量（指广告版所占版面数量）

2015 年贵单位广告刊载量比去年

01. □大幅上升　02. □略有上升　03. □持平　04. □略有下降　05. □大幅下降

2016 年贵单位广告刊载量预计比今年

01. □大幅上升　02. □略有上升　03. □持平　04. □略有下降　05. □大幅下降

五、请对贵单位 2015 年和 2016 年的人员状况做出判断和预计（请各选一项打"√"）

1. 员工数量

2015 年贵单位的员工数量比去年

01. □大幅上升　02. □略有上升　03. □持平　04. □略有下降　05. □大幅下降

2016 年贵单位的员工数量预计比今年

01. □大幅上升　02. □略有上升　03. □持平　04. □略有下降　05. □大幅下降

2. 员工工资报酬

2015 年贵单位的员工工资报酬比去年

01. □大幅上升　02. □略有上升　03. □持平　04. □略有下降　05. □大幅下降

2016 年贵单位的员工工资报酬预计比今年

01. □大幅上升　02. □略有上升　03. □持平　04. □略有下降　05. □大幅下降

3. 员工福利收入

2015年贵单位的员工福利收入比去年

01. □大幅上升　02. □略有上升　03. □持平　04. □略有下降　05. □大幅下降

2016年贵单位的员工福利收入预计比今年

01. □大幅上升　02. □略有上升　03. □持平　04. □略有下降　05. □大幅下降

4. 新进员工数量

2015年贵单位新进员工数量比去年

01. □大幅下降　02. □略有下降　03. □持平　04. □略有上升　05. □大幅上升

2016年贵单位新进员工数量预计比今年

01. □大幅下降　02. □略有下降　03. □持平　04. □略有上升　05. □大幅上升

5. 离职员工数量

2015年贵单位离职员工数量比去年

01. □大幅下降　02. □略有下降　03. □持平　04. □略有上升　05. □大幅上升

2016年贵单位离职员工数量预计比今年

01. □大幅下降　02. □略有下降　03. □持平　04. □略有上升　05. □大幅上升

**六、请您对未来中国报业的发展环境做出预计（请各选一项打"√"）**

1. 您认为未来3年内，中国报社转企改制的前景如何？

01. □非常乐观　02. □比较乐观　03. □不好说　04. □比较不乐观　05. □非常不乐观

2. 您认为未来3年内，中国报业是否会经历重组、整合和淘汰的重大变动？

01. □非常有可能　02. □比较有可能　03. □不好说　04. □比较不可能

05. □非常不可能

3. 您认为未来3年内，报纸的社会影响力如何？

01. □大幅上升　02. □略有上升　03. □基本不变　04. □略有下降　05. □大幅下降

4. 您如何看待未来3年内，报业出现突破性新技术的前景？

01. □非常乐观　02. □比较乐观　03. □不好说　04. □比较不乐观　05. □非常不乐观

5. 您认为未来3年内中国报社经营业绩普遍下行的可能性：

01. □非常大　02. □比较大　03. □不好说　04. □比较小　05. □非常小

**七、2015 年度对贵单位投放广告金额最多的 3 个广告主行业是：（请将行业编号填入相应括号）**

---

01. 个人用品  02. 房地产 / 建筑工程  03. 电脑及办公自动化产品
04. 工业用品  05. 化妆品 / 浴室用品  06. 活动类  07. 家居用品
08. 家用电器  09. 娱乐及休闲  10. 金融投资  11. 酒精类饮品  12. 农业
13. 清洁用品  14. 商业及服务性行业  15. 食品  16. 烟草  17. 药品
18. 衣着  19. 饮料  20. 邮电通信  21. 交通  22. 其他_____

---

第一位 [_____]　　第二位 [_____]　　第三位 [_____]

**八、以贵集团历年的经营状况作参考，**

据您预测，您给贵集团 2016 年的经营打几分？

（请在梯形空白处填写具体分数）

历年最差情况
0分
1分
2分
3分
4分
5分
6分
7分
8分
9分
10分
历年最好情况

**九、以全国报业历年发展状况作参考，**

据您预测，您给中国报业 2016 年的发展打几分？

（请在梯形空白处填写具体分数）

历年最差情况
0分
1分
2分
3分
4分
5分
6分
7分
8分
9分
10分
历年最好情况

**十、新媒体对贵单位的竞争压力如何（请在对应分数上打"√"）**

压力非常小 |—— 0分 —— 1分 —— 2分 —— 3分 —— 4分 —— 5分 —— 6分 —— 7分 —— 8分 —— 9分 —— 10分 ——→ 压力非常大

**十一、请根据贵单位感知的竞争激烈程度对以下各项打分（请在对应分数上打"√"）**

1. 对用户的竞争：

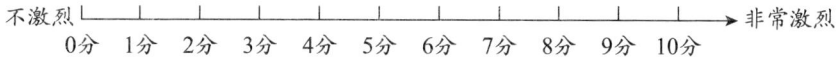

2. 对广告主的竞争：

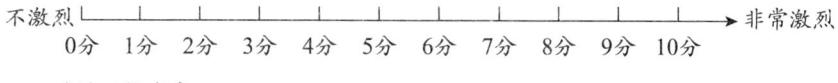

3. 对员工的竞争：

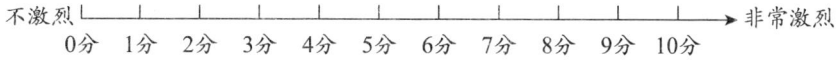

4. 对资本的竞争：

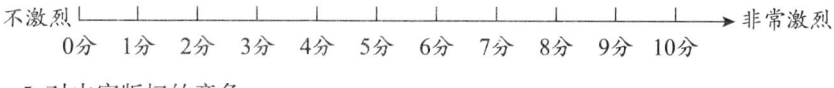

5. 对内容版权的竞争：

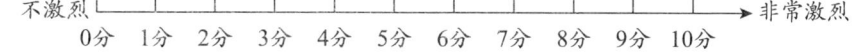

**十二、您认为近三年报业发展面临的最主要的3个问题是（请将问题编号填入表格对应位置）**

> 01. 报业结构不合理，同质化竞争　02. 营销意识不强，报纸品牌作用发挥不足　03. 过度依赖广告收入，多元化经营较差　04. 广告结构不合理　05. 发行网络不合理，分销渠道不畅　06. 市场化运作差，资源浪费效率低　07. 盲目投资效益低　08. 劳动力、能源和新闻纸等成本上升　09. 人才匮乏（包括经营管理人才和业务人才）　10. 新媒体冲击，读者和广告主流失　11. 与其他传统媒体竞争激烈　12. 行业规制较多，政策不合理，束缚报业发展　13. 宏观经济低迷，影响报业景气　14. 体制、机制上遗留弊病多

| 问　　题 | 2014 年 | 2015 年 | 2016 年 | 预计 |
|---|---|---|---|---|
| 第一位 | | | | |
| 第二位 | | | | |
| 第三位 | | | | |

### 十三、您对景气词汇的联想

1. 当您看到"景气"这个词时，您首先联想到的几个词是

　_____

2. 当您看到"不景气"这个词时，您首先联想到的几个词是

　_____

全卷完，非常感谢您的合作！

# 专题二：全国报业景气指数舆情分析

《中国报业景气状况研究》课题组[①]

**摘　要**：本研究采用内容分析的方法，通过对 2013-2015 年间新闻网站、微博、微信公众号上与报业相关的内容文本中所含"景气词汇"的词频分析发现，当前报业景气度舆情指数整体呈现下滑态势，2015 年舆情指数为过去 3 个年度的最低值。与此同时，传播渠道、报道对象的不同，也会导致舆情指数的差异，具体表现为：新闻网站、微信公众号偏向于介绍报业单位尤其是大型报业集团的转型成功经验，微博上无论是关于报纸的经营策略还是内容质量方面，均呈现一种悲观情绪。新闻网站、微信公众号上关于党报的报道数量要明显多于都市报，并且呈现出一定的乐观情绪；微博上关于党报的舆情指数近 3 年处于相对稳定状况，而对都市报的经营策略和报纸内容方面，则呈现出明显下滑态势，显示出当前大众对都市报的经营状况缺乏信心，并且对都市报的内容质量越来越有所不满。

**关键词**：报业　景气度　舆情指数　新闻网站　微博　微信公众号

2015 年全国报业景气指数舆情报告由中国人民大学新闻与社会发展研究中心和中国报业协会联合发起，旨在通过对相关报业网站、微博、微信公众号上关于报业新闻报道内容的情感倾向分析，以检测当前新闻媒体、社

---

① 中国报业景气状况研究课题组成员来自中国人民大学新闻与社会发展研究中心、中国报业协会。课题主要负责人为中国人民大学新闻与社会发展研究中心主任喻国明教授，中国报业协会胡怀福秘书长。本报告由中国人民大学新闻学院传媒经济专业 2015 级博士生王军执笔。

会公众等主体是如何看待报业的景气度状况。项目工作于2015年10月–2016年1月期间开展，大体步骤共分为三个部分：一是由中国人民大学新闻与社会发展研究中心提供项目所需的网站、微博、微信公众号名单，以及编码指标等；二是由北大方正集团有限公司根据上述提供的网站、微博、微信公众号名单以及编码指标等，进行相关的内容扒取及资料汇总；三是由中国人民大学新闻与社会发展研究中心基于扒取的内容资料进行深入的分析及报告撰写。

# 一、研究方法

本研究主要采用内容分析的方法，通过对新闻网站、微博、微信公众号上与报业相关的消息内容中所含"景气词汇"的词频分析，以考察当前新闻媒体、社会公众是如何看待目前报业的现状及发展前景。

## （一）编码指标的设计

在对新闻网站、微博、微信公众号上与报业相关的消息内容进行分析之前，需设计出一套能够判断报业景气程度的"景气词汇库"。"景气词汇库"的设计，主要通过以下两个步骤获得：一是以"报业"等为标题关键词，在"百度新闻"中扒取出所有相关内容，剔除重复内容及广告信息后，根据相关内容中所包含词汇的词频频次（大于5次）来确定"景气词汇"，然后对得出的"景气词汇"按照"景气词""中性词""不景气词"三类进行一一划分；二是根据前期我们所做的《全国报业景气度调查》问卷中所反馈的"景气词汇"，进行不断更新。

## （二）抽样具体设计

本次调查的抽样设计，大体是按照抽样框的确定、抽样内容的确定和抽样内容的分析这三个步骤来完成的。

1. 抽样框的确定

本次在抽样框的确定方面，不仅应包括传统媒体如报纸、杂志、广播、电视等及其相关网站关于报纸的新闻报道内容，也应加入微博、微信公众号等新媒体客户端中关于报纸报道内容的考察。

在相关网站方面，调查的对象主要有报刊全文数据库、新闻出版广电总局及报刊类网站、网络新闻、报纸类的专门报刊等四大类。

在微博方面，调查的对象主要以新浪微博为主。

在微信公众号方面，调查的对象主要有大众媒体类公众号、传媒行业的专门公众号（如记者站、媒体札记等）、传媒研究类的公众号等三大类。在这三大类中分别按照公众号发布量和阅读量指标抽取排名前50位的公众号，作为抽样框。

2. 抽样内容的确定

（1）时间段的确立

2013年1月至2015年11月。为了能够反映期间报业的变化，本文采用了构造周抽样，即将一年365天对应分为星期一、星期二、星期三……星期日，然后在各自的星期样本中随机抽取18个星期一、星期二、星期三……星期日；因为2015年为非完整年，所以按照对应比例随机抽取了16周。

（2）报道内容的确定

①在新闻网站方面，首先，根据标题中含有关键词[①]，同时内容中含有其他设定的关键词[②]，进行报道内容的搜索，例如：标题中含有下列任意关键词（报业）+内容中含有下列任意关键词（利润 | 纯收入 | 净收入 | 净收益 |

---

[①] 标题关键词，主要有"报纸"、"报业"、"党报"、"都市报"、"行业报"、"晚报"等，加上全国1912种报纸的具体名称。

[②] 内容关键词的确定，主要以"报业"等为标题关键词，在"百度新闻"中扒取出所有相关内容，然后根据词频筛选出与报业经营或报业内容相关的词汇，如"净利润""营业收入""内容质量"等。

营收）。根据上述搜索方式得到的搜索量，即为本次调查抽样内容的确立。最后，从上述所选择的报道内容中，按照景气词数量大于等于5个的文章进行统计（ABC三类景气词），从而筛选出景气文章，作为本次调查的研究对象。此外，对报道内容的确立，还应排除重复信息、广告信息等其他无关信息。

②在微博方面，首先，按照标题中关键词"报业"进行搜索，显示所有的相关信息数量；其次，从上述信息数量中，筛选出含有景气词的微博。

③在微信公众号方面，与新闻网站报道内容的确定类似，首先，根据标题中含有关键词"报业"，同时内容中含有其他设定的关键词，进行相关报道内容的搜索；其次，从上述所选择的报道内容中，按照景气词数量大于等于5个的文章进行统计（ABC三类景气词），从而筛选出景气文章，作为本次调查的研究对象。

（3）抽样内容的分析

①赋值：以报业景气词库中的词汇为判断参考，统计A类词汇、B类词汇、C类词汇的出现频次；对于标题中出现的景气词汇双倍赋值。

②对于景气度的判断：根据上述赋值方法，按照"（正面词汇频次 − 负面词汇频次）/ 总景气词汇频次"的方法计算得出每篇新闻的景气度指数，若分值在 −0.2~0.2 分之间为持平，0.2~1 分为景气，−0.2~−1 分为不景气；[①] 然后对每篇新闻景气度指数的累计加总取平均值，记为某一段时期内整体报业的景气度舆情指数。

## 二、描述统计分析

通过对 2013-2015 年新闻网站、微博、微信公众号舆情指数的分析，

---

① 之所以选择这一划分标准，主要通过观察每篇新闻的景气度指数得分和其对应的报道倾向，我们认为，0.2 的绝对值是个较好的分界线。

我们发现，当前报业景气度舆情指数整体呈现下滑态势，2015 年舆情指数为过去三个年度的最低值。与此同时，传播渠道、报道对象的不同，也会导致舆情指数的差异，具体表现为：新闻网站、微信公众号偏向于介绍报业单位尤其是大型报业集团的转型成功经验，微博上无论是关于报纸的经营策略（广告经营、多元化经营方面）还是报纸内容质量，均呈现一种消极情绪。新闻网站、微信公众号上关于党报的报道数量要明显多于都市报，并且呈现出一定的乐观情绪；微博上关于党报的舆情指数近三年处于相对稳定状况，而对都市报的经营策略和报纸内容方面，则呈现出明显下滑态势，显示出当前大众对都市报的经营状况缺乏信心，并且对都市报的内容质量越来越有所不满。

### （一）报业景气度舆情指数下降明显

从 2013、2014、2015 年报业景气度舆情指数[①]来看，2015 年新闻网站、微博、微信公众号上的报业景气度舆情指数分别为 0.243、-0.197、0.274，分别下降了 0.044、0.102、0.007，均创下过去三个年度的最低值（见图 1）。

报业景气指数的整体下滑，在一定程度上反映了当前报业经营的严峻形势。作为中国多数报业单位的主要收入来源——广告收入，根据中国广告协会报刊分会和央视市场研究（CTR）媒介智讯的数据，2015 年 1-11 月，报纸广告降幅高达 35.6%。[②] 数据表明，自 2012 年报纸广告进入下降通道以来，下降幅度呈现不断扩大的趋势，从个位数的下降急剧扩大到两位数的下降，而进入了 2015 年，下降幅度更是持续达到三成以上的降幅，报纸广告经营已经到了最危急的时刻绝不是危言耸听。与此同时，报纸广告收入大幅的下滑，也会直接影响到报业单位的生死存亡，导致 2015 年裁员、降

---

[①] 根据研究方法中提及的计算方法，统计出每篇新闻的景气度指数，然后对每篇新闻景气度指数的累计加总取平均值。

[②] 中国广告协会报刊分会、央视市场研究：《中国报纸广告市场分析报告》，2015 年 11 月。

薪、减岗、停刊等事件频繁发生。

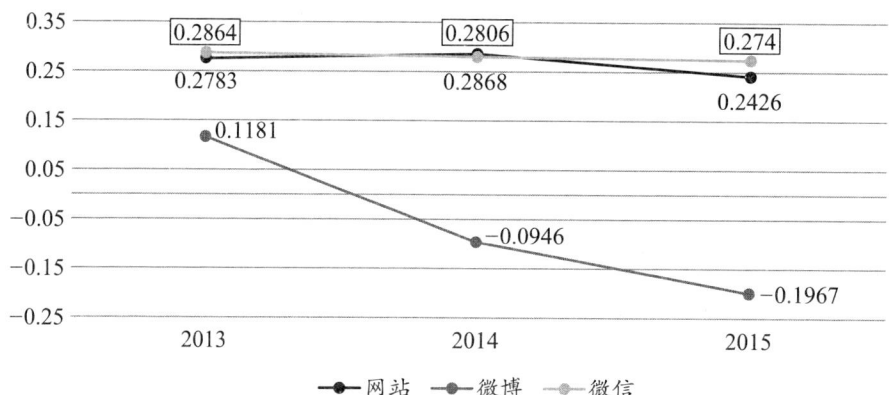

图1 2013—2015年度网站、微博、微信上报业景气度舆情指数

## （二）新闻网站、微信偏经验介绍，微博偏负面新闻

具体到新闻网站、微博、微信公众号上的报业景气度舆情指数，由于新闻网站和微信公众号的运作主体主要为专业的媒体机构，导致在报道内容方面整体以正面消息为主，数据表明，2015年1—11月，新闻网站上关于报业的正面消息有31篇，占比50.82%，而负面消息仅有12篇，占比19.67%；微信公众号同样如此，正面消息有426篇，占比62.46%，而负面消息仅有55篇，占比8.06%。其中在正面消息中，主要偏向经验介绍，如"大众报业逆势腾飞解码""大众报业集团改革及媒体融合调研报告""陕西报业研讨纸媒与新媒体融合发展"等；而负面消息，则主要为目前报业的困境，如"2014年南方报业离职202人，同比增20%""报业控股首季净利跌21.9%""中国报业广告下滑成因探析"等（见表1）。①

---

① 正面、中性、负面消息的确定，主要是根据每篇新闻的景气度指数，若分值在−0.2~0.2分之间为中性，0.2到1分为正面，−0.2到−1分为负面。

表1　2013-2015年度网站、微博、微信上报业文章景气度分布状况（篇）

| 渠道 | 消息类型 | 2015年1-11月 | 2014年 | 2013年 |
|---|---|---|---|---|
| 新闻网站 | 正面 | 31（50.82%） | 43（62.32%） | 58（66.67%） |
| | 中性 | 18（29.51%） | 18（26.09%） | 15（17.24%） |
| | 负面 | 12（19.67%） | 8（11.59%） | 14（16.09%） |
| 微博 | 正面 | 10356（23.10%） | 18411（37.59%） | 22788（23.64%） |
| | 中性 | 12083（26.96%） | 11582（23.65%） | 33306（34.55%） |
| | 负面 | 22383（49.94%） | 18986（38.76%） | 40319（41.82%） |
| 微信公众号 | 正面 | 426（62.46%） | 456（61.62%） | 38（55.88%） |
| | 中性 | 201（29.47%） | 223（30.14%） | 26（38.24%） |
| | 负面 | 55（8.06%） | 61（8.24%） | 4（5.88) |

相对而言，微博上的主体则更加多元化，除了媒体机构外，公民作为个体也可以在该渠道上随时随地地留言或评论等，造成整体的报业景气度舆情指数明显低于新闻网站和微信公众号两个渠道。数据表明，2015年1-11月，微博上关于报业的正面消息有10356篇，占比23.10%；而负面消息则达到22383篇，占比49.94%，远高于正面消息占比（见表1）。同时，相对于新闻网站、微信公众号上多侧重于报纸经营领域的报道，微博上还存在着大量网友对报纸上刊登内容的评价。在报纸内容方面，2013、2014、2015年对应的舆情指数分别为-0.095、-0.294、-0.417，说明读者对报纸上刊登内容质量整体呈现负面的评价，并且这种负面评价呈现日益增长趋势；在报纸经营方面，2013、2014、2015年对应的舆情指数分别为0.033、-0.069、-0.267，说明公民对当前报业形势的判断整体处于偏悲观状态，并且持悲观观点的论调正日益

蔓延（见图2）。①

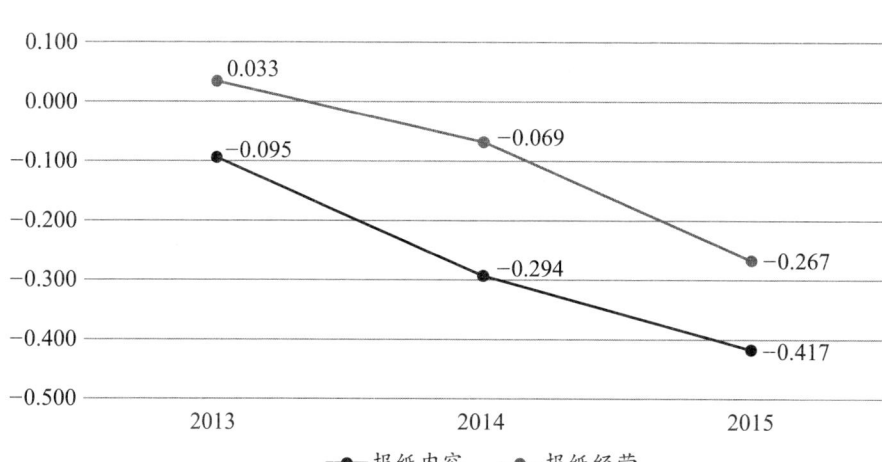

图2　2013-2015年度微博上报纸内容、报纸经营的景气度舆情指数

### （三）关于党报正面消息居多、都市报负面消息居多

整体而言，从2013、2014、2015年报业景气度舆情指数来看，2015年新闻网站、微博、微信公众号上关于党报的景气度舆情指数分别为0.476、-0.179、0.543，分别下降了0.244、0.083、0.141（见图2）；关于都市报的景气舆情指数分别为-0.500、-0.184、-0.167，分别下降了0.500、0.045、0.196（见图3），两者均创下过去三个年度的最低值。

通过对新闻网站和微信公众号上关于党报、都市报的新闻报道分析，我们发现，党报的正面消息要明显高于负面消息，都市报的负面消息要明显高于正面消息。以微信公众号为例，2015年关于党报的正面消息和负面消息分别有125篇和25篇，而关于都市报的报道相比党报要明显少得多，并且其中正面消息和负面消息的数量分别为7篇和11篇。其

---

① 对微博上关于报纸的消息报道，按照内容性质方面划分为"报纸内容方面"、"报纸经营方面"和"其他"三类。在编码过程中，采用了2位编码员对其消息报道进行类型划分，检测出的内部可信度为92.34%，符合编码要求。

中正面消息多为经验介绍,如"广州日报报业商城""上海报业集团总经理高韵斐谈为何投资'界面'""上海报业集团党委书记、社长裘新:在互联网时代继续我们的征途"等;而负面消息主要为现状描述,如"报业控股首季净利跌21.9%""2014年南方报业离职202人 同比增20%"等等。

而在微博渠道上,2013、2014、2015年关于党报经营的舆情指数分别为0.131、0.149、0.134,保持相对稳定态势,说明公众对党报的经营依然具有一定的信心;而对应内容的舆情指数分别为-0.224、-0.247、-0.241,保持相对稳定态势,说明公众对党报内容的整体满意度偏低。在都市报方面,2013、2014、2015年关于经营的舆情指数分别为-0.212、-0.257、-0.326,呈现大幅下降态势,显示公众并不看好目前都市报的经营状况;同时,对应内容的舆情指数分别为-0.123、-0.145、-0.182,显示公众对都市报内容质量的满意度也开始呈现下降趋势,从而进一步验证了都市报的经营会伴随着内容质量的下降。

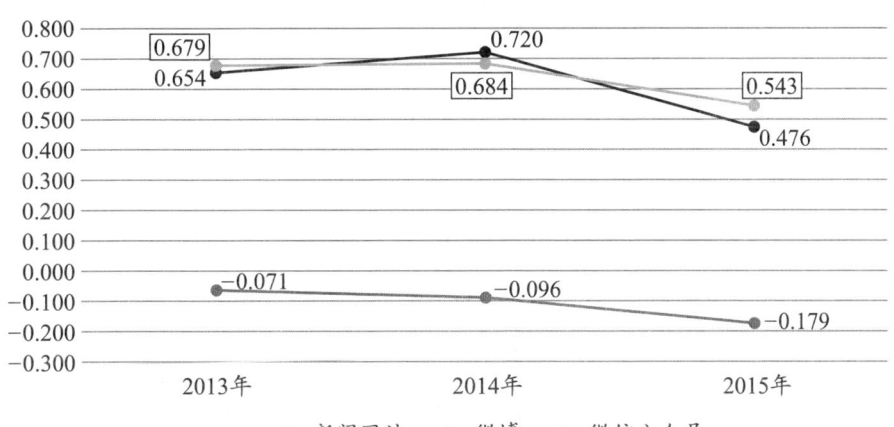

图3 2013-2015年度网站、微博、微信上关于党报的景气度舆情指数

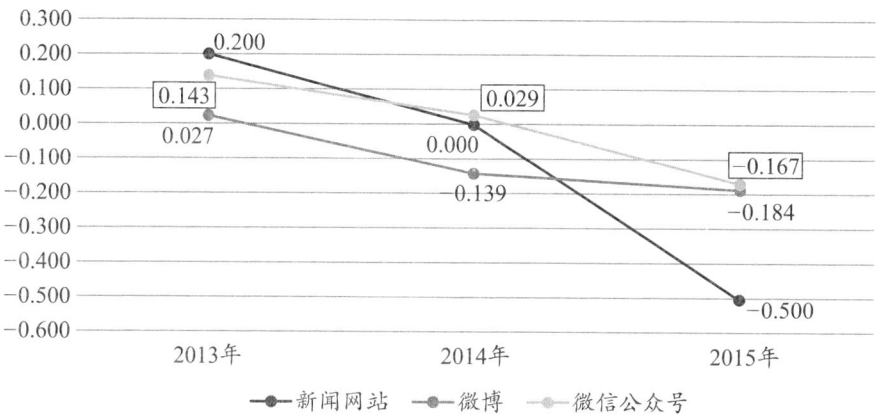

图4 2013-2015年度网站、微博、微信上关于都市报的景气度舆情指数

表2 2013-2015年度关于党报、都市报的各媒介渠道
文章景气度分布状况（篇）

| | 渠道 | 消息类型 | 2015年1-11月 | 2014年 | 2013年 |
|---|---|---|---|---|---|
| 党报 | 新闻网站 | 正面 | 14（66.67%） | 20（80.00%） | 19（73.08%） |
| | | 中性 | 3（14.29%） | 3（12.00%） | 5（19.23%） |
| | | 负面 | 4（19.05%） | 2（8.00%） | 2（7.69%） |
| | 微博 | 正面 | 2358（32.54%） | 2749（35.74%） | 2895（36.12%） |
| | | 中性 | 1237（17.07%） | 1458（18.95%） | 1657（20.68%） |
| | | 负面 | 3652（50.39%） | 3485（45.31%） | 3462（43.20%） |
| | 微信公众号 | 正面 | 125（67.93%） | 167（74.22%） | 21（75.00%） |
| | | 中性 | 34（18.48%） | 45（20.00%） | 5（17.86%） |
| | | 负面 | 25（13.59%） | 13（5.78%） | 2（7.14%） |
| 都市报 | 新闻网站 | 正面 | 0 | 1（33.33%） | 2（40.00%） |
| | | 中性 | 1（50%） | 1（33.33%） | 2（40.00%） |
| | | 负面 | 1（50%） | 1（33.33%） | 1（20.00%） |

续表

| 渠道 | | 消息类型 | 2015年1—11月 | 2014年 | 2013年 |
|---|---|---|---|---|---|
| 都市报 | 微博 | 正面 | 967（25.18%） | 1002（25.32%） | 1338（37.09%） |
| | | 中性 | 1201（31.27%） | 1405（35.50%） | 1027（28.47%） |
| | | 负面 | 1673（43.56%） | 1551（39.19%） | 1242（34.43%） |
| | 微信公众号 | 正面 | 7（29.17%） | 11（32.35%） | 3（42.86%） |
| | | 中性 | 6（25.00%） | 13（38.24%） | 2（28.57%） |
| | | 负面 | 11（45.83%） | 10（29.41%） | 2（28.57%） |

## 三、报业2015年度热词

2015年中国报业面临着前所未有的困难与挑战。传统的发行收入和广告收入形势严峻，呈现断崖式下滑局面；报业数字化转型的营利模式和发展路径还处于探索中，年轻人读报的越来越少，读者日趋老年化；党报、都市报等媒体在网站、微博、微信的冲击下，传播力、影响力受到严峻挑战。为应对危局，各报不仅在版式版面上下足功夫，并且奇招迭出，但效果非常有限。本报告通过对新闻网站、微博、微信公众号上呈现的"报业景气词汇"词频的方式[①]，梳理了2015年中国报业发展变化的基本情况。通过新闻报道关键词分析报业的变动与趋势，是以一种跳出业内视角的社会视野来审视报业。

### （一）"融合"（275）vs"转型"（183）

2014年8月18日，中央全面深化改革领导小组第四次会议审议正式通

---

① 采用了rost词频分析软件，对新闻网站、微博、微信公众号上所有关于报纸的消息报道内容进行词频统计，得出年度报业景气度高频词汇。

过了《关于推动传统媒体和新兴媒体融合发展的指导意见》,将媒介融合提升到国家战略的层面,为报刊的转型融合提供了政策上的支持。转型融合依旧是 2015 年度的主线,一方面是对于报业断崖式下滑的应对,另一方面也有政策方面的需求。

2015 年关于报业融合和转型探讨的文章较多,不仅有业界精英第一线的经验介绍,也有学界大咖基于战略层面的思考。譬如,南方报业传媒集团党委书记莫高义在 2015 媒体融合发展论坛上,介绍了南方报业推动媒体融合发展的实践和成效时表示,南方报业确定"深耕主业、多元开拓、加快转型、融合发展"战略,其中"深耕主业"强调内容为本,履行政治使命;"多元开拓"注重产业拓展,壮大经济实力;"加快转型"指明生产、传播、服务转型路径,提升服务能力;"融合发展"着眼于组织、流程、机制再造,实现内容、渠道、平台、经营、管理深度融合,从而提升南方报业传媒集团的舆论引导能力和可持续发展能力。①

中国人民大学新闻与社会发展研究中心主任喻国明教授表示,媒体融合转型最重要的是要应用"互联网思维",互联网最强调的是平等、对话的姿态,是强强联合的一种方式。要做好媒介产业发展的三个关键点,就是有好的内容点、有好的技术支撑,有好的用户洞察。②清华大学新闻与传播学院副院长崔保国教授则表示,当前媒介融合最大的阻力在于当前决策者思维的落后,媒介融合缺少顶层设计。"当前管理者所使用的理论和进行管理的理念很落后,掌握中国传媒抉择的管理者大部分都是传统媒体出来的,所受的教育,和形成的价值观还是受到苏联新闻学理念的影响。"③

### (二)"互联网+"(137) vs "新媒体"(133)

通过词频统计可以发现 2015 年度与报业相关的互联网热点词汇有:"互

---

① 南方网:《南方报业传媒集团党委书记莫高义:加快融合发展 提升服务能力》,2015 年 10 月 23 日。
② 中国出版传媒商报:《媒体融合:内容是支点 技术是杠杆》,2015 年 2 月 3 日。
③ 荆楚网:《崔保国:媒介融合缺少顶层设计》,2015 年 4 月 12 日。

联网+"（137）、移动互联网（63）、社交网络（33）、微博（31）、微信（29）、客户端（26）、电子商务（19）。从收集到的报业新闻和微博、微信公众号文本上看，2015年无论是学界还是业界，均较多谈及"互联网+"概念，并且着重提到移动互联网的影响与未来布局。

2015年3月5日，李克强在政府工作报告中提出，"制订'互联网+'行动计划，推动移动互联网、云计算、大数据、物联网等与现代制造业结合，促进电子商务、工业互联网和互联网金融健康发展，引导互联网企业拓展国际市场。"由此导致"互联网+"概念的热捧。学者喻国明教授提出，"+互联网"模式强调的是把互联网看作是一种传播工具、传播手段、传播渠道和传播平台；而"互联网+"则不同，它强调把互联网视为构造我们这个社会、构造我们的市场和行业全新格局的建构性的要素和力量，由此导致媒体的转型融合，需要我们在互联网所造就的这种全新的基础上按照互联网的法则和逻辑来重新统合我们的运作模式和管理模式。①

与此同时，随着手机终端的大屏化和手机应用体验的不断提升，手机作为网民主要上网终端的趋势进一步明显。根据中国互联网信息中心数据，截至2015年6月底，中国网民规模达6.68亿，较2014年12月新增网民1894万人；手机网民规模达5.94亿，较2014年12月增加3679万人，网民中使用手机上网的人群占比由2014年12月的85.8%提升至88.9%。

## （三）"下降"（179）vs"降幅"（63）

根据中国广告协会报刊分会和央视市场研究（CTR）媒介智讯的数据，2015年1-11月，中国传统媒体广告刊登额降幅已达到7.2%。其中，平面媒体下降趋势依然严峻，杂志广告下降18.8%，资源量下降26.7%，报纸广告降幅再创新高至35.6%，资源量（广告占版面积）降幅达到38.0%。

从报纸广告主要投放行业来看，也呈现全面大幅度下降的趋势。前六

---

① 喻国明：《用"互联网+"新常态构造传播新景观——兼论内容产品从"两要素模式"向"四要素模式"的转型升级》，《新闻与写作》，2015年第06期。

个行业中,房地产降幅高达46.0%,商业零售业降幅也达36.9%。娱乐及休闲下降15.5%,邮电通信下降19.4%,金融业下降6.6%,交通(汽车)下降47.0%,医疗保健机构下降27.1%。药品是传统媒体广告增长幅度最大的行业,增幅达25.9%,但报纸的药品广告却大降46.5%。

从各个城市的报纸广告收入来看,也呈现全面下降的趋势。在2015年11月以报纸广告刊登额规模排序的前30个主要城市中,报纸广告收入降幅均在三成以上,降幅"破四"的城市有18个,降幅"破五"的城市有7个,"破六"的城市有2个。其中北京市下降幅度为41.4%。[①]

### (四)"创新"(67) or "探索"(79)

为了应对报纸发行和广告收入下滑颓势,尽可能维系报社单位的正常运营,各报八仙过海,各显其能,运用各种手段和技术,新招奇招迭出。具体表现为:

(1)不断提升报纸内容质量,主要表现在报纸版面的改版层面。2015年"改版"(词频43)已成为年度热词。3月30日,《北京晚报》在头版发表《改版致读者》,称从当天起,北京晚报的版面结构将进行调整,改版后的北京晚报,将分为三叠,分别为"要读"、"选读"、"品读"三个版组。随后,《南方都市报》《楚天都市报》《海峡导报》《羊城晚报》《重庆晨报》《南方日报》《银川晚报》等多家报社发布改版宣言,力求能够适应时代变化,满足读者需求,提升阅读感受,从而缓解读者的流失。

(2)布局高风险高成长的互联网领域,主要表现为:第一,布局与内容相关的全媒体渠道;如多数国内报业单位正积极围绕移动互联网和大数据技术打造"内容类新产品",同名"两微一端"已成为标配、异名原创内容客户端也不断涌现。第二,布局高风险高成长领域的互联网领域;如2015年6月,辽宁日报新媒体集团(北国传媒)在新三板挂牌,借助资本力量发展互联网领域,11月17日,中南传媒拟成立出版传媒业首家基金管理公司,

---

① 中国广告协会报刊分会、央视市场研究:《中国报纸广告市场分析报告》,2015年11月。

拟打造数字媒体产业链等。与此同时，基于 BAT 等科技公司在互联网技术上的优势，各大传统报刊公司正逐渐改变其消极躲避的态度，选择采用积极拥抱的方式与 BAT 等科技公司进行深度合作。譬如，《北京青年报》《南方都市报》《钱江晚报》等多家国内主流都市报均与阿里巴巴签约合作意向书，第一财经等媒体更是通过阿里巴巴入股的方式与其进行深度合作。

（3）进军其他行业，布局多元化业务。主要指报纸媒介充分利用自身已有的信誉、无形资产、公关、信息等优势去投资其他具有较大市场空间的行业，如物流业、会展业等。比如，华闻传媒"十一"西安国际车展营业收入近两年均以 20% 以上的速度增长，已发展成为与北京、上海、深圳、成都车展并列的中国五大国际车展之一；粤传媒通过物流"宅之便"大力发展物流业，借助广州日报配送站点实现"最后一公里"配送服务。

### （五）"裁员"（17）vs"降薪"（18）vs"减版"（29）vs"停刊"（37）

受报业广告收入的大幅下降，2015 年报业经历了前所未有的寒冬，导致市场频频出现报业"裁员"（17）、"降薪"（18）、"减版"（29）、"停刊"（37）等消息。

2015 年 6 月 30 日，中国残联系统唯一的综合性、都市类日报《生活新报》宣布正式停刊，此前该报拖欠员工 4 个月以上工资的消息，在各种信息渠道得到传播和发酵；无独有偶，9 月 21 日，由湖南出版集团投资、《潇湘晨报》主办的省级新型都市生活报《长株潭报》宣布停刊；10 月 1 日，中共上海市委财贸工作委员会和上海市人民政府财贸办公室联合主办的经济专业报《上海商报》也宣布停刊。

与此同时，为了减少报业的生产成本，2015 年 5 月 25 日，中青报原特报部副主任刘万永在朋友圈内发布，《京华时报》深度报道部确认撤销。同样地，2015 年《华商的》也频频将自己推向舆论的焦点。9 月份，《华商报》先是裁员风波引来业界关注；而到了 12 月份，则宣布解散深度调查部，再次引来报界的一片唱衰之声。

## 四、报业景气度舆情现状解读

通过对新闻网站、微博、微信公众号舆情指数的分析，以及"报业景气词汇"词频的分析，我们发现，目前关于报业的报道内容大体可以分为两类：一是关于当前报业面临的生存困境，尤其是都市类报纸；二是报业单位特别是大型报业集团的成功经验介绍，特别是数字化转型方面。而这两类，均在探讨当前报业的生存之路。鉴于此，本研究认为有必要对报业所面临的宏观环境和中观行业环境进行介绍，以了解报业的存在价值、所处环境及未来可能的发展方向。

### （一）宏观环境分析

1. 政治环境

（1）报业的根本性质属于党和人民的喉舌

自1922年党的第一份政治机关报《向导》创刊以来，报纸的基本性质就属于党和人民的喉舌，这决定了中国报纸"必须坚持党性原则，牢牢把握正确导向。（新闻出版业）既有一般行业属性，又有意识形态属性，既是大众传媒，又是党的宣传思想阵地，事关国家安全和政治稳定，负有重要社会责任。无论在什么情况下，党和人民喉舌的性质不能变，党管媒体不能变，党管干部不能变，正确的舆论导向不能变"。[①]

而随着互联网等新媒体的快速发展，依托于口口相传特别是互联网的"民间舆论场"开始不断崛起，对由党报、国家电视台、国家通讯社等形成的"主流媒体舆论场"造成了严重的冲击和影响。与此同时，"民间舆论场"中充斥着大量的流言及错误的价值观等，无疑是不利于当前全面建成小康

---

① 中央宣传部、国家广电总局、新闻出版总署：《关于深化新闻出版广播影视业改革的若干意见》第3条，2001年8月20日颁布。

社会宏伟目标的完成。面对两个舆论场的脱离，2016年2月19日，习近平总书记强调，在新的时代条件下，党的新闻舆论工作的职责和使命是：高举旗帜、引领导向，围绕中心、服务大局，团结人民、鼓舞士气，成风化人、凝心聚力，澄清谬误、明辨是非，联结中外、沟通世界。要承担起这个职责和使命，必须把政治方向摆在第一位，牢牢坚持党性原则，牢牢坚持马克思主义新闻观，牢牢坚持正确舆论导向，牢牢坚持正面宣传为主。

（2）报刊业的发展必须牢牢坚持正确的舆论导向

报刊业作为党和国家的喉舌，要始终承担起引导正确的舆论导向，传播社会主义核心价值观的历史使命，必须义无反顾地坚持社会效益优先的原则，切实承担起服务人民、引导人民的责任，适应新时期的发展需要。2016年2月19日，习近平总书记强调，做好党的新闻舆论工作，事关旗帜和道路，事关贯彻落实党的理论和路线方针政策，事关顺利推进党和国家各项事业，事关全党全国各族人民凝聚力和向心力，事关党和国家前途命运。必须从党的工作全局出发把握党的新闻舆论工作，做到思想上高度重视、工作上精准有力。同时，习近平总书记也指出，新闻舆论工作各个方面、各个环节都要坚持正确舆论导向。各级党报党刊、电台电视台要讲导向，都市类报刊、新媒体也要讲导向；新闻报道要讲导向，副刊、专题节目、广告宣传也要讲导向；时政新闻要讲导向，娱乐类、社会类新闻也要讲导向；国内新闻报道要讲导向，国际新闻报道也要讲导向。

（3）新旧媒体融合发展获得国家政策的大力支持

面对互联网、移动互联网等的冲击，传统报刊业若想保持和扩大自身的传播能力和舆论引导能力，势必要加快其数字化转型动作。2016年2月19日，习近平总书记指出，随着形势发展，党的新闻舆论工作必须创新理念、内容、体裁、形式、方法、手段、业态、体制、机制，增强针对性和实效性。要适应分众化、差异化传播趋势，加快构建舆论引导新格局。要推动融合发展，主动借助新媒体传播优势。要抓住时机、把握节奏、讲究策略，从时度效着力，体现时度效要求。

## 2. 经济环境

### （1）GDP、居民年人均可支配收入等保持增长态势

国家统计局数据显示，2015年实现国内生产总值676708亿元，同比增长6.9%，虽然增速创25年新低，但相比2000年的国内生产总值已增长了5.82倍。2015全年全国居民人均可支配收入21966元，比上年名义增长8.9%，扣除价格因素实际增长7.4%。按常住地分，城镇居民人均可支配收入31195元，比上年增长8.2%，扣除价格因素实际增长6.6%；农村居民人均可支配收入11422元，比上年增长8.9%，扣除价格因素实际增长7.5%。城乡居民人均收入倍差2.73，比上年缩小0.02。全国居民人均可支配收入中位数19281元，比上年名义增长9.7%。[1]

### （2）数字出版产业空间巨大

《2014年新闻出版产业分析报告》显示，2014年，中国数字出版继续保持高速增长，经济规模跃居行业第二，融合发展提速明显。2014年，数字出版实现营业收入3387.7亿元，同比增长33.4%，占全行业营业收入的17.0%，提高了3.1个百分点，整体经济规模超过出版物发行，跃居行业第二[2]。反映出传统媒体行业为顺应数字化发展大趋势，通过为相关内容产品提供数字出版服务，实现融合发展，积极拓展出自身的生存与发展空间。

## 3. 社会和文化环境

### （1）城镇化水平和教育水平的逐步提高

国家统计局数据显示，2015年城镇常住人口77116万人，比上年末增加2200万人，乡村常住人口60346万人，减少1520万人，城镇人口占总人

---

[1] 数据来源于国家统计局，http://data.stats.gov.cn/easyquery.htm?cn=C01。
[2] 国家新闻出版广电总局：《2014年新闻出版产业分析报告》，2015年。

口比重为56.1%，相比2000年的城镇化率已提高了19.88个百分点。①

与此同时，各级教育普及水平也不断提高。根据教育部数据显示，2013年，学前教育毛入园率达67.5%，相比2005年提高26.1个百分点；义务教育普及水平处于高位，小学学龄儿童净入学率达99.7%，初中阶段毛入学率达104.1%，比2005年提高9.1个百分点；高中阶段毛入学率达86.0%，比2005年提高33.3个百分点；高等教育毛入学率达34.5%，比2005年提高13.5个百分点。②

（2）中国已进入精神文化需求旺盛时期

国家统计局数据显示，中国2008年人均GDP突破3000美元，2011年突破5000美元，2013年中国人均GDP达到6767美元。③参照国外发达国家的发展经验，当人均GDP达到3000美元时，居民消费进入物质消费和精神文化消费并重时期；当人均GDP超过5000美元时，居民消费将进入精神文化需求的旺盛时期。④也就是说，中国已经进入精神文化需求的旺盛时期。

4. 技术环境

目前，中国正处于传统出版与数字出版相互结合、相互交叉和相互促进的转型时期，在纸质媒体仍然盛行的同时，以网络和数字技术为代表的新技术新媒体快速裂变生长，正以强大的力量消解着传统媒体包括出版、电视、广播、报纸、期刊、通信之间的边界，日益影响和改变着人们的阅读习惯，消费结构和认知取向，给传统纸质出版传媒业带来了巨大的影响和冲击。但与此同时，我们也应当意识到，以大数据为代表的互联网技术正

---

① 数据来源于国家统计局，http://data.stats.gov.cn/easyquery.htm?cn=C01。
② 新华网：《教育部：2016年学前三年毛入园率约75%》，http://news.xinhuanet.com/2014-11/15/c_1113263319.htm。
③ 数据来源于国家统计局，http://data.stats.gov.cn/easyquery.htm?cn=C01。
④ Chenery H B, Robinson S, Syrquin M, et al. Industrialization and growth : a comparative study. Published for the World Bank [by] Oxford University Press, 1986.

逐渐打破传统的报刊业与通信业、IT 业等行业之间的界限，其不断创新的禀赋也为报刊业的发展带来了巨大的发展机遇。

表 3　中国报业的宏观环境分析（PEST 模型）

| 宏观环境要素 | 主要分析内容 |
| --- | --- |
| 政治法律因素 | 1. 意识形态：根本性质属于党和人民的喉舌；政府对文化事业和产业的支持<br>2. 领导机构：宣传部和新闻出版广电总局<br>3. 新闻法规与政策：如实行进入许可制度，具有较强的进入壁垒；实行产权规制，严格禁止或者限制报纸的产权交易，禁止或者严格限制外部资本进入报业领域等 |
| 经济因素 | 1. GDP、人均 GDP、居民年人均可支配收入呈现整体发展态势<br>2. 数字出版产业发展空间巨大 |
| 社会和文化因素 | 1. 人口规模的不断扩大<br>2. 城镇化水平和教育水平的逐步提高<br>3. 精神文化消费水平的不断提高 |
| 技术因素 | 互联网技术的崛起，导致替代品的出现 |

### （二）行业环境分析

在分析报业的中观行业环境方面，本研究采用企业生命周期理论进行分析，即将企业的生命周期简化为导入期、成长期、高峰期和衰退期等四个阶段。[①] 在产业导入期，因市场需求小，故企业规模小且数量少，销售收入低且利润低甚至为负数；产业在成长期，市场快速扩张，其销售收入也得到迅速增长，利润增长明显，且由于该行业具有较高的毛利率而导致较多企业的进入；产业在高峰期，市场需求的增长表现为相对缓

---

① 苗雨君、盛秋生：《企业生命周期各阶段决策特征及策略分析》，《上海企业》，2003 年第 6 期。

慢或相对稳定,产业的销售收入、利润均达到顶峰,①在达到顶峰后由于市场出现相对饱和、企业间产品趋于同质化,导致产品价格成为消费者购买的关键因素,企业间的价格战也随之而来;而产业到了衰退期,由于其产品和服务不再能很好地满足消费者的需求,使得销售规模、利润不断下滑,部分竞争者开始退出市场,至此,整个行业便进入了生命周期的最后阶段。

从图5可以看出,1983年以来中国报业的广告经营大致经历了以下四个阶段:(1)1983-1991:加速成长时期。以1983年报纸广告额0.73亿元为基准,至1991年,这一阶段报业广告收入年平均增长率达到38.03%;之所以会出现这类情况,主要是因为广告经营在新中国成立前就已经被人们所认知,当中央政策允许后,报纸的广告经营活动立即进入加速成长阶段,无须导入阶段。(2)1991-2003:新一轮的成长阶段。以1991年报纸广告额9.62亿元为基准,至2003年,报纸广告收入年平均增长率达到49.73%;之所以会出现这类情况,主要是因为1992年十四大社会主义市场经济体制的确立,各行各业加速市场化进程,报业由于政策因素,重新进入了一个高速成长阶段。(3)2003-2011年:缓慢增长的高峰期阶段。以2003年报纸广告额243.01亿元为基准,至2011年,报纸广告收入年平均增长率为10.05%,明显低于同期国内生产总值GDP的年平均增长率19.07%②;之所以出现这类情况,主要是因为互联网的快速发展,导致报纸广告收入额被互联网严重分流。(4)2012年至今:加速下滑的衰退期。自2012年中国报纸广告收入首次出现下降以来,近几年呈现出广告收入下降幅度不断扩大的趋势,从个位数的下降急剧扩大到两位数的下降,进入了2015年,更是下降幅度达到三成

---

① 也有学者认为利润曲线会在成长期阶段达到顶点,因为高峰期产品的价格下降,毛利率较低,而销售量虽有上升,但上升幅度平缓,无法抵消价格下降带来的负面影响。

② 这里的国内生产总值GDP、报纸广告额增长率均按照名义数值计算,并排除通货膨胀因素的影响。

以上。①

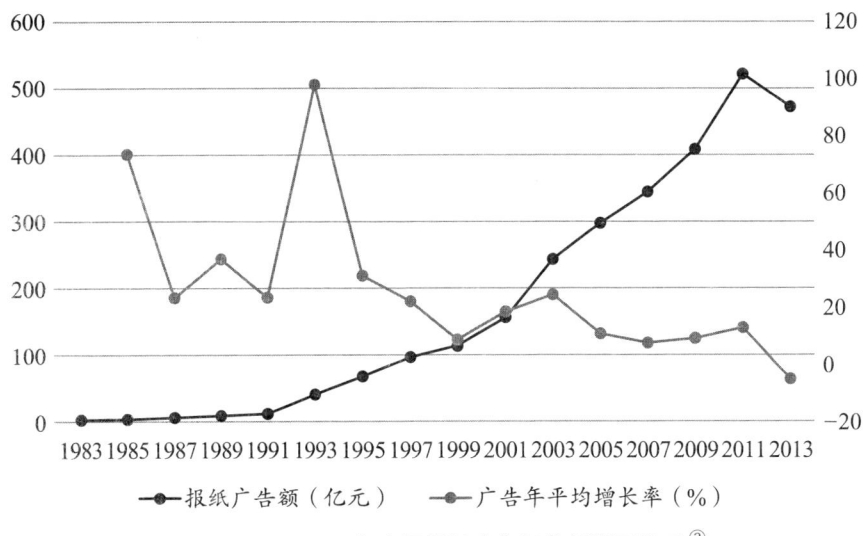

图5 1983—2013年中国报纸广告经营额发展状况②

造成近年来报纸广告收入大幅度下滑的原因主要有以下三点：

（1）实体经济的下滑。根据国家统计局的数据显示，2015年中国国内生产总值GDP增长6.9%，增速明显放缓；与此同时，工业生产者出厂价格指数PPI同比下降5.9%。实体经济增速的放缓，直接影响到报纸广告收入的大幅下滑。从报纸广告主要投放行业来看，2015年1—11月，前六个行业呈现全面大幅度下降的趋势，其中房地产降幅高达46.0%，商业零售业降幅也达36.9%，娱乐及休闲下降15.5%，邮电通信下降19.4%，金融业下降6.6%，交通（汽车）下降47.0%。③

（2）网络广告的相对优势。相比报纸广告，网络广告具有得天独厚的优势，克服了报纸广告存在的诸多缺陷。相比翻看报纸的被动接受，

---

① 中国广告协会报刊分会、央视市场研究：《中国报纸广告市场分析报告》，2015年11月。
② 数据来源：喻国明.《中国传媒发展指数报告》；媒介经济学 http://www.cmic.zju.edu.cn/old/cmkj/web-mjjjx/5/1/3.htm。如两者数据有差别，则以《中国传媒发展指数报告》为准。
③ 中国广告协会报刊分会、央视市场研究：《中国报纸广告市场分析报告》，2015年11月。

从网络获取信息具有便捷性与可控性，显然更适应现代人的生活节奏。尤其适合年轻人的信息接触习惯。网络的便捷性和移动性更能满足时间有限、生活匆忙的上班族；同时它可以及时与受众互动，为观众提供情感表达与释放的空间。在网络等新媒体的使用中，受众不仅可以及时表达意见，甚至可以参与内容创作。网络使人们在更大范围内得到回应，实现了共鸣和认同。

（3）受众的媒介接触习惯改变。受众的媒介使用行为正经历从遥控器到鼠标的革命，表现为互联网的用户规模不断增长、传统媒体受众却不断流失，特别是年轻受众的大规模流失。与此同时，用户的媒介接触和使用习惯逐渐由报纸、电视等传统媒体转移到互联网、智能手机和平板电脑。用户的媒介接触和使用行为不再局限于客厅中的报纸或电视，而是活跃在任何时段，并分散在出行中、公共交通、公司、学校、餐厅、商场等各个场所。

## 五、相关建议分析

根据美国著名管理学家、波士顿咨询公司创始人布鲁斯·亨德森提出的波士顿矩阵的观点，决定企业战略的基本因素有两个：即市场吸引力与企业实力。其中最能够反映市场引力的指标为市场增长率，反映企业实力的指标是企业的市场占有率。市场占有率与市场增长率相互影响，又互为条件：市场引力大，市场占有率高可以显示产品发展的良好前景，企业也具备相应的适应能力，实力较强；如果仅有市场吸引力大，而没有相应的高市场占有率，则说明企业尚无足够实力，则该种产品也无法顺利发展；相反，企业实力强而市场引力小的产品也预示了该产品的市场前景不佳。[①]

---

[①] Henderson B D., Perspectives on the product portfolio. 1970. 转引自 Taylor S.S., Ladkin D. & Statler M., Caring Orientations: The Normative Foundations of the Craft of Management. Journal of Business Ethics, 2015, 128（3）：575–584.

传媒发展的范式革命：传统报业的困境与进路

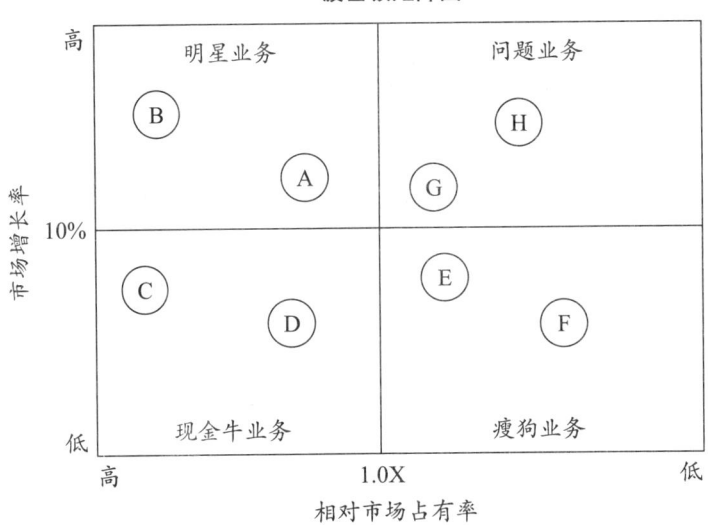

图6　波士顿矩阵

就目前中国地区报业而言，当前报纸行业正处于衰退期阶段，其产品已经不能很好地满足消费者特别是年轻人的需求，整体销售规模、利润不断下滑，该产品的市场前景不佳，说明了报纸企业面临的"市场吸引力"不足。而根据企业实力，全国地区的报业大体可以按照市场相对占有率标准划分为实力强的企业和实力弱的企业。

面对行业吸引力不足的趋势，报业无论是实力强还是实力弱的企业，都应当选择"多元化"战略，而不是"集中化"战略。但就不同类别企业，其所面对的具体战略选择又有所不同。

作为报业市场竞争中的强者，即在区域或细分市场中市场占有率较高的企业，应当侧重于"维持"战略，即投资维持现状、尽量延长产品的生命周期，并进军与本企业业务相关的多元化产业。其理由主要有：首先，虽然当前报纸行业呈现衰退趋势，但由于产品市场占有率高，仍然能够为企业带来利润[①]。其次，面对互联网等替代品的威胁，根据价值工程的理论："价

---

① 这里的利润为经济学中的利润，即考虑了机会成本，而非会计上的利润。

值＝功能／成本"，新产品是否替代老产品，主要取决于功能——价格比的比较。[①]因此，在这种情形下，企业若要想减少技术环境带来的冲击，就必须提高产品的功能，通过技术改进与开发研制新产品，尽量延长产品的寿命周期。

而作为报业市场竞争中的弱者，即在区域或细分市场中市场占有率较低的企业，则应当采用"放弃"战略，即逐步清理和撤销报业业务，以便将有限的资源用于效益较高的业务。其理由为：由于当前全国地区报业正处于衰退期阶段，这时期市场出现巨大的"供大于求"局面，新的客户减少，主要靠老客户的重复购买支撑；且报业市场上有盈利空间的"蓝海市场"已被基本发现。此时，作为报业市场竞争中的弱者，若继续在该行业进行资金、人力的投资，往往会得不到预期收益，不如将资源和能力着眼于市场引力大的行业，如物流业、会展业、互联网游戏等行业。

---

① Miles L D., Techniques Of Value Analysis And Engineering. Value Analysis, 1972. 转引自 Hirtz J, Stone R.B., Mcadams D.A., et al. A functional basis for engineering design: Reconciling and evolving previous efforts. Research in Engineering Design, 2002, 13（2）:65-82.

# 专题三：中国大陆报业现状深描：总体衰退加剧表象下的三重危机

《中国报业景气状况研究》课题组[①]

**摘　要**：本报告采用深度访谈法，深描中国大陆报业现状。研究发现：纵向来看，未能适时调低传统营收比重的报业经济正随着报业传统商业模式的日渐坍塌而加剧衰退。横向比较，报业类型、报业行政级别两大先赋条件的限定及报业负责人领导力与报业小环境对上述先赋条件的调节，造就报业个体冷暖有异。在报业整体衰退加剧、个体冷暖自知的表象下，隐藏着报业人才、社会影响力与社会资源配置效率三重危机。2016年报业传统营收仍将下行；与此同时，多业态、内容多途径价值补偿方式、员工流动等亦将成为2016年报业的新常态。

**关键词**：报业　衰退　人才　社会影响力　资源配置

## 一、问题的提出

十多年前，国内外学者曾掀起一波预测报纸消亡日的风潮。美国北卡

---

[①] 中国报业景气状况研究课题组成员来自中国人民大学新闻与社会发展研究中心、中国报业协会。课题主要负责人为中国人民大学新闻与社会发展研究中心主任喻国明教授，中国报业协会胡怀福秘书长。本报告由中国人民大学新闻学院副教授丁汉青执笔。

莱罗纳州立大学教授菲利普·迈耶（2005）首先在《正在消失的报纸：拯救信息时代的新闻业》预测称：到 2015 年，读者对报纸的信心趋势线将触到 0 点；到 2043 年第一季度末，日报的读者也将归于零。①2005 年秋，日本原《每日新闻》总编歌川令三在《报纸消失的日子》一书中明确指出日本报纸将于 2030 年消失；②刘建明教授根据报纸读者的代际老化规律，于 2005 年 11 月做出了"在 30 年后，报纸将无可救药"的预测；2006 年，他再次撰文提出："在 2030-2035 年之后，报纸将无可救药"。③上述国内外预测虽然在警醒报业居安思危甚至"居危思危"方面意义重大，但时至今日，随着报业生存境况越来越艰难，报纸这种媒介形式何时退出历史舞台已无须再多猜测，相反，报业当前面临的这场危机目前已发展到什么程度及到底将带来怎样的经济与社会影响更值得研究。因此，本文拟采用深度访谈法④研究如下问题：

1. 中国大陆报业经济当前总体态势如何？原因何在？
2. 中国大陆报业经济是否存在个体差异？原因何在？
3. 中国大陆报业经济隐藏着怎样的危机？

## 二、中国大陆报业现状

近几年，中国大陆报业弥散的消极气息越来越浓烈。"断崖式下降"一词既描述出报业广告收入下降的事实，更刻画出观者面对广告收入下降的心惊。伴随着广告收入下降而来的停刊、裁员、解散深度报道部等消息每每传来，便会引起新闻界一片唏嘘感叹：报业，真的衰退了吗？！接下来，

---

① Meyer, Philip. The Vanishing Newspaper（2004）: Saving Journalism in the Information Age. Columbia:University of Missouri Press.
② 崔保国：《走进日本大报》，广州，南方日报出版社，2007 年版。
③ 刘建明：《关于报纸消亡的对话》，《新闻界》，2006 年第 1 期。
④ 2015 年 12 月 17 日至 20 日，访谈 11 位地市级报业负责人，1 位省级报业负责人。访谈对象及访谈大纲附后。

我们就从纵向(时间序列)与横向(报业组织间)两个方面描述中国大陆报业现状并分析原因。

(一)纵向比较——未能适时调低传统营收比重的报业经济正随着报业传统商业模式的日渐坍塌而加剧衰退

从 2013、2014、2015 年报业景气度舆情指数来看,2015 年新闻网站、微博、微信公众号上的报业总体景气度舆情指数分别为 0.243、–0.197、0.274,分别下降了 0.044、0.102、0.007,均创下过去三个年度的最低值(见图 1)。①

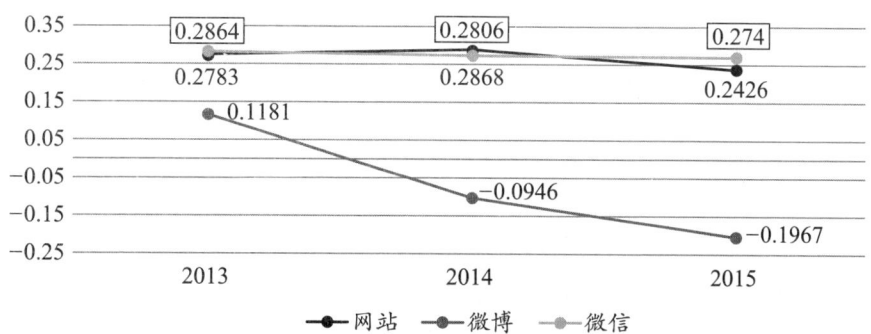

图 1　2013-2015 年网站、微博、微信平台所呈现的报业景气度舆情指数

相对于新闻网站与微信公众号②,语话主体更多元、平台内容更接近社会真实的微博所呈现的报业经营景气指数亦不容乐观(见图 2):2013、2014、2015 年其所对应的数据分别为 0.033、–0.069、–0.267,说明民众对当前报业经济形势的判断整体较悲观,并且近几年,悲观情绪渐浓。"下降"(179)vs"降幅"(63)"裁员"(17)vs"降薪"(18)vs"减版"(29)vs"停刊"(37)等高频词进一步步刻画出悲观的源头。③

---

① 中国报业景气状况研究课题小组(2016):《全国报业景气指数舆情分析》,内部资料。
② 媒体掌握属于自己的新闻网站与微信公众号,更易操控其上所呈现的内容,尤其是与自身有关的内容。
③ 中国报业景气状况研究课题小组(2016):《2015 年全国报业景气度调查调查报告》,内部资料。

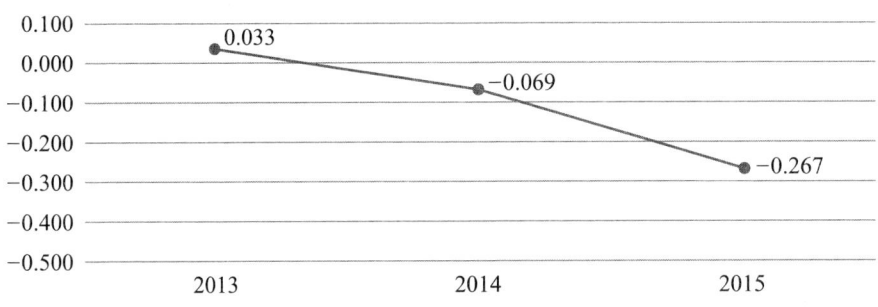

图 2 2013-2015 年度微博上报纸经营的景气度舆情指数

毫无疑问,报业衰退的根本原因缘于信息技术正逐渐瓦解报业所依赖的"二元产品市场"商业模式,致使报业广告与发行两大传统营业收入急剧下降,与此同时,新开辟的收入来源补给不力,致使"失血量"大于"补血量"。

"二元产品市场"商业模式自 19 世纪中期现代报业兴起以来,屹立数百年。其间虽受到广播、电视等新媒体技术的冲击,但终因其找到可与广播、电视并存的利基市场而商业模式根基未动。但是信息时代诞生的新媒体(包括社交媒体、电子商务平台、搜索平台等)却是以传统媒体替代品的姿态出现的。一方面,大量用户转至新媒体,导致发行下降。"全国凡是自办发行的(都市报)据说平均降幅是 15%。在省级都市报这个层面上,我了解到的,没降的不多"(9Z)。另一方面,读者流失又导致报纸广告收入大跌。"党报的广告三分之一增长,三分之一持平,三分之一下降,这是在省级层面"(9Z);"作为地方性的报纸,感觉报纸下滑的速度比官方公布的数据更惨,最近两年广告收入大幅下滑,其中房地产广告下滑幅度达到 65%-75%,特别是小城市,房地产广告基本开始消失,而原本房地产广告是广告收入的重头。传统商业广告降幅达 45% 以上,家电行业基本上没广告了,通信行业广告下降也很厉害"(1L)。伴随着发行与广告下降,缩版现象普遍:"以往周五我们都是 48 版以上,动辄 60 版以上,今天我开编前会,只有一个版广告,一细问还是公益广告。断然我们明天出 16 版"(12Q)。

报业衰退迹象早已显现,"狼来了"的预警也响了多年。在报业传统经营收入沦落至今日不可收拾境地之前,报业当然早已开始另觅出路:建设网站、"两微"等新媒体渠道自不必说,涉足印刷、版权、影视、游戏、教育、体育、演艺、旅游、活动、会展、物流、房地产、艺术园区、投融资、电子商务平台、智慧城市建设等领域也已相当普遍。不过,有调查显示,报业集团与报社传统经营收入(主要包括广告与发行)在总收入中的比例分别高达65.9%与66.6%(见图3与表1)。①对广告、发行等传统经营收入的过分倚重致使传统营收"失血"严重时,其他新业态收入无法及时补上窟窿。甚至有被访者直言:"(从)新业态进的钱,永远抵不了老业态的(下)降"(9Z)。曾经"不差钱"的报业越来越体会到日子窘迫的滋味:"人多钱少,报社正常的工资都困难,我们在职的有800多人,连退休在内有1500人,压力非常大。退休的平均工资要到6000-7000。改革也不知道怎么改"(8L)……报业经济基本面紧张已是普遍现象。

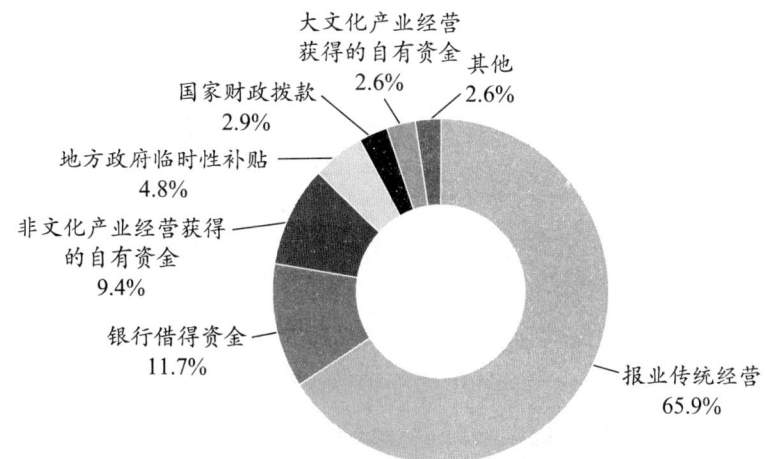

**图3 报业集团2014年收入来源结构**

---

① 中国报业景气状况研究课题小组(2016):《全国报业景气指数舆情分析》,内部资料。

表1 报社2014年收入来源结构

| 收入项目 | 平均收入（万元） | 所占比例（%） |
| --- | --- | --- |
| 传统经营收入 | 10084.8 | 66.6 |
| 非文化产业经营收入 | 2585.13 | 17.1 |
| 其他收入 | 1524.75 | 10.1 |
| 大文化产业经营收入 | 947.68 | 6.3 |
| 总 计 | 15142.35 | 100.0 |

报业所涉足行业谱系之广泛一方面说明报业的确拥有雄厚的"社会资本"，另一方面也说明压力之下的报纸从业者不得不非常努力，想尽办法延缓报业经济下滑的速度："今年形势非常严峻，前所未有，房产广告崩盘，商业和通信（广告）断崖，唯有多跑多做，但愿能够自救，天可怜见，媒体行业真的很努力！"（10R）。只是，面对时代更迭所造成的传统商业模式坍塌，我们尚无法断定报纸从业者略带悲情的努力最终只是螳臂当车，还是可以力挽狂澜。

**（二）横向比较：报业类型、行政级别两大先赋条件的限定及主要负责人魄力与报业小环境对上述先赋条件的调节，造就报业个体冷暖有异**

横向比较报业内部不同个体间的差异可以看到，a.报业类型（党报、都市报①）、b.行政级别（中央、省、地市县）、c.主要负责人的领导力与报业小环境三组主要变量规定出报业的生存谱系，不同生存谱系中的报业个体冷暖有异。

1.报业类型（先赋出身）规定报业获得行政支持的程度，在传统商业模式坍塌、市场收入锐减时，行政支持力度大的党报之境况明显优于都市报

微博平台所呈现的都市报舆情指数明显优于党报。具体来说，2013、

---

① 行业报并未作为本次研究的主体，故略。

2014、2015年关于党报的经营舆情指数分别为0.131、0.149、0.134，保持相对稳定态势，说明公众对党报经营依然怀有一定的信心；而对应的内容舆情指数分别为-0.224、-0.247、-0.241，保持相对稳定态势，说明公众对党报内容的整体满意度虽偏低但亦保持稳定。在都市报方面，2013、2014、2015年经营舆情指数分别为-0.212、-0.257、-0.326，内容舆情指数分别为-0.123、-0.145、-0.182，两指数均呈下降态势。表明公众对都市报的经营状况与内容质量的满意度的看法均走低。①

在行政级别相同情况下，党报与都市报间的这种"位差"既得益于"党报终究会有政府托底"的心理安全感（"说报纸2024年就要消失，市场内报纸确实有可能，但党报是一个宣传的舆论阵地，党起码不会丢"——1L），更得益于制度安排与资源配置倾斜所造成的实际得利差异。

与其他产业一样，中国报业亦同时受制于市场这只"看不见的手"与政府这只"看得见的手"。鉴于报业"事业性质、企业化管理"的基本定位，报业的"市场"之手最终笼罩在"政府"之手的掌控之下（即在政府掌控范围内发挥市场机制的作用）。政府作为报业游戏规制的最终制定者，拥有报业最不容小觑的社会资源配置能力。对报业而言，政府配置资源的关键点并不仅仅在于财政拨款的量，而在于政府给予的各种"倾斜"（制度倾斜、资源倾斜等）。一方面，报业（传媒业）作为一个整体与其他行业竞争时，自会受益于这种倾斜；另一方面，就报业内部而言，倾斜又依报业类别而有异。与萌发于市场经济时代、满足市场需求、贴近市民阶层的都市报相比，发轫于革命年代，满足建立、夺取、维护政权需求、担当"喉舌"的党委机关报更受政府重视。对党委机关报的倾斜主要包括以下几个方面：

（1）制度倾斜

20世纪90年代中后期报业集团成立，经济上如日中天的都市报大量向党报输血，一方面，党报在广告市场巨大而自身囿于喉舌定位无法尽情拥抱市场时，借助都市报的输血，间接获得广告市场之利。另一方面，都市

---

① 中国报业景气状况研究课题小组（2016）：《全国报业景气指数舆情分析》，内部资料。

报失去实行战略升级、以便摆脱收入来源单一的传统营利模式所必需的资本积累("过去我们是赚钱机器——"9Z)。

(2)资源倾斜

这里所说的资源既包括直接的财政拨款,又包括项目倾斜与新闻信息资源倾斜。

**①财政倾斜:包括差额补差、财政拨款、财政为报纸发行埋单等**

党报作为各级党委政府的机关报,承担着党所交付的包括宣传在内的各种使命[①],政府财政或通过"差额补差"方式或通过直接拨款方式向党报(或党报集团)输血。党报从财政上所获得的资金可以在一定程度上缓解广告收入下降所带来的经济压力。譬如山东某地市报每年可获得500万财政拨款,基本可以覆盖员工工资成本(3Z)。

财政倾斜的另一个表现是政府以行政力量推动党报发行,报纸发行实际上由各级财政埋单。"现在发行部门的同事基本靠宣传系统的领导去推"(6L)"今年到目前为止,全国省级党报基本发行都在增长,普遍增长,收入也在增长,得益于政策红利。发行的赚钱,一份报纸年定价,平均有十几个省大概是360块钱,最低的今年从298也要调整。这个报纸的风向标就是人民日报,人民日报迟迟没有涨价,还是288,但是各家在传统报纸的发行上,都在不遗余力地要么通过调价来实现收入增长,要么通过财政埋单实现增长。这个我们去年做过一次调研,全国有政策红利的省份大概是12个到13个,最多的是《内蒙古日报》,一次实现了23万份日报的财政埋单,报社的人不用管发行"(8L)。

**②项目倾斜**

在中国大陆,政府配置资源的一种重要形式便是项目分配。谁能拿到政府手中的项目,谁便可从财政分得一杯羹。党报为党与政府服务,政府

---

① 访谈资料表明,党报除承担党的喉舌职责外,亦会被分派一些行政任务,如精准扶贫、创建文明城市(2W),为检察院、市文明办、市女联等建设网站、微信(3Z)、甚至会被要求配合市政建设建造一座具有城市地标意义的报业大楼。

当然希望党报能强壮些。在分配项目中，政府对党报多少会有一些特殊考虑。譬如某县市机关报从政府手中获得在全县市范围内打造无线城市/智慧城市的项目（4Z），一批省级党报集团获得数字报业建设项目等。通过项目倾斜，一批拿到项目的党报不管最终是否成功完成项目，均既得"利"（收入），又得"绩"（政绩），更得"权"（完成项目时需要借助其他社会力量，手中有项目的党报便又成为其他社会力量仰望的对象）。相较于其他资源倾斜，项目倾斜最具吸引力："现在我们重点都在拿（服务于政府部门的）项目"（3Z），某地市级党报经营人员直言。

**③新闻信息资源倾斜**

政府手中掌握的信息资源优先配置给党报，譬如在一些重要活动（如两会等），党报更容易拿到采访配额。

总之，党报与都市报先赋地位所决定的不同待遇虽早已存在，但在广告市场足以托起都市报时，身份不同所带来的差异不仅未从根本上制约都市报（虽然都市报曾因拿不到重要会议的采访权而感到委屈），反而利用党报留出的市民新闻空间在市场中立足并获大发展。20世纪90年代中后期至21世纪初，都市报经济收入丰裕，不仅自己活得很滋润，而且还可反哺党报。可是，当广告市场塌陷时，立足广告市场的都市报随之陷入窘境，此时，本就不在市场中立足的党报自然显出置身局外的优势来。换言之，党报本不在市场中，报业商业模式坍塌并不动其根本；都市报植根市场，报业商业模式坍塌自然伤其根本。当市场无法托起都市报时，党报之"党"身份给其带来的种种利益倾斜使党报更显身处"市场变局"之外的优越。

2. 行政级别（先赋政治地位）对报业当前处境的影响具有双刃剑效应

虽然从理论上看，行政级别高低代表着可调配资源的范围，高行政级别往往意味着拥有更多可调配的资源。但是由于规范报业运营的政策在不同行政级别媒体上的执行强度表现出弹性以及不同行政级别媒体收益支出比差异，行政级别对报业当前经济境况的影响并不均表现为积极。

在中央、省、地市三级中，未上市省级报业表现得最为艰难。省级报业不如地市级报业的原因主要在于：

一方面，经营权与采编权分开（两分开）、国有资产管理及控制形象广告等政策在省级层面执行得更为彻底。虽然客观讲上述政策是维护报纸社会影响力的必要制度安排，但是从短期经济收入来看，严格执行上述政策的确使报业更难维持经营业绩："说你拿广告提成这件事是违法的，（广告）变现是国有资产流失，你全员营销这件事是不合理的，采编和经营要分开,（结果就更难做了）"，一位省级报纸经营负责人（9Z）称。相对省级报纸，地市级报纸天高皇帝远，上述政策并未充分执行，刊登形象广告、采编不分（经营人员同时持人记者证、给采编人员下达创收任务、编辑记者拉广告、办专刊等）等现象并不鲜见，上述违规操作反倒缓解了地市级报纸的经济压力。不过，违规操作也给报社管理者带来不小的压力，因为，违规或打擦边球的行为增大了报社管理者可能遭遇的风险。

另一方面，地市级报纸规模相对较小，中央级、省级报纸的渗透一般并不突出，较易达到收支平衡点。并且地市级报纸在当地地位较高，社会资本较雄厚，较易拿到关系项目。"其实在我们这样的中小城市里，我们媒体还是老大，那不一样，一般的领导见了我们还得让我们三分。大城市里的媒体没有什么社会地位"（3Z）。可以想象，当报社要求获得某部门项目或要求某部门支持自己所开展的一个活动时，对报纸"让三分"的部门领导会采取怎样的态度？

3. 主要负责人的领导力与当地报业小环境调节上述两大先赋条件相同情况下报业的不同表现

报纸类型与行政级别可以在一定程度上解释不同报业单位的冷暖差异，但是，我们还可以看到，同类型、同行政级别报刊仍有可能经济境遇不同。譬如，同为省级党报集团，浙江日报报业集团的经济境况明显好于其他省级党报集团。对此，可以从主要负责人的才能及魄力与当地报业小环境上寻找原因。

想象有三座大房子，这些大房子的结构类似，均由房子中间的大柱子撑起整个屋顶。房子中间的柱子如此强劲有力，给屋内的人极大的安全感。天长日久，三座大屋的柱子上均有所松动，第一座大屋的管理者发现此迹象，并判断这根屋柱不久将会倒塌，于是便开始张罗着在这根屋柱倒塌之前树起新的柱子，以免整个屋顶掉下来伤了人。幸运的是，他所在的山头有充足的大树和树苗可资利用。于是，管理者便开始利用主柱彻底坍塌前所留下的时间空当一边伐大树制作新柱一边培植小树储备柱材，新柱虽不及老柱粗壮有力，但可以分散日渐垮掉的老柱"无法承受之重"，房屋终无大恙。大屋管理者还打算在适当时机将原主柱撤去，都以新柱代替。第二座大屋的管理者与第一座大屋的管理者一样细心且有远见，但不幸的是，他所在的山头没有多少可资利用的资源，个人再怎样努力，勉强拿到的主柱替代品终究难当大任，随着原主柱越来越脆弱，屋顶开始扑簌掉土，屋内颇多无奈。第三座大屋的管理者或许没注意到主柱开始松动，或许认为松动只是暂时的并不至于伤及主柱元气，或许认为即便将来主柱坍塌，自己也早已离任，总之，他没有利用老柱坍塌前的时间窗口未雨绸缪。当主柱摇摇欲坠时，屋内人只是恐慌地一遍遍念叨：柱子怎么就坏掉了呢？……

如果将隐喻中屋子原先的主柱理解为广告、发行等传统营收；将"新柱"理解为新业态收入；[①]房屋管理者的细心与远见对应报业管理者的领导力；周围可资利用的资源暗指报业所在小环境；那么，三座大房子的状况则概括出报业主要负责人领导力与当地报业小环境报业对当前报业经济表现的调剂作用。以省级报业集团为例，一方面少数报业集团在主要负责人的领导下，利用当地较好的报业发展小环境，把握住将报业集团转型为文化产业集团的机会窗口，较早着手打造除广告发行之外的其他经济支柱（体育、教育、演艺、游戏、会展、活动、投融资），在广告这根经济支柱行将坍塌时，仍

---

① 中国报业景气状况研究课题小组（2016）：《全国报业景气指数舆情分析》，内部资料。

无大恙。另一方面，有些报业集团或长期依照惯性运转，或"求索"而不得，在广告这根经济支柱岌岌可危时，便陷入"呼啦啦大厦倾"的惶恐之中。

在报业竞争（包括报业与其他行业的竞争、报业间竞争、报业内竞争三个层面）中，资本层面的竞争颇为关键。相应地，在报业主要负责人诸种领导能力中，资本运营能力相当重要。

第一，带领报业集团搭上上市这班列车。

改革开放后，中国经济持续增长，经济增长意味着机会不断。但能否抓住新机会既要看经济主体的眼界与预测力，还要看其是否恰好拥有实现新机遇所需的各种生产要素。在诸种生产要素中，最具通约能力的资本要素在不同行业间自由流动的阻力最小。谁拥有资本，谁便有更大概率在试错过程中抓住新机会，摆脱单一营收模式、实现产业升级。资本来源无非自我积累、银行贷款、上市等几种形式，在诸种形式中，上市最受报业青睐。可是，由于证监会对关联交易及上市公司三年内盈利率的规定，因此，报业上市机会颇为稀缺。谁能带领报业集团在资本市场上升期踏上上市这班车，谁就不仅可以将同行远远抛于身后，而且还可搭上信息技术革命这波大潮，获得与新媒体竞争的资格（新媒体为市场主体）。个别促成集团上市的报业负责人成功地将未上市同行抛在身后。

第二，好钢用在刀刃上。

在未上市的同类型、同级别报业单位中，亦有少量经济境况明显优裕者。调研显示，这样的单位其主要负责人常具有将"好钢用在刀刃"上的投资远见，其生存环境亦相对宽松。具体来讲，市场化报纸黄金期为报业积累起相当厚实的家底，但是有的报纸将资金用于建大楼、开发房地产等，使大量资金或沉淀或挪入其他行业；而有的报纸则将广告所积累的资本较多用于反哺本行业，大力发展与报业密切相关的新信息传播行业，不同的投资方向亦带来不同的现实境遇。

## 三、报业经济压力加剧背后的三重危机

广告、发行等传统经营收入大幅下降，非传统经营收入虽有所增长，但尚不足以弥补前者所造成的亏空。即使是自称当前运营顺利的某报亦坦言："已经感觉到了压力，而且就形势分析，（在）我们接触的媒体中，80%（的收入）都下降了，感觉到竞争、经济下行的压力，所以我们想2016年要找到突破口来弥补损失，商贸肯定还会下降，房产下降还没到底，这些洞要补齐"（11L）。经济压力增强，报业为求生存只能"开源节流"，"开源节流"的种种举措既带来"走过去，一重天"的机会，同时也带来多重危机。

### （一）人才危机

传媒人才危机主要表现在两个方面，一是人力资源结构与新经营格局不匹配；二是核心人才流失。

1.人力资源结构与新经营格局不匹配，老业态产生冗员，新业态乏人可用

在原商业模式中，业务部门负责采编出报，经营部门负责将读者注意力卖给广告主（商业主体或行政单位），原商业模式的长期运行形成相对稳定的人力资源结构。短时间内，该人力资源结构与新经营格局所要求的人力资源结构有一定的差距。一方面，老业态萎缩产生冗员；另一方面，新经营格局中出现的新业态缺乏人可用。"我们目前开展项目时面临的最大问题是缺乏专业团队"（4Z）。

从理论上讲，"裁冗补新"是解决人力资源结构矛盾的最佳途径，但"事业性质"的报社/报业集团内人事关系复杂，往往造成冗员出不去，"新人进不来"（9Z）。人力资源结构无法迅速调整到位，新业态又必须开展，此时退而求其次的一个选择是老"材"新"用"。但老"材"新"用"又

会产生两个问题，一是人员有热情但缺少必要的专业知识，可持续发展堪忧："非专业人士去做专业的活儿，大家虽然有热情，但很累。再说，仅靠热情是无法支持项目持续发展的"（4Z）；二是员工既无热情又无专业知识，靠磨洋工得过且过："去年我们一共要了两个项目，要了一笔1200万的中央财政项目，要了一笔50万的省里的文化产业，在实施的过程中你就会发现项目要来了之后，项目实施总不能我自己去一步一步地去干，这么大一摊，你派两个人在那里，五天不问，他就能五天不干活。他只会去说，我这个报纸很牛啊，发广告效果很好啊，你看我还能给你打个折啊，只会干这个事，然后你不打广告我就曝光你啊，这就是传统报纸里面的广告经营人员"（9Z）。

2. 人员"逆淘汰"现象突出，核心人才流失

传媒行业属于智力密集型行业，在该行业成本结构中，人力资源成本占比较高。当报业经营困难时，减薪减员在所难免。减员对于减轻人力成本本是好事儿，但是目前员工"逆淘汰"现象突出，即"想减的减不掉，不想减的人家自己走了"，"现在报纸面临的一个大问题，就是原来效益好的时候，进了很多人，所以现在就面临裁员的问题。某报业集团现在是裁员五百人。但是裁到一半不裁了，为什么呢？因为走的都是骨干，整个核心团队辞职了。因为人做事，在哪里都可以做事。你想裁掉的人是裁不掉的"（10R）。

"某日报下属的一个副总编兼广告部主任，自己辞职了，把整个经营团队带走了。某晚报的副总编也是广告部主任，今年也辞职了。某晚报的副总编今年也走了。我们对形势看得是非常准，我们现在做的唯一一件事情就是把这个往下走的速度减慢"（10R）

"人才流失我们马上就要开始了，而且是核心团队。你走几个记者我不怕，可常务副总监要走，总编辑要外派去挂职，社长都愁死了"（9Z）。

核心人才的流失主要缘于以下几个方面：

（1）核心人才往往能力强、业务精，人脉广泛，在社会中拥有较多的

工作选项。

（2）报社内工作报酬降低：薪金减少"瘪"了口袋，职业荣誉感丧失则"瘪"了精神。

报纸从业者所得报酬既包括报社薪酬，还包括补偿性收入。

首先，薪酬收入降低或与往年持平使报业从业者实际收入下降。"2000年我做新闻的时候，收入是7000块钱，今天经营线我是一把手，我拿到的收入是6000块钱。去年我这个岗位还值几十万，今年领导说谢谢你了"（9Z）。

其次，补偿性收入下降。报纸从业者所得收入除实际工资外，还包括补偿性收入。传媒业的补偿性收入既来自报业特殊社会地位与功能赋予从业者的额外满足（如社交、尊重、自我实现需要的满足）。"我们这个地方我们还是老大，那不一样。一般的领导见了我们还得让我们三分"（3Z）"（广告市场红火时）某和某（两家竞争性公司）的老板天天求着我说，你要多少钱都行，就把2版、15版给我留着就行，把1版留着就行"（9Z）"让三分"与"求"显示出报纸从业者所获得的尊重与地位。但是，随着报纸广告价值的衰减，报社与广告主间"求"与"被求"的地位发生逆转，"现在我求着人家"（9Z）。"我们必须学会把自己当成生意人，我要留多少钱，物流多少钱，我要给我的合作方多少钱。我就是生意人，我哪是报人。""我们现在根本就没有新闻人的尊严，我们可以为了120万的广告客户，放弃我们的新闻"（9Z）。"现在新闻圈尤其是传统媒体的职业荣誉感，基本上没剩什么了"（13Z）。"生意人"无法体现"报人"这一称谓所隐含的社会尊重乃至自我实现。职业荣誉感的丧失掏空了新闻从业者的精神。采编人员或为完成下达的经营任务而"天天为五斗米折腰，没有一点尊严"，或自认为"领导整日被生计问题折磨，看重能带来收入的人，而不是能写的人"。

总之，为"生计"问题挟持，报纸从业者既要承受减薪之痛，又要感受职业前景不明所带来的身份困惑与成就感、荣誉感丧失："调查报道，不是个体可以完成的，它需要出差，需要费用，需要合作，需要潜下心来，当一个人付出十倍的劳动量去采访，还有可能被驱赶被羞辱，所得到的回报还不如在家里编段子的转发量高，谁还会去做事倍功半的工作呢？毁灭记者行业的不是金钱，而是没有成就感。"①

（3）所担风险增加

报业组织内部的激烈内耗与监管部门在"广告收入提成（组稿费）、实物代替广告费"等方面所拉起的红线增大了中高层领导所承担的风险。"现在报社日子不好过了，一些问题都出来了。主要是内耗。从我们省里来说，两任正厅级干部，都被内部人员举报了。这个问题总是要有人去背锅。"（9Z）

都市报在多年疯长中带着原罪：广告收入提成（组稿费）、广告价格自主下调或用广告主实物代替广告费甚至有偿不闻等做法曾相当普遍，政策收紧时，上述做法均可能带来"国有资产流失"或新闻敲诈的罪名。一方面广告越来越难做，另一方面，此前所谓的"灵活做法"触碰高压线的概率增大，职业风险提高。

总的来看，报偿减少与风险提升并行，降低了报业对从业者的吸引力。在此情况下，手握更优质工作机会的报业人才很有可能选择离开。

### （二）影响力危机

报业的核心产品既非报纸这种载体形式，亦非报纸所采用的编排形式，而是借助专业报道满足民众的公共利益需求（都市报）和借助宣传服务满足党与政府的社会控制需要。报业生存离不开经济基础，但是现代报业的核心价值并非来自经济实力，而是来自站在社会公共利益立场上或政党利益立场上履行环境监测、社会协调、教育、娱乐等功能（拉斯韦尔）时所产生的影响力。

报业经济压力加大所带来的另一重危机便是报业核心价值——影响力危机。有调查显示（见图4），②47.5%的被调查者认为未来3年，报纸的社

---

① 孟静：《可怕的是，没有记者再愿意认真写稿了》，《新民周刊》，2016年2月21日。
② 中国报业景气状况研究课题小组：《2015年全国报业景气度调查调查报告》，内部资料。

会影响力会略有下降，23.7%的被调查者则认为未来3年，报纸的社会影响力将大幅大降。

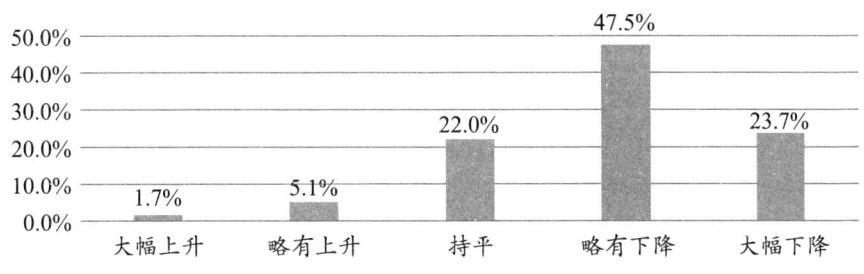

图4 对未来3年报纸社会影响力的预判

1. 压缩深度报道，自弃打造社会影响力的"重型武器"

为压缩成本，一些报纸（特别是都市报）取消深度报道部，压缩深度报道。虽然深度报道本应是报业打造社会影响力的"重型武器"，但无奈其支出大、风险高，且难以得到相关行政单位的回应，在版权无法保证的情况下，深度报道常常是"为他人作嫁衣裳"。虽然"版权"并不是唯一路径，但是在报社尚未找到一条切实可行的弥补深度报道成本的途径时，放弃，便成了情理之中的选择。

2. 新闻工作者职业操守的下滑亦削弱着报业影响力

一些报社或报纸从业者原创积极性不高，从网上扒取信息转载，甚至直接抄袭填充版面。《广州日报》《羊城晚报》《北京日报》被爆抄袭网媒[①]的新闻让一直高举版权打击网媒侵权的报业颇觉尴尬。"互抄"虽是"以其人之道还治其人之身"，但鉴于公众对报业的期待高于网媒，因此当报业屈身抄袭时，其节操碎了一地。难怪有学者叹惜："传统媒体的没落，难道真的要从职业操守的堕落开始？能不能做到体面退场？"[②] 报纸从业者职业操

---

① 魏晓涵整理：《〈广州日报〉等被爆抄袭微信文章，节操呢？》，http://blog.sina.com.cn/s/blog_13762eb7d0102wj3j.html，2016年2月24日。

② 中国人民大学新闻学院副教授马少华朋友圈中语。

守的堕落进一步加剧了报业社会影响力的衰退。

3. 形象广告侵蚀报业影响力

报业通过履行社会功能积攒影响力，又通过为广告主刊载广告将此影响力变现。在诸种广告形式中，形象广告颇受国企、事业单位及行政部门的青睐。当然，当报纸通过刊登形象广告为广告主做形象背书时，一方面得到经济回报，另一方面，亦会消耗自己的影响力。人民日报、光明日报、经济日报分别于2004年5月10日和11日刊登公告，决定取消刊登形象广告的一个理由就是"形象广告泛滥，损害新闻媒体的声誉和公信力。"[①] 报业虽仍有此认识，但在经济压力增大时，不少媒体还是选择大做形象广告，如此，消耗了报纸的影响力。

报业景气度舆情分析显示，2013、2014、2015年微博所呈现的报业内容景气指数（见图5）分别为 –0.095、–0.294、–0.417，说明在微博用户眼中，报纸内容吸引力变差且日益恶化。报业的核心并不在于"纸"，而在于新闻报道内容，当报业不能凭借内容赢得用户时，报业失去的不仅是渠道价值，更是内容价值；不仅是内容价值，更是社会影响力价值。

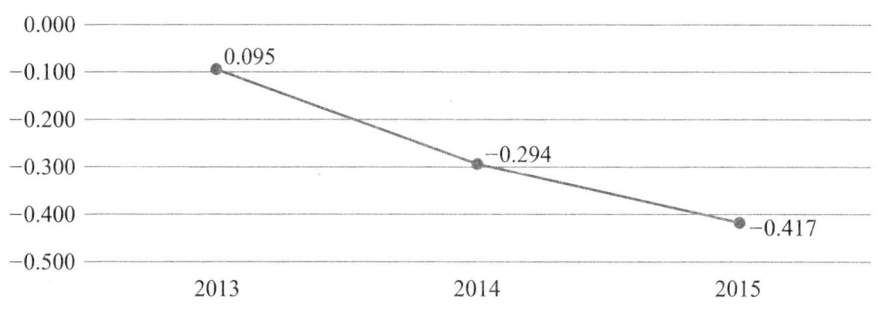

图5　2013-2015年度微博上报纸内容景气度舆情指数

---

① 周玮：《人民日报、光明日报、经济日报取消刊登形象广告》，深圳新闻网，2004年05月12日。

### （三）社会资源配置效率：报业并非完全遵循市场逻辑配置社会资源，某些决策效率低下，造成社会资源浪费

1. 发行出去的报纸阅读率很低，造成社会资源浪费

对于报纸来讲，阅读产生价值。都市报发行量随着读者阅读意愿，读者弃读，发行量下跌，不致造成太大社会资源浪费。实际情况是现如今公费订阅报纸"阅读情况肯定很差，越来越差"（3Z）。高发行量与低阅读率造成"大量报纸印发出来，又原封不动地被回收进入废纸厂"，造成社会资源的浪费。

2. 报业想方设法从政府手中拿到项目，项目烂尾或勉强完成，造成社会资源的浪费

报业拿到的项目很大一部分来自政府。拿到项目后，报社因缺乏执行团队、专业知识等，或任由项目烂尾，大笔财政拨款就此打了水漂（即刻搜索等），或虽勉强完成但资源投入量大，效率低下。从整个社会角度看，无论是项目烂尾还是高投入低产出的勉强完成，都造成了社会资源的浪费。

3. 体制机制之弊造成效率低下

报业一方面肩负党与政府嘱托的舆论导向重任，另一方面又被要求到市场中赚钱。一身兼容行政与市场两种逻辑易，相互掣肘。实际操作中，由于管理、财务、人员激励机制等机制未能理顺，导致经营过程不灵活，相对保守、机械化，效率低下。

## 四、2016年报业展望

在报业传统商业模式坍塌之时，广告、发行等传统营收大幅下滑将报纸推到"穷则思变"的境地。现对报业未来做如下粗浅判断。

1. 未来报业不是报纸产业,而是以新闻报道为核心的多业经济体

未来报业重在新闻报道,而非"纸"。"纸"只是载体,当前全国真正有品牌和影响力的报纸还较少,大量小、散、乱的报纸将"退场"。

报业虽可开展多种经营,开辟众多收入来源,但新闻报道是核心。离开了"纸",新闻报道传播范围会更广泛,但在离开了纸的"新闻报道"寻得成本补偿的有效途径之前,经济压力在所难免。

2. 多种方式支撑新闻报道部门的生存

新闻报道是整个社会的硬需求,公众可能不再需要"报纸",但会需要新闻报道。报业新闻报道部门存活方式有三。

(1) 靠卖版权存活

在报业传媒营收大幅下滑时,很多报纸不约而同想到版权问题:建立严格的版权保护制度不就可以在新闻报道的供求之间建立直接的价格联系,找到"二次售卖模式"失灵后新闻报道成本获得市场补偿的替代方案吗?可是,从现实来看,一方面制度建立需要花费成本,另一方面新闻报道到底是属于公共物品还是私人物品上尚存争议,因此新闻报道部门靠版权售卖存活能否实现或何时能实现尚须拭目以待。

(2) 依靠独立市场主体内部或独立市场主体间的交叉补贴存活

在报业所期待的版权制度完善之前,报业亦可考虑采用独立市场主体内部或独立市场主体间交叉补贴获得生产内容的补偿。

①独立市场主体内部交叉补贴。新闻报道部门(或新闻报道单位)只管报道新闻、服务社会,经费由组织内其他业务部门(或子公司)供给。交叉补贴可以是集团层面,也可以是报社层面。新闻报道部类似企业的社会责任部(CRS),其价值不在于经济收益,而在于因维护社会公共利益而给集团/报社带来的良好社会声誉(无形资产)。交叉补贴类似目前的"两分开"。但是,需要进一步通过机制体制建设理顺非营利的新闻报道部与营利部门之间的关系,譬如在进行交叉补贴时,是否需要根据新闻报道部门

的实际业绩确定补贴额度；再如何建立起对新闻报道部门员工的激励机制等。

②独立市场主体间的交叉补贴。报业将原创内容使用权让渡给互联网公司，互联网公司则给报社提供广告分成，以补贴报业原创内容的成本。此种做法可以避免制定、完善、执行版权保护制度及监督制度实施所需要的成本（包括时间成本）。

（3）财政全额拨款

允许一批无法靠版权或交叉补贴生存下去且政府又认为其必须活下去的报纸，回归完全依靠财政拨款的事业单位性质。

3. 按照现代企业制度要求加快建设报业市场主体，赋予其更大市场自主权

报业市场主体可以是上市的报业集团，也可以是报社下属的分公司。经营方面，目前已有的少量优质报业集团在政策允许下可以尝试双层股权制，既可保证国有股的控制权，又可以"小"搏"大"，吸纳大量社会资本。与此同时，打破报业经营的地域限制、行业限制，推动报业在更大范围内整合散乱的报业资源。管理方面，按现代企业制度要求，积极优化报业集团内激励机制、分配机制、组织结构等。

4. 从报业流出的人员将再次分化，优秀者谋得新出路，一般人员不得不承受更多失落、焦虑与迷茫

报业人员尤其是核心人员受其他行业工作机会吸引，离职者众。已离职人员的示范作用、对报业未来的悲观预期等将引发更大规模的离职潮。优秀者在新工作岗位上很快立住脚，部分年龄稍长、适合新环境能力稍差的员工会感受到更多的失落、焦虑与迷茫。

# 附录：深度访谈

## （一）深度访谈对象：

1L——男，某地市级日报总编辑助理，代理两份地市级日报经营权

2W——男，某地市级日报社党委书记、社长

3Z——男，某地市级日报副社长副总编辑

4Z——男，某地市级日报下属公司总经理

5Z——男，某地市级日报全媒体中心经营主任

6L——男，某地市级日报广告经营中心业务主管

7P——男，某地市级日报活动部主任

8L——男，某地市级晚报品牌部总监

9Z——男，某省级都市报总经理

10R——男，某地市级晚报广告中心主任

11L——女，某地市级日报副社长

12Q——男，某地市级晚报社长

## （二）深度访谈大纲

1. 您所在报社目前经营情况如何？
2. 您认为造成了报业现状的原因何在？
3. 您认为目前报业所面临的最大问题是什么？

# CHUANMEI

CHUANMEI FAZHAN DE FANSHI GEMING
CHUANTONG BAOYE DE KUNJING YU JINLU

## 专家座谈与访谈篇

# "中国报业景气状况研究"专家座谈会精华录

时　间：2016年1月20日　星期三
地　点：人民大学新闻学院611会议室
与会人员：（按姓氏首字母拼音排序）
　　　　　陈国权——《中国记者》杂志值班主编
　　　　　邓效锋——中国报业协会副秘书长
　　　　　贾桂茹——北京青年报社社长助理
　　　　　胡怀福——中国报业协会秘书长
　　　　　胡线勤——中国报业协会副秘书长
　　　　　郭全中——国家行政学院高级经济师
　　　　　周　劲——盐阜大众报副总编辑、总经理
　　　　　卓宏勇——新闻出版广电总局新闻报刊司报刊处处长
　　　　　张　岩——财新传媒法律顾问
主持人：喻国明（长江学者、中国人民大学新闻与社会发展研究中心主任）

（以下按照会议发言顺序整理）

**喻国明**：中国人民大学新闻学院曾经是以报业研究为专长而享有盛誉的。此次研究全国报业景气度的原因主要有两个：一是报纸在互联网诞生之前，一直是中国舆论界最重要的影响力支点；二是对报业发展的研究具有把握全行业的前瞻作用，报业今年出现的问题，一般过几年便会在广播电视等其他传媒行业出现，因此，研究报业是具有把握全局作用的。

**胡怀福**：2015年全国报业经营面临着断崖式下滑的局面，经营下滑导

致报业人员信心丧失、人才流失；同时，报业作为全国主流媒体舆论阵地之一，理应值得关注。鉴于此，中国报业协会与中国人民大学新闻与社会发展研究中心拟收集全国各地报业发展情况，为报纸行业呼吁，引起党和国家的重视，在政策上、资金上加大支持力度。

**喻国明：**尽管中国报业在经营方面已经到了比较危机的关头，但同时我们也要认识到，相对于新媒体，报业仍然存在着一些优势。比如人才队伍方面，尽管存在一定的流失，但报业仍然聚集着一批中国内容做得最好的优秀人才。这也是我建议学生去报社实习，而不是去电视、网站实习的主要原因，在报社中能够接受到最好的专业培训。

其次，中国报业尽管存在着诸多问题，但其整体结构依然是比较完整的。比如，报业在社会地位赋予、议程设置等功能上依然具有显著的作用；同样地，网络话题如果没有传统报业的跟进，也很难成为网络事件，这充分说明了报业在当下依然具有十分重要的功能和作用。

最后，报业跟社会之间的连接是最深刻、最广泛的。在谈论媒介未来出路的时候，其前提是必须有资源。而中国报业，由于它长期在某个行业、某个领域的经营，以及品牌经营的积累，导致报业跟社会的连接是非常深刻的。因此，对于社会资源的激活能力、整合能力等，报业要比其他媒介的成本更低、效率更高，未来我们应着力于研究采用什么样的方式来发挥报业的优势，从而在制度、政策举措方面为报业的发挥提供切实可行的路径。

总体而言，目前中国报业最大的困境在于两个层面：

1. 经济层面的问题。表面上看起来比较容易解决，因为从国家财政角度来说，报业每年广告收入大约300亿-400亿元，国家是可以支持的；但其问题在于，如果采用国家财政这种外在输血方式，无法激活企业活力，使其越来越有依赖性，不利于报业的未来发展。因此，对报业而言，并不仅仅是缺钱的问题，更大程度上是没有展开空间的问题。

2. 对报业专业性价值的打击。其实这个才是绝大部分媒体人所不能忍受的，作为知识分子或者文化人，对面子和理念精神的追求，不亚于物质性满足带来的重要性。长期以来，报业并不是一个特别有利可图的行业，但仍然有很多人愿意从事该行业，其原因主要系职业荣誉感和新闻专业主义的精神力和凝聚力。而目前这方面出了问题，导致在很大程度上影响报业人才队伍，尤其是精英队伍的稳定性。

放眼全球来看，尽管新媒体的崛起，给传统媒体带来了巨大的冲击，但无论是欧洲还是美国传统报业，仍然保持了很强的影响力；而中国，反而是衰退最严重的，其原因理应值得深思。因为中国报业作为党和人民的喉舌，长期坚持党的基本路线，所以它的衰退，不能仅仅认为是报业自身的问题，更多的是社会的问题，因此，关注报业，不仅涉及报业的生存发展，而且对整个国家的社会健康安全来说都是一个重大问题。

**陈国权：** 通过对报业近年来的沟通调研，我主要强调以下四点：

第一，报纸全部免费肯定是行不通的。像内蒙古日报那样通过财政手段把所有报纸全部买了，然后免费发放给各个党支部的途径肯定是不行的，这样容易损害报业的积极性，损害报业的核心竞争力。那么，政府应当采取何种形式支持报业发展呢？我认为，不应该采用免费形式扶持，而是采用另外补贴的形式。政府通过购买新闻产品的形式，只会导致新闻产品的价值越来越低，而我们扶持报业的目的则在于坚守舆论阵地，实现较强的传播力和影响力。同时，目前对客户端的扶持，往往是推广之后没有优秀内容支持，导致客户端下载量很大，但日活率却超低。

第二，政府应当给予报业其他方面的扶持，包括财政和土地上的扶持。我们去年在做传统媒体困境与安全调研的时候发现，多元化产业做得好的报业企业自然说话底气十足；而多元化产业没有做或做失败的报业企业，则更多寄托于政府拨款。鉴于此，我认为，政府应当给予报业发展多元化产业方面的扶持，特别是土地上的支持。

第三，财税方面的支持。报业等传统主流媒体都是党和人民的喉舌，为党和人民服务，因此，上交的例税应当给予一些减免。同时，作为报业集团，其旗下的各子公司作为独立法人的身份，理应在进出款税方面是同等对待的，而不是差别对待。

第四，对不同类型的报纸实行不同的扶持政策，比如分为党报和都市报等。按照徽投资本董事长蔡伟的观点，都市报在未来的两年里将可能消失或者改为社区报、地铁报等，但都市报在前些年产业急剧扩张的时候聚集了大批印刷厂、印刷机、人员等，且作为报业集团经济财政的主要支柱，（其衰落）势必对报业集团造成很大的困扰。其次，媒体融合解决的是政治诉求，同经济诉求之间仍存在一些差距，截至目前，我国绝大部分报业在转型方面主要侧重于坚守舆论阵地，但其在经营方面则未寻找到新的出路，这对于党报而言有政府扶持，而都市报应如何发展，目前尚未可知。

**郭全中：**目前中国报纸的危机是实际存在的，蔡伟说都市报在未来的两年里可能消失，这个有点言过其实，但至少说明目前报业所面临的困境。据我了解，目前很多都市报、报业集团通过出售房地产等固定资产，来维持生计。在报业转型方面，未来可能只有极少数能够顺利转型，其原因主要系：首先，互联网对传统媒体广告的冲击，面对互联网的崛起，传统报业的传播力和影响力正逐渐下滑，造成广告收入逐渐向互联网、移动互联网等领域转移；其次，根本原因可能还在于传统报业的体制因素，这主要表现在以下几个方面：

第一，思维层面的局限。目前多数中国传统媒体领导都不具备互联网思维，他们往往是由上级任命的。而互联网公司则是采用市场化机制运作，股价出现下滑，一把手就可能面临被撤换的命运。

第二，国有体制的束缚。由于传统报业的主体为国有体制企业，导致其对资产的衡量多是采用净资产评估；而互联网作为一个轻资产、高风险高回报的领域，导致传统报业很难去收购相关企业，因为这可能涉及国有资产流失的问题。

在我看来，传统媒体加速衰亡的趋势，是不可避免的。因此，关于报业，未来我们应该思考的是如何生存而不是如何发展的问题，目前这方面政府应当解决的问题有：

第一，加大财政扶持力度。例如，地方报社员工的社保问题，目前大连日报、南方报业基本都没有为员工购买社保、医保，可能员工年轻的时候面临不到这方面的问题，但等这批员工年老了，这批人生病的问题如何解决，政府必须得想办法解决，毕竟他们都是为党的新闻事业做出过很多贡献的人。

再比如财税政策，完全得看政府领导的重视程度，并没有形成稳定的收入来源，譬如广东省委省政府一年拿出1.5个亿，南方日报5000万，电视7000万，但2016年给多少钱则不知道。另外，在税收政策方面，企业不愿意成为独立公司而愿意成为集团下的公司，其原因系有些公司是亏损的，放在一起合并报表，能够减少所得税。

鉴于此，我认为政府应该盘活报业固定资产，如转让土地、转让旅游资源等，来解决报业的生存问题。

第二个，将数据资源建设任务承包给报业单位。近年来，国家各级政府都在推进智慧城市建设，而智慧城市建设中有一部分叫智能传播平台建设，在这一块未来最重要的资源就是数据，比如说大数据交流中心。政府应当把这部分任务交给报业单位，其理由主要系：第一，报业单位为党和政府所控制的，由传统媒体来运营该项目，是最能够让党和政府放心的；第二，将今后的新闻纳入公共文化信息范畴，按照当地的经济收入或人口数量给予一定的政府补助；之所以不采用发行量的标准，主要系随着互联网的出现，人们阅读的方式越来越移动化，并且现实情况中许多报纸印刷出来是浪费资源的，直接被扔到垃圾堆里了。

**喻国明：**关于"公共文化服务体系"，我认为其核心问题在于解决版权问题。相对于新媒体，传统媒体最大的优势在于其优秀的内容采集和编写能力，这是传统媒体的核心竞争力之所在。

从内容生产的角度来说，如果按照互联网的方式，目前内容的变现能力越来越差，因为现在的媒介渠道已经不再掌握在传统媒介手中，导致即使有内容影响力也很难得到相应回报。基于此，国家可以建立这样一个机制，来监管版权收益，若网站、手机客户端等其他媒体使用，则应按照采用量或者计费标准来解决；而对于那些能够体现国家价值观的内容，政府可以进行加分，给予一定的回报或埋单。只要不微观，按照影响力的形式给予回报，这可能是现在解决内容生产问题的关键。

**周劲：**我来自于地市报，作为地市报的代表，我认为，相比中央级党报，地市报的运营更加困难，主要表现在以下四个方面：

第一个，两分开的困境。从目前来说，地市报采取运作的方式基本为：经营负责人管经营，但其经营考核却掌握在部门手上，由部门主任主管，这种两分开的模式对地市报的经营是具有巨大挑战性的。

第二个，融合困境。地市报在媒体融合领域，基本处于缺乏将流量真正变现的渠道，导致地市报经营上不去但投钱很多，特别是地市报人事制度、考核标准、财务标准、薪酬体系，很不适应新媒体运作的要求，等于说是两个体系内的运作很难融合。

第三个，转型的困境，由于地市报在资本市场缺乏吸引力，没有办法留住资本，也没有办法留住人才，导致人才的断层现象非常严重，这是转型的困境。目前我们采取的方式为"一增两减"，一增是指增加发行价，如2015年将报纸的订阅价从每年300元提升到360元，导致增收400多万元；"两减"是指生活报改成周报以及裁减员工。"一增两减"虽然在短期内可以维持报社的基本生计问题，但长期会贻误转型良机，面临较大的转型困惑。

第四个，市场经营的困惑。作为传统报业，我们实行的都是"事业化单位、企业化经营"，但其在实践运作中会出现不协调的情况。比如说主稿费问题，目前传统媒体在做广告销售的时候，都会给所谓的广告客户广告主中的某些人相应的回报，这是行业的一个潜规则，而这部分无法体现在公司账面上。此外，抵押资产的变卖问题，随着实体经济的下滑，许多公司采用资产抵押的形式来换取广告，但资产的变卖如果低价销售，则可能涉及国有资产流失问题。

综上所述，目前盐阜大众报主要在以下三个方面进行了突破：

第一，机制上的突破。以前整个集团的广告中心是分若干个行业经营，而现在则按照日报、晚报等进行划分，每个日报、晚报等旗下都有新媒体、报纸版面，进行整体的运作。当然，其中也牵扯到制度上的安排。

第二，跨界发展上的探索。跨界发展主要包括电商、会展、养老、教育等，盐阜大众报主要着重文化产业的经营。比如说，我们在 2010 年前开始布局演唱会业务，当时跟唐山合作的项目达 1000 万元，跟新疆也有 1500 万元以上的合作；后来八项规定不允许搞演唱会，我们开始转型做话剧、舞台剧，通过整合营销的方式来获取收益。譬如，2015 年我们的两场话剧，成本 10 多万元，但销售额能达到 60 万元，我们与民生银行合作，通过成立一个小记者的萌萌话剧社，让小记者到银行去，每一个小记者带着他的父母亲去，卖他的小记者银行卡，等等。

第三，智慧城市建设的尝试。在这方面，目前公司做的主要是铺设无线 Wi-Fi 业务。我们第一家拿的便是政府的项目，做成之后公司估值翻了一倍。如今我们开始向周边的市县铺设，菏泽日报社合资成立了家公司，和安徽日报合作成立了公司。之所以布局无线 Wi-Fi，主要是因为 BAT 等科技巨头没有时间和精力来布局三线城市，而我们植根于三线城市，抢占蓝海市场。

最后，我要提四个建议：第一，针对加快"两分开"模式改革的进程，2014 年 8 月，国务院印发了《关于深化国有体制改革的指导意见》，其中提及的员工持股计划，可能对地市报的企业化发展有所意义。第二个，在地市报对接资本市场方面，可以让符合条件的地市报在新三板进行挂牌。第三个，财税上支持。第四个，市场上的支持，比如如何解决主稿费问题。

**卓宏勇**：目前传统媒体，不止是报业，期刊、广播、电视等均面临着较大的困境。我觉得，这种形势下，应该有一个科学全面的数据分析，而不能一概而论地谈报业衰亡，这种笼统的说法无助于解决问题。

目前在中央级行业报层面，大体表现为：1/3持平、1/3盈利、1/3亏损。其原因主要有以下三个。

第一个，来自互联网等新媒体的巨大冲击。其实在2009年我们与德国、英国传媒界进行交流的时候，他们就在谈论报业危机的事情，而国内报业当时正在大谈经验；2014年年底，我们与美国媒体交流的时候，确实他们也已经感受到报业的衰亡，但已经开始谈及转型的经验做法，并且找到了一些比较合适的发展路径，而国内报业则处于困惑、抱怨阶段。所以说，在全球范围内，互联网等新媒体对传统媒体的冲击，是大势所趋。但是相对来说，传统媒体也有它自身的优势，也有自己很大的受众群，现在传统媒体需要积极探索数字转型的道路，包括做出人员整合、机构整合等，来抵御新媒体的严重冲击。

第二个，国内很多报业单位经营乏善可陈，实行报纸退出机制可能是件好事。现在中国真正有品牌和影响力的报刊非常少，大部分是小、散、乱的报刊。近些年来，我们一直在评中国百强报刊，前两年感觉内容质量还可以，现在再评报纸板块，感觉很难再选出一百种了，可能今年评上明年就亏损关门了。而且在报纸行业中，存在部分行业报敲诈勒索、刊登一些虚假广告、承包报纸版面，等等。像这类的报刊，即使在没有新媒体冲击情况下也应该死掉。目前国内报刊仍实行的是严格的审批制，一个刊号是一个资源，导致很多办不下去的报纸单位也不会主动注销。

但与此同时，我们也应看到，有些细分市场的报纸还是做得挺不错的。例如"一老一小"板块，尤其是少儿的报刊，市场整体上还是很好。另外医疗健康类的，人民日报下面的健康时报、以及湖南的快乐老人报，经营都是挺不错。还有党报整体运营得也挺好的，这跟国家政策扶持也有一定的关系；但另外一个原因是其报刊内容质量有保证。

第三个，是管理部门的政策束缚了报业的发展。新媒体为什么在短期内迅速崛起，跟它的体制是有很大关系的，一方面，很多新媒体企业都是个人或私营体制，特别的灵活；另一方面，政府部门目前也缺乏相应的政策和法规依据，导致对新媒体缺乏相应的管理。比如目前很多的网络主播领域，网络主播通过穿着很暴露的衣服，就可以赚取一两百万的年薪收入。

而涉及报业领域，管理部门有宣传部门、行政部门等，管理手段涉及人员管理、资产管理等，政策法规也非常多，形成了一套很成熟的管理体系，这些可能都束缚了报业领域向新媒体领域的发展。当然，报业单位也存在着很多优势，例如社会地位赋予和文化传承功能等。

目前无论是中央级报纸还是地方报纸，都在布局数字转型业务，譬如人民日报、新华社的客户端，用户规模都达到了很大；浙报集团和大众报业也做出了很多亮点。在报纸发行方面，目前党报的经营压力相对较小。另外，目前有提出拿党费的一部分来购买党报，这方面我个人认为，不应当全部由政府来埋单，因为采用免费赠阅的形式反而会削弱报纸的竞争力，政府只能购买一部分，增量这部分还得由报社单位自己经营。通过这种方式，原来采编、记者都去搞发行，现在可以有更多精力放在内容质量上面。

另外，在公共服务领域、报业的资金、税收方面，国家近年来也是推出了很多政策进行扶持。关于大家提及的建议，有些是可以做到的，比如说像股份制、管理层持股、员工持股，中央最近正在研究这一块。另外包括税收、发行、基金、社保包括身份转换，相关的一些政策也在研究。所以新闻出版广电总局这边希望，报业协会和各位专家能够了解现有政策有哪些，还有哪些需要进一步推动。

**张岩**：关于报业或者讲报纸的消亡，我个人并不认同。不论是现在的状况，还是美国报纸转型后的状态，报纸是不是消亡关键在于这个品牌是否存在，其内容是以纸质还是电子的形式而存在。2003年的时候，在互联网的冲击下，《纽约时报》发行量呈现急剧下滑的状态，而当时中国报纸盈利还是非常可观的；2004年，《纽约时报》开始通过自己的网站和互联网平台传播自身内容；到 2005 年、2006 年的时候，开始推出收费阅读的形式，目前其网络用户规模已经超越了其线下发行的规模。

以财新来说，目前财新在互联网移动端用户实现收费阅读的用户规模，大大超过了线下购买用户规模。所以我觉得讲报业消亡，不在于其形态本身的变化。相对互联网等新媒体，报业的核心竞争力还是内容。谈到互联网本身，其发展生态和形式，和当年的都市报类似，都市报刚诞生的时候也是靠内容建立起自己的公信力，然后去获得市场获得受众。而目前的新媒体也是靠内容来获取流量，用内容获得用户，改变用户的阅读习惯，直接建立合作或者建立信任关系的用户，来实现他后期的商业价值。因此，从本质上讲，新媒体和都市报一样，都是依靠内容来获取用户，只不过其获取用户的手段有所不同。

之所以认为报业不会消亡，其理由主要系现在的政策对传统媒体极其有利。无论从互联网管理来讲，互联网信息的管理，包括办证、牌证等，非体制内媒体很难获取，这些都为传统媒体带来了很大的便利。其次，关于传统媒体的定位，到底是以营利为目的，还是回归内容本身，如果说回归内容本身，政府应该采取何种政策才能让传统媒体有精力、有能力做好内容，这可能是我们需要探讨的。

关于近年来互联网对传统媒体版权管理或者版权保护的现状，无论是文字、图片以及影视类的作品，还是电视台的综艺节目和新闻作品，均面临着一个困境，侵权事件频发、内容产品售卖价格低。采取售卖的形式，售卖的价格偏低；采取不卖的形式，其他媒体则会违规使用，造成了不管卖和不卖，其他媒体都在使用。以财新为例，2004 年、2005 年，许多媒体在违规使用财新的内容产品，我们采取了诉讼的形式，但结果是花费的人力、物质、时间成本很高，但判决赔偿额非常低，导致后来都是通过采用低价售卖形式。在这种形势下，谈论保护内容本身，对于回归传统媒体竞争力，实际上是没有什么太大帮助的。

此外，1999 年国家版权局出台的《出版文字作品报酬规定》规定，报刊是按每千字不低于 50 元的付酬标准向著作权人支付报酬，2014 年 11 月出台的《使用文字作品支付报酬办法》规定，按每千字不低于100元的付酬标准向著作权人支付报酬。但实际上的行情与其完全不一样，现在我们约一篇稿子，低于每千字300-500元基本约不到稿子，而政府在处理内容产品侵权案件的时候，基本是按照每千字100元的价格进行赔偿，导致判决赔偿额非常低。同时，我们跟电视台播放视频类作品、音频类作品的时候，也缺乏官方指导价格。每一个法律法规或者是政策里面都会说，由主管部门例行制定指导价格或者价格标准，但一直未形成这样的文件。

**贾桂茹**：关于报业方面的问题，就我个人而言，体会最深的是媒体法务问题和知识产权保护问题。

第一个建议，未来报业应加强自身法务防控。国资委在很久之前就在推行关于国资系统的法务制度，而且在国有企业中已经开始试点，目前还没有涉及媒体板块。但目前媒体企业由于法律意识淡薄，导致了制度方面不健全，也吃了一些教训。

第二个建议，关于知识产权问题，主要存在版权和商标权保护问题。其中在版权方面，《北京青年报》是从2014年开始主动进行版权维护工作，譬如要求大型网络企业在未经授权情况不准转载报社的作品，等等。当然，大约五六年前，北青报也做了一些基础工作，譬如跟记者、编辑签署版权协议，保证报社获取内容作品的相关版权，只是过去几年很少进行版权维权工作。但在具体版权维护过程中，我们也遇到了一些问题：第一，版权立案程度的烦琐性，基本是侵权文章一篇一个立案，造成立案需要准备的材料十分繁杂；第二，版权判赔额特别低，有部分权利还得不到法律支持。

在商标权问题方面，涉及出版物的名称被别人抢占注册，我们一般是通过私下解决的途径，但在司法层面，是否可以解决还有待确定。

此外，还有一个涉及办证的问题。因为北青报是在香港上市的，具有外资成分，导致在办证的时候，经常会被拒绝。而这个其实是没有法律依据的，法律上有些是不允许外企参与，但外资与外企还是有些差距的。

**邓效锋**：关于报业目前遇到的问题，的确不是单一的，它是一个系统、一个综合。现在整个中国经济开始进入新常态，但报业广告收入的下滑却是发生在实体经济下滑之前。基于此,报业协会和人大新闻学院共同合作,希望能够为业界发出一些呼声。

第一点,作为现在新闻圈尤其是传统媒体,记者的职业荣誉感正在下滑。作为文化人,职业荣誉感可能排在第一位,比工资待遇都要更重要。以前记者群体在社会中不仅有所谓的社会地位,而且拿记者证乘坐交通工具、买票等都比较方便,而现在这种职业荣誉感以及来自社会的尊重,正在快速下滑。

第二点,尽管目前报业经济出现了大幅下滑,但信心的失去才是最可怕的。面对互联网等新媒体的冲击,传统报业确实存在产能过剩的问题,这需要未来的结构调整。但与此同时,我们也应看到,西方报业已经在数字转型方面找到了一些途径,因此,我们有理由相信,报业不会消亡。

**胡线勤:**从历史的发展进程来看,科技是第一生产力,是推动社会发展的根源所在。报纸如果失去了这个先进生产力,则必然会走向衰亡,这是不容置疑的。但从三次工业革命的发展历程来看,它需要经过长期磨合的过程,包括人们观念的改进、技术的提升,比如说爱迪生从发明灯泡开始,到全世界使用相隔60年;我国是从1994年开始进入互联网的,也需要一个时间周期来适应,这说明报业还是有时间、有机会去适应互联网的。关于报业发展的政策建议,我认为主要有以下三点:

第一,政府应加大扶持传统媒体力度、提高造血功能。现在报业不应当再是过去的报纸行业,它是一个传媒方阵,纸只是其中的一个传媒渠道。这一点意味着未来我们应加大挖掘产品的优势,提高它的造血功能。

第二,增加决策的可操作性。目前报业方面做的很多事情,都是处于摸索阶段,有些是有理论依据的,有些则没有,这样导致各部门、各行业并没有形成合力,把一些壁垒绕开。总的来说,我们的决策需要有调研证据,决策方或者反对方都可以接受,只有这样才能真正落到实处。

第三,做好外部的专题宣传报道,呼吁政协委员的相关提案。这方面,报业作为传统媒体是有很大优势的,同时要注意搜索、整理一些数据做支撑,提升解决问题的能力。

**胡怀福：**最后，参与今天的座谈会成员不仅有学界、业界、主管界的，而且也有官方、中央级报纸、行业报、地市报等背景的，大家各抒己见，提出了一些非常好的建议。未来我们希望，国家能够给予党报、市场化报纸更多政策上的支持，保障中国报业的健康发展。

# 人民日报社的融合与转型

访谈时间：2016年1月11日　星期一
访谈地点：人民日报
访　谈　人：王军：中国人民大学新闻学院2015级博士生
　　　　　　徐文军：中国报协工作人员
访谈对象：何炜（人民日报媒体技术股份有限公司副总经理）
　　　　　王洋（人民日报媒体技术股份有限公司调研部）

**王军**：人民日报是如何实现传统媒体与新媒体相融合的？有什么经验值得借鉴？

**何炜：** 人民日报成立媒体技术公司，主要是报社为了迎合媒体融合趋势，核心工作是为报社建设全媒体平台，目前这个平台是作为整个报社融合发展的主要三个项目之一。目前人民日报社除了报社外，还有两微一端，即微信、微博、客户端。我们曾经做过调研，除人民日报外，许多报纸、地方卫视都做过微博、微信等，这其中不乏有新媒体运营比较成功的媒体，但从媒体融合的角度来说，这些媒体之间没有形成相互之间的联络、有组织架构的矩阵，只不过新媒体做得好而已。基于此，我们目前做这个全媒体平台，希望通过技术的手段将散落在外面的各个媒体连接起来，对它们进行整合、资源的分享，从而有所融合和提升。全媒体平台项目是为融合而生的项目。

我们的全媒体平台项目，从逻辑上来说，可以分为三部分。第一个是物理性质的平台，在新大楼十层建一个新闻大厅，大厅里面会有一个超级编辑部的部门，协调报社的新旧媒体组织，包括报社下属各单位，如人民网等，都会派驻代表在该部门办公，目前该平台已经进入设计阶段，招标完毕。第二个，是软件方面的，我们是一个技术公司，可以实现软件开发，通过建设平台，把报社的资源整合起来，实现新闻生产的智能化，比如采编方面，记者虽然每天接受大量信息，但不知道这些信息版面是否需要，未来我们可以通过该技术将版面的信息及时地传给他，实现采编流程的智能化。同时，我们也可以为其他媒体提供媒体技术方面的产品或服务。第三，是组织流程方面，从组织架构上来讲，目前很多媒体都是传统媒体和新媒体各自分工，而我们的平台建设完之后，会在流程方面做些改进。

我们平台，在报社这边，有个通俗的说法叫中央厨房，即所有材料汇集到中央厨房，然后加工再分发。从 2014 年 3 月两会开始，第一次使用，到 2015 年年底，一共使用了 12 次。目前由于软件还没有完全开发到位，大厅还在设计阶段时，但工作流程上已经按照上述进行操作了，但目前主要依靠人工；等软件开发平台建好之后，可能会有一个衔接的过程。我们主要的目的是希望这个融合过程改变传统媒体生产方式，传统媒体为单向传播传播，现在强调互动，希望通过这种方式实现新媒体与传统媒体的融合。目前中央厨房围绕新闻事件运作大概分为三个团队：第一是统筹协调团队，主要是做衔接融合的工作，把现有媒体各个部门的人通过梳理进行一个衔接；第二是内容定制团队，人民日报本身有自己成熟的运行机制，但是面对互联网方面我们自己做互联网内容产品。第三是数字可视化团队，即制作一些视频、H5产品等。

**王军：** 人民日报有内容资源优势，并且拥有全媒体渠道。以往由于传统媒体和新媒体的分离，造成成本比较大，而目前采用中央厨房的模式，从内容汇集到厨房、再分发，会节约成本吗？

**王洋：** 推动这个项目，也可以带动前端市场方面的发展，因为后端很多资源是通的。比如报社最终面向的受众用户都是割裂的，报纸有报纸的用户，网站有网站的用户。而我们目前推送的内容，除了覆盖用户的目的外，还有一个目的是了解用户，从而深入挖掘用户的价值，这个可能会更重要一些。融合是为了节约成本，这是一个很大的误解，人民日报主要是为了传播力和影响力而考虑的。既然中央领导已经提出媒体融合的目标，那我们自然朝这个目标而奋斗，而不是为了节约成本。

**何炜：** 新闻、成本这些问题是我们考虑最浅的层次。建设中央厨房，成本的确是减少的，但最主要的特点是将新旧媒体融合起来，更有利于扩展资源和影响力。通过创作出更好的作品、新闻产品，从而获取收益。并且也有可能进一步挖掘用户资源，甚至提供新的产品、新的服务。

**王军：** 建设过程中有遇到什么具体困难，如人力、财力方面？

**何炜：** 人力方面，尽管我们公司能够开出一个有竞争力的工资，但既懂媒体行业又懂技术的人还是很少；其次，报社不缺做新闻或技术的人才，但两者之间沟通起来有时会出现问题。资金方面，尽管国家投资很多，但国家的钱使用起来有限制，跟资本大鳄BAT相比，资金远远不够，并且在战略合作等机制上也有不同程度的制约。激励机制方面，我们给出的薪水尽管不错，但仍然不如BAT，甚至连员工持股都无法执行。

**王军：** 之前是否有调研过各平台读者的阅读习惯？

**王洋**：新闻报道是一个循环的闭环，从开始的选题、线索，到出产品之后的投放效果情况，都会反过来指导新闻选题的方向。我们针对这些有研发系统，比如投放效果追踪，通过收集投放出去的产品、收集用户行为，来了解什么产品、什么形式才是便于用户接受的，从而指导我们的选题、选题方式。

**徐文军**：报业处于一个艰难时期，报纸都在寻找新的出路，咱们现在这种模式是否有参考性？

**何炜**：我们选择这个项目是基于人民日报自身的特点，也没有什么模式可言。其实在国外，像《纽约时报》这种大报也会面临数字转型的困境，如其旗下的两个APP关闭了、付费墙也没能挽救收入的整体下滑。所以选择如何转型，应当根据自身的特点，没有一个统一的模式可言。

**徐文军**：你们怎么看待光明网的融合实践？中国日报和中央电视台在技术上是否更先进？

**何炜**：其实这些技术上都差不多。中央电视台作为一个中央级媒体，旗下也是有台有网，面对互联网的冲击，它们也在寻找转型的方式。而从成本考量来看，小型的传统媒体单位在转型过程中可能遇到的技术问题较多，这方面可以寻求人民日报社的全媒体平台帮助，我们能够通过云服务的方式给地市级的媒体服务，并且在应用安全上也有保障，比如提供一些服务、开放交易平台、交易内容或技术资源等。

**徐文军**：你们对今日头条的运作模式怎么看？

**何炜**：对于今日头条的运作模式，我们觉得是未来的发展趋势。机器推荐是一种趋势，目前一点资讯也在和小米进行合作做类似的事情。目前今日头条的用户量已经做到第三位，仅次于腾讯和网易。

**王军**：你们怎么看报纸行业的未来发展状况？

**何炜**：我认为未来报纸行业将经历一次重新洗牌的过程，只剩下少数几家大型的媒体，而小型的媒体多数则被淘汰。从用户角度来看，报纸的受众，特别是年轻群体正逐渐流失，大部分人获得信息的渠道已经由报纸等传统媒体变更为新媒体。目前正处于洗牌阶段，将来报纸更可能做垂直行业、做社区服务等，而做综合类咨询的媒体可能每个省或市仅有一到两家。

**王军**：对于新媒体，报纸的优势在于其内容资源。未来报纸的生产机构及团队是否可以依靠其内容优势，转型做移动端业务，而报纸仅仅作为其中一种介质？

**何炜**：现在客户端的竞争类似于当年的报社与网站之间的竞争，采编人员都可以进行转型的。我觉得，介质的转型可能会让报纸付出沉重的代价，因为从传统媒体转型到新媒体太难了。现在大家都在提，互联网缺乏优质的内容；但实际上我们依然存在很多优秀的传统媒体人才。所以，我认为，真正转型成功的人才并不多，会淘汰一批人；未来明星记者的数量可能会增多，具有一定的号召力和一定数量的粉丝。

**王军**：目前报纸存在的价值在哪里？我原本认为报纸的价值在于向受众提供新闻资讯服务、以及舆论引导，会不会经过此次洗牌，这两个价值出现消亡？

**王洋**：报纸作为一种介质来讲，未来这种介质可能会发生变化。因为等这批真正喜欢看报纸的人去世之后，可能就真的没人愿意看纸质的报纸了。但从内容本身来讲，报社的内容生产能力还是有价值的，尽管报纸消失了，但报社依然可以做信息资讯等服务。

**徐文军**：人民日报目前和新媒体融合的程度如何？

**王洋**：人民日报的人民日报全媒体平台（即"中央厨房"），不仅涉及了业务流程的改造、组织结构的变化、物理空间的重构，还在背后设计了一整套软件技术系统的支持与开发。目前物理空间还正在搭建，在2015年两会前，社领导决定在技术系统没有开发完全前开始尝试，所以并没有形成常态化，只是在重大报道活动前，经社领导批准，启用中央厨房的运作机制，这也是为什么人民网、环球网等网站发布的稿件后面会附带"中央厨房"的logo。2015年，包括两会、抗战胜利阅兵、习马会、高层领导出访等，中央厨房共跟踪报道了12次。目前由于没有物理空间、技术系统的支持，导致整个生产流程基本还得依赖人才团队内部的沟通机制。

**何炜**：有一些部门我们会经常沟通。比如针对习总书记出访，我们与人民网、环球网、环球时报、人民日报、人民日报海外版、报社专业部、总编室、政文部、经社部、国际部、对外交流合作部等都进行合作过，并且这些单位有时会专门抽调人员来中央厨房这边负责相关工作。

王军：如何理解媒体融合的概念？

王洋：我觉得媒体融合最核心的是人的融合，人的融合做好了，媒体融合就自然做好了。

王军：在媒体融合方面，贵报社有什么政策诉求吗？

王洋：第一，在机制方面，报社员工的身份有差异，有社聘、部聘、事业编的，大家做的工作都一样，但身份的差异导致部分员工积极性不高。第二，人民日报社尽管在招聘人员方面具有一定的优势，但在技术人员招聘方面，一般做技术的人员更愿意把人民日报定位成媒体单位，而选择去技术公司工作；同时，人民日报的媒体属性，导致要求技术员工能够对新媒体、新闻报道等有所了解，这需要他们能够通过学习消化，并结合自身专业有所领悟。这是一个全科人才的要求，不是所有技术人员都愿意做，并且不是所有愿意做的技术人员都能达到这个效果。第三，在内容方面的人才，不是说所有的记者都可以称为全媒体的人才。目前中央厨房在采集新闻报道的时候，分三拨，一部分快速收集信息，一部分查阅相关方面的资料，另一部分对信息进行解读等。但有时这些内容需要一个人去把握，比如一个突发事件的报道，要求新闻现场的记者能够实时回传拍摄的画面，同时能够发微博、微信、客户端的信息，还要随时跟后面的编辑团队沟通选题，这就对人才提出了较高的要求，并不是所有的人都可以做到的。

# 案例一:"基本可以维持正常运营"

**摘　要**：一方面，该报为市直属事业单位，每年有230万的财政拨款，并且发行由市宣传部统一推动。与此同时，需要承担一些行政职能，且员工待遇按公务员规范要求。另一方面，该报所在集团将广告经营部分交由公司运营。2015年广告收入虽下降了30%，但发行与物流服务等方面的收入在一定程度上抵消了广告收入下降所带来的冲击。

## 一、党报集团基本情况

### （一）虽与东南沿海地区报纸相比有差距，但与所在省地市级报纸相比，"还不错"

该党报集团认为自己在所在省的地市报里面，无论是从实力、版面风格，还是稿件质量来看，都还是不错的。但和东南沿海发达地区相比有很大差距。其主要收入来源有四部分，一是广告经营收入。该集团广告经营部分采用自主经营、自负盈亏的企业化运作模式，广告经营额每年保持在约2000万。二是财政拨款，每年约有230万。三是发行收入。四是其他收入，譬如物流服务收入。2015年，该集团广告收入下滑幅度超过30%，房产、汽车广告收入几乎为零。不过，由于当地的交通条件比较便利，该集团的自办发行费率基本上保持在20%左右；再加上宣传部的统一发行，集团发行收入还是比较稳定的。同时，该集团也和当地的一些快递公司合作、投身物流运送领域。发行与其他收入在一定程度上抵消了广告收入下降所带来的压力,整体运营还算不错。另外该报是市委机关报,市委的直属事业单位,具有很多行政职能,比如策划精准扶贫项目等。

### (二)亦在开发两微一端,但新媒体变现能力不强

目前集团的危机感、忧患意识还不是很强,主要是因为近几年的经济形势还行,大家比较安逸。在新媒体矩阵方面,该集团有自己的微信、微博、APP等,而且微信粉丝量也不错,但新媒体的变现能力却不是很强。

### (三)员工规模与学历均大大提高,但对优秀人才的吸引力较弱

集团采编与行政人员加起来有150-200人,与过去该报社出版对开四版报纸时期相比,增长了近8倍。新招收的应届毕业生已不再局限于本省高校培养的学生,一些外省及北京一些著名高校毕业的研究生也到该报社工作。应届研究生在报社入职后工资一开始不是很高,每月有三四千元,要低于新媒体技术人员。不过,"集团员工的待遇在市属范围内还是算不错的"。此外,员工待遇基本是按照公务员的规范来要求,就算集团挣得再多,也不能给员工多发待遇,导致记者编辑的积极性不是很高。

## 二、被访者对报业的判断

### (一)党报消失的可能性小,财政可将报纸发行承包起来

市场化报纸有可能会消失,而党报消失的可能性较小。原因有三个,一是党报有存在的价值。党报在传达党的声音、统一思想方面发挥着舆论阵地的作用,这是党报最大的价值。思想理论必须由一面旗帜来指引,权威性、导向性强的党报可发挥旗帜作用。第二,老年群体保留着阅读报纸的习惯。现在的老年人的确会因自然规律而离开,但拿着屏幕、围着计算机长大的新

一代到四五十岁之后或步入老年之后,也可能也会因为使用计算机不方便而重新回归纸媒。第三,纸媒有自己独特的价值。纸质的媒介,不太可能像竹简一样完全消失,它有一定的生存和发展空间。减少印刷新闻纸,对环保也是大有裨益的,但其不会完全绝迹,就像打印纸一样,一些关键的东西还是要打印出来,进行储存。

### (二)数字转型与组建现代化传媒集团

报业的数字转型趋势是必然的。如果党报就仅仅平面报纸这一块,那么它的受众肯定有很大局限。按照中央的规划,是要组建几个大的现代化传媒集团,因此,未来的报纸应当形成一个媒体矩阵,一个包括微信、微博、APP等在内的媒体矩阵。这个媒体矩阵,不仅要把党的声音、党的思想传递给群众,而且要把群众的意愿反映上去。同时,报纸不仅要经营读者,而且要经营用户、经营客户,增强与受众的黏合度,要培养自己的用户群。另外,各家媒体现在都在做视频业务,视频业务影响覆盖面很大,是一个前景非常好的产业。

在行业方面,近几年马云等也开始进入媒体领域,未来几年在中国出现一个类似于默多克那样的中国传媒大亨,很有可能的。当然,即使是做传媒集团,中国的传媒集团也和默多克的传媒集团完全是两码事,中国传媒集团仍要坚持走中国特色的社会主义道路,仍要弘扬正能量。在我们社会主义体制下,掌握最大资本的是党和国家,民间资本的进入不会导致传媒集团偏离社会主义方向。

# 案例二:"下滑幅度巨大"

**摘　要**:作为中部两家地市级党报的广告代理机构,2015年报纸广告经营收入出现大幅下滑,但在具体领域方面广告收入则呈现分化局面,主要表现为:房地产、传统商业、家电连锁、通信等类型广告收入出现大幅下滑;而整合营销类、政务类广告则大幅增加,并且未来可能呈现继续增加趋势。

## 一、地市级党报广告收入基本状况

### (一)广告收入下降幅度大于官方公布数据

作为两家地市级党报的广告代理机构,该机构认为自己所代理的两家地市级党报2014年、2015年的广告收入下降幅度均高于官方所披露的数据,根据中国广告协会报刊分会、央视市场研究(CTR)披露的数据,2014年、2015年我国报纸广告收入下降幅度分别为18.3%和35.4%。

具体到报纸各细分行业,房地产广告作为中小城市报纸广告收入的最主要来源,2015年下滑幅度在65%到70%之间,传统商业广告下滑达45%以上,通信广告下滑幅度同样很大,家电连锁广告则基本消失殆尽。

但与此同时,整合营销类、政务类广告收入则成为2015年为数不多的增长领域。随着近两年报纸广告收入的大幅下滑,该机构开始尝试通过多种手段,如办活动、为客户提供咨询或服务等,来满足广告客户的需求,导致2015年整合营销类广告收入增加;面对党政机关单位的形象宣传及信息传播需求，该机构也针对性地提供了相关广告服务，导致 2015 年该领域广告收入大幅增加。

### （二）广告代理机制实行"采编分离"的流程

该机构虽为广告代理机构，但两家地市级党报的编辑会，都会参加。"像我们这种广告代理机构，采编和营销部门的分离与融合问题，一直是困扰其发展的重要问题。新闻出版广电总局、中宣部曾召开座谈会，明确要求采编必须分开，但在实践过程中很难执行。"对此，该机构采用了"调性统一"的方法，即在广告服务层面，首先交由营销部门跟客户洽谈，制定出相关的服务和产品策划方案，然后经客户同意后，交由内容生产部门有针对性地做以处理。在这一过程中，记者杜绝拿提成、直接与客户洽谈价格，而是在内容产品生产完毕时给予一些奖励。比如，环保局想做关于城市每天的空气检测或某段时间内环境质量的改善情况时，简单的新闻报道会采用分时节动态的报道，但该机构则可能采用专题策划和报道的形式，包括策划线下活动等，提供一揽子策划，以满足其需求。

## 二、被访者对报业的判断

### （一）整合营销类广告是未来广告发展趋势

目前国内的整合营销市场处于充分竞争的市场，非独家垄断。该机构认为，广告市场领域的竞争大体可以用两个词来形容，即"胃口"和"口味"。目前地市级党报的"胃口"很大，一个版面的基本售价保持在 20000 到 50000 元之间；而"口味"则随着互联网、移动互联网等新媒体的出现，广告客户的需求也发生了变化，这要求报纸的营销方式也应发生相应改变，迎合广告客户的"口味"，靠单纯地卖版面形式是很难持续进行下去的。未来的报纸能否在该领域有所发展，关键在于该公司的人才团队是否有竞争力、生产的产品是否有竞争力。

### （二）党政机关单位将成为地市级党报的主要广告客户

近年来，面对党政机关单位的形象宣传及信息传播需求，政务类广告发展得十分迅速。未来地市级党报的主要服务对象将是党政机关单位，政务类广告也将成为其主要收入来源。以前的房地产广告、传统商业广告等，未来都可能从报纸媒介中消失，但政务类广告是个发展趋势。例如，政府部门倡导的理念、推出的新政策、具体的服务流程等，均需要通过媒介来让全市的老百姓知晓，而这些都需要由政府来埋单，进而使用报纸提供的服务。目前政务类广告业也面临着一些困境，如由于地方财政紧张，有些领导喜欢打白条，导致报社的正常运营出现了很大问题。

# 案例三:"整体运营不错"

**摘　要:** 该报为位于东部地区的地市级党报。在广告经营方面,由于 2015 年地区房地产广告收入未出现下滑,加上给政府做形象宣传的专刊业务发展较快,导致该报社 2015 年整体运营不错。在新媒体方面,该报社除了自办微信、微博、客户端等外,还为市检察院、市文明办等部门建设新媒体渠道和提供相关内容服务等。

## 一、地市级党报的基本状况

### (一)房地产广告未出现下滑、专刊业务发展迅速

作为一家东部地区的地市级党报,尽管 2015 年该报社所在省份的多数报社经营状况不容乐观,但该报社依然保持整体运营不错的业绩,其主要原因为:一是尽管当地房地产行业出现下滑,但通过新媒体宣传、办活动等形式,使得房地产广告收入未出现下滑情况;二是专刊业务发展迅速,作为地市级的党报,该报社充分利用自身党报优势,通过给政府做形象宣传,使得专刊业务收入出现明显增加。

该报社认为,"只要有政绩的冲动,就会有专刊生产的市场;只要有产品销售,就有硬广告的生存空间。其中硬广告部分,侧重看营销能力。"目前该报社提出了 5A 广告营销模式,即传统报纸、新媒体、办活动、进行品牌合作,以及销售无形资产的方式。

## （二）数字转型方向乃大势所趋，转型成功与否的核心在于人才的培养

该报社认为，报纸的衰退不可避免，互联网作为第四次科技革命，它所带来的巨大变化是不以人的意志为转移的。但在这一过程中，信息的作用将会日益凸显。以前承载信息的渠道是传统媒体，如今随着信息传播方式和载体的变化，已经变为移动互联网等新媒体。目前该报社从事新媒体业务的主要目的有：第一，增加传播渠道，如通过开办30多个微信公众号、两个客户端等来提高报社的传播力。第二，增加与受众之间的互动，将传统报纸单向的传播方式变为互动的传播方式。在这一过程中，复合型人才是最重要的，该报社要求记者既会写新闻、拍照片、拍摄影，也会做活动的策划人，还会开发票，等等。

目前该报社在数字转型过程中，遇到的困难主要有以下三点：第一，新媒体意识较弱，其中包括部分年轻人。大多数人认为新媒体的变现能力较弱，就不应该继续加大该领域的投资。第二，表现为习惯问题，报社员工上班的习惯是看报纸，通过电脑、手机等浏览信息的习惯依旧未形成。第三，缺乏新媒体技术人才。报社的数字转型核心在于人才的培养，所以该报社未来拟招聘新媒体技术人才，并且开发客户端等技术任务，结合报社的自身成本因素，可能交由专门的科技公司负责。

## （三）员工待遇在当地属于中上等水平，报社内部文化氛围浓厚

该报社认为，相对来说，新媒体对都市报的冲击较大，以前都市报的营业收入较高、人员规模较大，而随着经济的下滑，都市报面临着裁员降薪的问题，导致内部矛盾重重。而该报社则不存在裁员降薪等问题，目前该报社的员工待遇在当地属于中上等水平，内部文化氛围浓厚、员工感情良好、具有较好的工作满意度，并且报社的整体经营也处在相对不错的位置。在广告方面，目前该报社提出"精细化服务，专业化经营"的口号，即客户需要什么服务，我们都给提供；在新媒体方面，除了自办微信、微

博、客户端等外,还从事外包方面的服务,例如市检察院、市文明办、市妇联等单位想创办自己的新媒体渠道,该报社则会派专门的人去进行创办与运营。

**(四)新媒体对报社的侵权问题依然严重,法律诉讼成本高、判赔额低**

该报社认为,尽管目前国家对版权的保护十分重视,但在实践过程中由于种种因素,版权保护的实际保护程度还是较弱的。例如关于该报社所在地级市的新闻稿件,搜狐、凤凰等网站经常会未经该报社许可,而擅自转载其稿件,并且未给予任何费用。面对这一侵权事件,该报社也无能为力,主要是因为通过法律诉讼途径的成本过于昂贵,而且得到的赔偿额过低。

## 二、被访者对报业的判断

**(一)报纸的衰退不可避免,媒体融合趋势不可避免**

该报社认为,未来的报纸可能会逐渐衰退,其存在的形式更可能是作为一种奢侈品,就如同现在的马车一样,尽管马车依然存在,但已经不再作为主要的交通工具。未来的宣传阵地也将由传统媒体转移到新媒体身上,但对于新媒体的终端形式,可能是手机,也可能是其他形式。基于此,该报社提出了两个"坚定不移",一个是坚定不移地办好报纸,把原有的市场巩固好;第二个是坚定不移地办好新媒体,加强新媒体的传播渠道。该报社认为,新媒体对传统报业的影响不应当叫"冲击",而应当叫"机遇",传统报业需要借助新媒体的工具,来扩大自身的传播力和影响力,从而实现蜕变。

**(二)党报的优势在于其拥有较强的公信力,努力发展多元化业务**

该报社认为,相对于其他媒体,党报最大的优势在于其拥有较强的公信力，基于此优势，党报可以充分挖掘其潜力，将其变为市场的优势。目前该报社对政府资源的倚重较小，更多地将党报的公信力、人脉资源进行变现。以前该报社是按照广告类型进行划分部门的，有商业、通信、酒水类等30多个部门，目前许多部门已经开始撤销了，并且尝试通过做报纸线下交易活动，而非广告收入来增加营业收入。譬如，目前报社的酒水部，通过代理酒水的销售来获取部分收入，其中广告仅仅作为一种宣传方式。

### （三）政府坚持"党管媒体""党引导舆论导向"的基本原则不能变

在中国，"党管媒体""党引导舆论导向"的基本原则不能变。因为舆论是社会的公器，是中国共产党执政的宣传工具，如果政府放弃了宣传工具，或者在舆论引导问题上出现摇摆不定、认识模糊等问题，那国家必然会出现大的社会问题。

该报社认为，政府对待媒体的态度，首先应该是"管理"，即党管媒体的原则不能变，然后是"调控"，即把握好舆论导向，其中不仅包括传统媒体，也包括新媒体，最后才是支持。在支持方面，首先得物色好传统媒体的一把手，其次是给予一定的经济支持。给予媒体一定程度的经济支持，不仅仅关于报社的生存问题，更重要的在于对传媒行业队伍信心的提振，对党组织凝聚力的增强。目前传统媒体作为"把关人"，其稿件在进入大众视野前依然至少需要经过几道以上的"把关"，但依然在报道问题上频频出现错误，其原因可能为传媒行业队伍信心的坍塌。

# 案例四：无线城市项目推动数字化转型

**摘 要**：无线城市项目是报业集团转型的一次尝试，该项目的基建和运营成本较低，政府在资金等方面予以支持，引流效果和广告收益仍有待提升。由于我国传媒体制机制不灵活该项目仍面临诸多问题，如难以引入民营资本、上级决策过于保守、审批流程烦琐等。

## 一、无线城市项目的基本情况

### （一）无线城市项目在国内三线城市具有较大发展空间

目前，中国移动等运营商忙于4G、5G的建设，故而大部分资金都投入到了这些领域，因而目前三线城市的无线市场具有较大的发展潜力与空间。发展无线城市项目对报业集团的发展具有巨大意义：一方面，无线项目与4G相比，无须自费且网速稳定，无线城市项目能够有效黏合用户、培养报业集团的APP、微信公众号、电子商务平台等生态，这对报业集团的发展而言具有巨大意义。另一方面，由于报业广告收入下滑、人员流失等，报社或报业集团转型做的诸多事情与媒体毫无关系，而无线城市项目可以引流、进入资本市场，实现集团的增值。

与投放在APP和其他终端上的广告效果相比，投放到无线城市项目的广告效果会更好一些。一般而言，若城市人口在800万左右，则会有10万至20万人接触并使用无线城市项目，该广告效果是较为不错的。此外，移动端接入无线城市项目较为方便，且具有一定的互动性，集团以此引流到自己的 APP、推广游戏和电商等来实现价值转换，再或者通过强制用户关注来使用无线，以此推广报业集团的微信公众号等。

### （二）规模化建设降低基建和运营成本

目前，国内的百米生活、迈外迪和万能钥匙等在商业无线建设领域较为突出，这类企业现已募集到资金进行后期发展，但大多数媒体依然处于烧钱的处境。

该集团做无线城市项目有一年左右时间，项目覆盖面较为有限，因而工作重点在于取得政府的招标项目，以及抢占三线城市的无线市场。现在已和一些城市签署了相关合约，铺设无线 Wi-Fi，主要是通过在这些城市的重要节点（如步行街、宾馆、汽车站、火车站、政府等）安装设备。该项目的成本较低，主要体现在以下三方面：其一，在设备成本方面，起初每台设备约 1000 多元，批量购买后维持在每台成本 200 元左右，该价格相当于深圳原厂生产价格加上少量劳务费；其二，在软件费用方面，规模化购买后分摊到每台设备上的成本可以忽略不计；其三，在员工施工成本方面，集团不仅有施工队，还在帮助其他公司培训和协助施工。

### （三）政府与媒体的密切合作和项目盈利

该项目在启动初期的资金来源主要是由集团提供，等项目有一定成效、运营模式较为成熟以后再和政府洽谈。目前资金的主要来源是政府投入和自身资金。由于党媒在无线城市项目中更有责任心，政府更愿意选择和信任党媒，基于 P2P 模式，政府动用资金来支持建设，党媒负责持续性运营项目、内容管理等，并以此实现价值转换和变现。无线城市项目属于社会主义城市建设中的一个项目，该项目不仅给市民提供了免费上网平台，也拓展了主流媒体的宣传空间，成为各级党委、政府与人民群众沟通的新桥梁，有利于更好地弘扬主旋律，传播正能量，如在网上推送一些政府活动和政务信息等，让全城老百姓快速知晓政府举措等。

从现有情况看，该项目的实施效果良好，未来准备实现成本的回收和持续性盈利。目前无线城市项目的收入，一部分来源于政府资金支持，一部分来源于广告，但广告的回报依然较少，不能支撑运营。该集团计划研发一些对接项目，如与北京、上海等地进行资源对接，抢占地盘、推广APP、游戏等。

### （四）引流效果不好、管理机制落后是项目发展的主要问题

第一，基于目前的市场表现，无线城市项目的主要问题在于引流效果不好，如运营效果好的AP（无线访问点）单日访问量约50人次，而三线城市AP访问量约为15人次，因而短期来看，该项目的回报率较低。此外，无线城市项目面临4G项目的替代品效应，当4G收费降低到某个临界点后，公众不再愿意链接Wi-Fi，因而也需要报业集团在此项目上做出相应转型。

第二，目前，该项目由专门的公司负责运营，但由于党报的机制体制不灵活也带来一些发展困难。如该公司曾经找一些国内做无线技术领先的公司，或已风投过的公司进行评估，评估结果认为该公司的数据信息真实、具备可利用价值，其他公司希望购买，但因为机制体制因素而无法完成。此外，由于地市报的管理方法和机制不灵活、市场化程度低，导致进入互联网领域困难重重。报业集团的下属公司虽然是一个独立的公司实体，经营权独立、财务权和人事权不独立，从外界吸引资本具有一定的障碍。

## 二、被访者对报业的判断

地市级报纸面临着作为主营收入的广告收入的大幅下滑，导致其盈利能力难以为继，从而导致人员队伍的流失。报纸的发展前景不容乐观，最终生存下来的报纸将会是市场化运作较好的大报社。传统报纸将面临全面洗盘，小报社（如地市级的都市报）将逐渐被市场所淘汰；而后大报社会重新介入这些市场。

目前报社运行最大的障碍是体制机制方面的，未理顺体制机制将导致经营过程不灵活、相对保守机械。如公司的运作流程是层层审批制度，流程过于冗长，而且单位运行的好坏往往建立在管理者身上，优秀的管理者碰见一批有能力的执行团队可以将报社运行得很好；否则会比较困难。

此外，报社在运行上也存在一些问题：其一，缺乏激励机制，导致投入产出比严重失调，纯粹靠感情、社会责任留人，这种机制导致部分优秀的人才流失；其二，互联网项目是高收益高风险的领域，上级主管部门侧重于避免国有资产流失，所以在采取决策过程中不允许出错，过于保守。

# 案例五:"主要收入为广告,未来开展多元化经营"

**摘　要**:该报社于2003年全面改革,成立报业公司,除了周刊外,其余实行"采编分离"制度。报社员工规模比较小,且有编制的较少,实行绩效工资,由于报社薪酬、环境方面条件在当地算上等水平,人员流动性不大。目前报社收入主要依靠广告,主要包括版面广告、形象宣传和举办活动三方面。在硬广告收入下滑的情况下,希望通过进入演艺事业及发展电商来实现多元化良性运营。

# 一、报业公司基本情况

### (一)收入来源主要是广告,硬广告收入下降,任务完成存在压力

该报业公司收入主要依靠广告,因为该县经济规模还不错,2015年广告收入为2600万,较2014年(广告收入约为2500万)有所上升。广告收入方面,主要分为版面广告、形象宣传和举办活动,基本上各占三分之一。2015年硬广告方面收入下降,尤其是房地产和金融商贸的广告收入下降幅度比较大,形象宣传和举办活动的收入有所增加。

报社经营仍采用"下达任务"的方式。2015年在完成任务方面存在一定的压力,2014年基本在上半年的时候就完成了全年的任务,2015年则是到11月份才完成。2015年表现比较好的部门有新媒体部、工业经济部和商贸部等,但通信部下滑比较严重,以前移动投放广告力度比较大,现在投

入的金额只有十多万元。

### （二）经营体制：除周刊外，其余实行"采编分离"制度

除周刊外，报社其他部门的采编和经营是分开的。周刊主要是服务大客户，做活动的版面宣传，建立行业话语权。按照行业划分成房产部、商贸部、经济部等部门，周刊的记者分配到各个部门，为相应的部门服务。

### （三）员工规模较小，待遇在当地算上等水平，人员流动性不大

该报社共有员工一百多人，采编四十多个，新媒体十几个，经营大概二十几个，后勤发行二十个左右，其中有编制的只有三十多人，其余都是聘用人员。规模比较小，所以运转起来比较顺利。

该报社全面实行目标管理考核制，各部门有自己的考核方式，比如记者主要是稿酬制，经营人员是绩效制；并且每个科室内员工的绩效都不一样，年底按照完成的工作量给予提成。

报社内人员比较稳定，但也有所冲击。首先由于在该报社工作没有编制，所以有部分记者会去考有编制的公务员、事业单位；其次，省市媒体的招聘导致采编岗的记者流动性比较大。不过最近几年，有去省市媒体的员工又重新回到该报社。整体而言，该报社在所在省的县级报社中排名靠前，员工收入、工作环境等方面在当地都算上等水平，所以员工流动性较小。

## 二、被访者对报业的判断

### （一）企业化运作、多元化发展是未来报业的发展方向

报业公司是报社的全资子公司，社长兼董事长。公司化运作，年底分红，由于不是事业单位，所以给予员工的分红也会比较高。

虽然 2015 年该报社总体收入较前一年增加了 100 多万，但广告收入出

现下滑。在这种环境下，2016年该报社认为能够从两方面突破：一是进入演艺领域，2014年该报社曾举办了一个七夕演唱会，邀请了七位明星，最终保持了盈亏平衡；第二块是电商，目前该报社已经拥有自己的微信公众平台和APP，但做什么具体产品还处于设想阶段，准备2016年开始布局操作。"目前报社必须寻找到新的弥补方式，来保证报社的良性运营。"

### （二）打造品牌形象，发挥自身优势

该报社从六七年前开始通过举办当地的展会活动来获得收入。不过目前电视台也开始进入该领域，比如报社做车展，电视台可以办汽车文化节。电视台的进入对报社造成一定冲击，但是由于报社做活动开始时间早，已经具有一定的品牌，因此和协会、场地商的关系比较稳固，"协会、场地商和报社已经签订了五年的合同"，合作有唯一性、排他性，自身有一定的优势。

# 案例六:"面临改革困境"

**摘 要**:一方面,该报为缓解广告收入下滑的趋势,成立品牌运营中心,并拓展新媒体业务。另一方面,该报固有人员结构、内部人事斗争以及人才流失问题都大大阻碍了该报业集团改革的推进。

## 一、集团基本情况

### (一)2015年成立品牌运营中心,缓解广告收入下滑

近年广告客户越来越不认可报纸广告,集团广告收入持续下滑。前两年如果当地汽车厂商有活动,基本都会邀请晚报和都市报两家综合性报纸去参加,认为它们具有一定的权威性;而现在则很少邀请它们过去。针对这一情况,该报业集团于2015年成立品牌运营中心,开始为广告客户策划活动,并根据活动效果收取费用,以缓解广告收入下滑的趋势。比如与广告客户进行版面合作,在保底价格基础上,对额外利润进行提成。

### (二)拓展新媒体业务,打造产业闭环

在新媒体方面,该集团与深圳一家科技公司合作,开发某手机APP,专注社区服务,包含Wi-Fi、健康旅游、家政、物业费、医疗咨询、医院挂号等服务。现阶段合作模式为商家提供产品,集团负责物流,合力打造产业闭环。

## 二、报业集团面临改革困境

### （一）固有人员结构阻碍改革推进

该报业集团在职员工约 800 人，但退休员工共计约 1500 人，退休员工工资给集团财务带来极大压力。此外，工作室的合并会带来裁员问题，因而无论是编辑部门改革还是经营部门改革都困难重重。

### （二）新媒体运营存在内部人事斗争问题

集团在新媒体运营方面，存在内部人事斗争的问题。新媒体的员工，基本是一个人顶五个人用，星期六星期日不休息，从早到晚。集团新媒体员工承担了从策划到执行繁重的工作任务，但拿到的广告费很低，造成部门间的不平衡现象，加剧了内部的人事斗争问题。

### （三）人才流失问题严重

随着报社经济下滑，报社员工的工资、奖金不断下调。现在编辑部员工连奖金带工资 3000 元 / 月，以前广告部属于报社收入最高的，完成任务有 7 万 –8 万元 / 年，现在一个人收入基本在 2 万元 / 年。报社员工基本的温饱问题无法解决，很多广告部的业务人员开始在外兼职，一定程度造成了人才的流失。

# 案例七:"生存较为艰难"

**摘　要**:该省级都市报目前共有250名员工,广告经营人员约50人。由于广告收入的大幅下滑以及今年报社拨款的严重下降,导致该报社的经营面临着严峻的问题。同时,该报社人员的收入水平较低,面临着人才发展流失的风险。为摆脱亏损的困境,该报社曾尝试过全媒体、项目经营、合作的公司化、项目制等新业务,但收效甚微。

## 一、报社基本情况

### (一)虽注重人才培养,但仍面临人才流失的风险

目前该报社共有250名员工,广告经营人员大概有50人。报社效益好的时候,人员扩充较多,但随着近年报社拨款的严重下降,目前报社面临着裁员的问题。同时,报社人员收入水平较低,导致人才发展流失比较严重。

报社人人都持记者证,领导者希望报社人员不要离开文化圈子,充分利用好报社的品牌,让自己拥有成就感和使命感。

### (二)尝试过各种新业务,但仍无法摆脱亏损的困境

作为一家都市报,为了缓解报社的困境,报社也曾做过多方面的努力,但最终都收效甚微。无论是全媒体、项目经营、公司化,还是项目制,都有尝试,比如该报社曾采用广告代理制来缓解困境,但广告代理制是国家

工商总局推广的，事实上广告代理制在地市报这一块推广的范围十分有限。

新业务的增长远远抵挡不了广告收入和发行收入的下滑，导致整个报社的现金流出现中断。为了扭亏，在对于新闻和广告二者的权衡上，有时只好选择广告而放弃新闻。

### （三）广告业务下滑，但报纸影响力仍在

在经营巅峰时期，报社广告一年的收入曾达到 3 个亿，但是现在，报社的广告业务也开始下降，特别是地产广告。以前是地产公司寻求报社人员来刊登广告，但现在是报社人员去寻求地产广告主，并且精心为地产公司策划广告。

另外，报社人员精心策划的广告投放市场后，最终效果一般，远远低于策划人员的预期。但数据显示，互联网上 50% 多的文章都来自报纸，在这 50% 来自报纸的内容中，又有 87% 是都市报贡献的，这说明都市报的影响力还在，但其未能变现为都市报的经济收益。

## 二、被访者对报业的判断

### （一）相较党报，都市报生存更为艰难，人才流失成为必然

全国省级党报发行量基本都在增长，收入也在增加，这主要得益于政策红利。目前党报通过发行基本都能够赚钱，许多党报开始通过调高年定价来实现收入增长，而这些基本是财政埋单。某报社 2014 年曾经做过一次调研，全国有政策红利的省份大概是 12 到 13 个，其中部分省份的日报无须管发行问题。在广告方面，基本保持在 1/3 增长、1/3 持平和 1/3 下降的局面。

关于都市报，目前的生存状况极其艰难。首先是发行量下降。2015 年是中国都市报自办发行 30 年，但据了解，该年自办发行的都市报平均降幅在 15%。过去都市报的发行量来源于订阅和零售，现在零售从南到北正逐

渐消亡，最典型的就是成都和重庆。其次是政府部门的规制越来越严格。都市报发展初期，环境比较宽松。近些年，随着政府主管部门的治理整顿，此前处于灰色地带的广告提成、采编分离等受到更严格的监管。上述情况导致现在的媒体人不仅面临收入下滑的困境，还面临一不小心违法的风险。

鉴于上述情况，都市报人才会流失，甚至发生都市报核心团队整体离职的情况。现在很多传统媒体都在谈转型，谈"传媒+旅游""传媒+教育"等，但真正能够转型成功的毕竟是少数。2016年报业的经营会出现更大的困难。

### （二）地市报的广告业务采用委托、外包形式不可取

目前在地市报层面，实行广告代理制或者把某个行业的广告业务交给某家公司的做法实际上并不可取。因为在地市级这样一个市的范围内，只有报社的公司或者是和报社有关联的公司才可以承担起来地市报的运营。而事实上报社的内容和广告业务是密切相关的，必须懂报的人才能承担这一块；如果是一个纯粹的广告公司，一点都不懂报，没办法实现报社的利益最大化。其实在三四线城市，都市报、晚报，自成立那一天起，就没有把采编和经营弄清楚过。

### （三）专业主义和小众化：都市报的发展方向

都市报、晚报可以从以下两个方面考虑：第一点是专业主义，专业主义对实现大众化是有帮助的，譬如报纸报道非典事件，大众也喜欢看，这方面以南都为例，新闻专业主义做到极致之后，经营自然就上去了。第二点是做小众化，针对细分人群生产新闻。

# 案例八:"亟需政策、资金和具体项目的支持"

**摘 要:**报社的盈利水平不断下降,未来报业前景不容乐观。该地市报仍处于低水平的融合发展状态,自身没有具体的项目规划,并且缺少资金、政策和个别项目的特殊支持。

## 一、报社发展的基本情况

报社的经营收入主要来自广告,在国家总体经济形势不好的情况下,报业寒冬可能显得尤为突出。报社2015年广告收入和2014年大体持平,但2016、2017年可能会出现急剧式下滑。在网站广告方面,2014年报社收入200万元,而2015年报社动用所有资源后仅获得150多万元。现在报业的盈利水平已经达不到预期效果,未来报业的前景非常不乐观。

该报社成立了全媒体建设办公室,工作重点包括电子商务、智慧城市建设等,但报社也遭遇到一些困难:在电子商务方面,报社基本把电子商务当微商去运营,无法形成较大平台;在智慧城市建设方面仍无法确定建设主体和建设方式,在没有资金和规划的情况下,建设智慧城市困难重重。2014年报社曾试图举办演唱会,但演唱会在四线城市成功的可能性较低,最终以失败告终。未来电子商务和无线城市项目的成长空间有限,该领域已不是蓝海市场,已经没有政策红利,且没有有效的盈利模式,媒体正处在探索阶段。

## 二、被访者对报业的判断

### （一）报业并不会消亡，媒体融合为大势

报业目前正属于夕阳产业，但并不会消亡。报纸代表着权威性，报纸所传播的权威和信息量是其他媒体无法替代的，微信、APP 等新媒体的很多信息来源都是报纸。

报纸必须和新媒体相融合，和科技相融合，报社可以尝试经营演艺、无线、大数据等业务，实现影响力的变现。

### （二）报社需政策、资金等方面支持

报社希望借鉴报业中的成功案例，此外，地市报希望得到政策和资金支持，以便更好地传播党的声音和政策。报社还需要政府给予项目上的扶持。目前中央已经对文化体制改革、媒体融合等的发展方向作出具体指示，这需要有好的政策去扶持。例如，报社想建设大数据中心和网络机房，但报社缺少办公场地；此外，在智慧城市建设方面，报社想通过铺设无线让更多的人享受到新的信息成果，但面临着办公场地紧张、资金匮乏等问题。

# 案例九:"人力资源状况堪忧"

**摘　要**:该报社采取的是事业部制,采编与经营未能分开;广告收入为主要收入来源;报社人才流失情况较为突出,对员工的激励不够。

## 一、党报集团基本情况

该报社采用的是事业部制,根据每个行业设置一个部门,如健康事业部,就负责医院的新闻采写和广告推广。

目前的收入来源主要为广告收入。两年前开始试图数字转型,并尝试做了一些活动。尽管其新媒体在全省范围内都比较有影响力,但变现能力差。

目前报社人力资源状况堪忧:一方面,对外招聘时,高素质高能力高学历的人一般不愿意来报社。一些进报社的年轻人被报社花大力气培养成熟后会跳槽。另一方面,报社内部一些有经营头脑的精英则会被一些单位挖走。

从激励角度看,第一,花大量时间写稿的记者挣得的收入远不如做活动的人,这导致越来越多的记者开始心灰意冷。第二,地方报社的同工不同酬问题也很严重。上述问题严重影响了员工的干劲。

## 二、关于纸媒的四点思考

### （一）新媒体和传统媒体的关系

不少报社开设了"两微一端"等新媒体渠道，新媒体不应当简单地转载传统媒体上的新闻，而应该有所改写，用新媒体式的语言报道出来，应该分成两条线做。

### （二）新闻人要有职业理想

新闻是不能被金钱所指引的，新闻人要有自己的理想和底线，如果里面掺杂了金钱因素，则会影响新闻的公信力。

### （三）报业协会发挥联盟的作用

报业协会作为报社当家人，应该能够给予全国报业单位一定的支持，譬如成立报业联盟，联合全国报业，统一做一些有影响力的活动，目前各个报社各为其主，各自为战，呈现散、滥、乱的局面；而且许多报社都在做类似的事情，耗费了不少人力、物力、财力，未来希望报业协会能够提供一些服务，例如成立一个专门为各个报社提供技术支撑的机构，去为报社服务，即使这种服务是有偿的。

### （四）采编与经营应两分开

一个报业集团既负责房产的报道，又负责房产的经营，这样经营和报道易生冲突。但是在地市级报纸，该现象较普遍。采编与经营两分开可以保证采编独立，保证采编活动遵照新闻规律。但是在现实中，为了尽可能地增大经营收入，采编与经营并未完全分离，致使采编为经营让路，新闻人为五斗米而折腰。

# 案例十：新媒体业务运营良好，纸媒广告收入大幅下滑

**摘　要**：该集团是所在城市的市委机关报，是该地区最具权威性的综合性报纸。集团运营的新媒体端因受到领导重视，运营态势良好。集团的广告经营部门依行业分组，不再单纯地推硬广告，而是专门为广告主想点子搞策划，来弥补广告收入的下滑。

## 一、集团基本情况

### （一）新媒体受到重视，运营良好

作为该省的一个地市级报业集团，旗下拥有两张报纸：日报、晚报。

日报作为党报，政治性的文章比较多一点；晚报是都市类报纸，每年财政给予的扶持较少。除了两份报纸外，集团还运营 APP、微信、微博、官方网站等新媒体业务。在领导的重视下，目前新媒体业务运营状况比较好，微博、微信在全省都名列前茅。

### （二）近些年遭遇到的问题

1. 发行依靠行政力量

由于主动订阅的人非常少以及三线城市报亭数量减少等原因，现在发

行工作基本靠宣传系统的领导去发布。其实，即使是发行出去的报纸也不一定会被阅读，许多报纸放在传达室无人问津。

2.读报纸的人越来越少，房地产广告受挫

近两年经济下滑，房地产广告收入下降。虽然该集团针对房地产广告成立了专门的工作室，精心策划的房地产广告，但仅2015年房地产广告就至少下滑了30%以上，并且由于制作广告的成本明显加大，房地产广告利润下降得更明显。

## 二、被访者对报业的判断

### （一）广告经营应考虑读者感受

报业在进行多元化经营时，应选择与报纸相关的业务。现在报纸大部分收入来自广告。报纸在运营广告时，应针对读者、市民的需要，按照媒介特点适当调整广告投放；同时，在处理广告的时候，注意其与新闻的区别，如果广告与新闻无法兼容的话，就不要强行将二者混在一起。

### （二）地市报最具卖点的本地化新闻难以转化为竞争优势

地市报最大的优势在于本地化新闻。由于中央级媒体无法提供三线城市新闻内容，因此地市报所提供的本地化内容成为其独一无二的卖点。一方面，不少网络媒体没有记者资质，盗版报纸版权内容的情况比较普遍，即使有的传统媒体与网络媒体签订了版权合同，但所得的收益也非常有限。另一方面，现在纸媒刚刊登完，凤凰网、腾讯网等新媒体就会在第一时间内转载其消息，读者通过新媒体基本都能够获得报纸上的内容，根本就不需要再去看报纸。由于上述两方面的原因，致使地市报独一无二的本地新闻难以转化为报纸的竞争优势，难以给报纸带来经济收益。

### （三）报纸读者流失，影响力下降的可能原因

读报的人越来越少实际上也说明报纸的影响力在下降。造成报纸影响力下降的原因很多，其中一个重要原因是网络媒体时效性强、"抢"新闻，人们不需要看报纸就可以获知新闻，导致报纸对老百姓的吸引力降低。

# CHUANMEI

CHUANMEI FAZHAN DE FANSHI GEMING
CHUANTONG BAOYE DE KUNJING YU JINLU

## 研 究 篇

# "平台型媒体"的理论范式与实践路径(上)[1]

## ——"平台型媒体"的缘起、理论与操作关键

喻国明 焦 建 张 鑫[2]

**摘 要**:互联网作为一种"高维媒介",激活了以个人为基本单位的社会传播的全新格局。因此,"个人"被激活之后媒介生态的重构本质上是一场革命,而"平台型媒体"则是"互联网+"时代媒体转型融合发展的一个主流模式。平台型媒体的操作要点是:打造一个吸引和掌握着海量流量的开放平台;构建新型的信息节点及节点集群;而政府在其中的角色则应从传播机构的管理者转变为社会传播生态的共建者。

**关键词**:"互联网+" 高维媒介 平台型媒体 传媒转型

对于互联网的认识和把握,包括媒体业在内的整个社会发展的关键逻辑应该是"互联网+"而不是"+互联网"。这并不是一个"+"的前后位置的简单变换,而是我们对于互联网价值逻辑和运用模式从肤浅到深刻的巨大转型。长期以来,我们仅仅把互联网看作是一种传播工具、传播手段和传播渠道,人们对于互联网的运用大多是在既有的运作逻辑的基础之上,把互联网作为延伸自身影响力、自身价值及功能的一种延伸型的工具,起着

---

[1] 此文原刊于《中国人民大学学报》2015年第11期。
[2] 本文为教育部长江学者奖励计划资助的课题成果之一。

一种锦上添花的作用,即在我们固有的发展逻辑和社会运作逻辑的基础之上的一种按照惯性思维画延长线的因素和手段。而"互联网+"则不同,它是把互联网视为构造我们这个社会、构造市场和行业全新格局的建构性的力量。我们必须在互联网所造就的这一全新的现实基础上按照互联网的法则和逻辑来重新统合运作模式和管理逻辑。这就是"互联网+"提出的重要意义之所在。

## 一、互联网作为一种"高维媒介"构造和激活了以个人为基本单位的社会传播的全新格局

互联网是一种"高维媒介",用"低维"逻辑和手段去运作它、管理它是荒谬的,更是无法产生预期效果的。互联网对于社会性的传播系统构建的最大改变是将传统的以机构为基本单位的社会性传播转型为今天的以个人为基本单位的社会性传播。于是,互联网作为一种革命性力量,已经并将继续改变整个社会的资源配置、权力结构和"游戏规则"。迄今为止,互联网初步实现了人人皆可成为信息的社会性"传播媒介"的技术民主,社会议程的设置权与社会话语的表达权也进入了人人皆可为之的泛众化时代。历史上从未有哪一个时代像今天这样,能够让一个普通的社会个体拥有如此之大的话语权。互联网特别是社交媒体激活了以个人为基本单位的社会传播格局,重新分配了社会话语权,并因此改造了整个社会的关系和构造。

具体而言,互联网对于以个人为基本单位的社会传播能量的激活主要表现在以下三个方面:

第一,个人操控社会传播资源的能力被激活。传播技术的发展与传播工具的普及极大地便利了人们接触、收集和传播信息的自主性,社交媒介的迅速崛起进一步为重构社会资源注入了新的活力和可能性,个人作为传播的主体有机会直接成为社会资源的使用者和操控者,由此带来了个人实现自主表达权利的能力极大增强和内容生产能力的泛众化。公民新闻的滥觞打破了传统媒体的话语垄断权,内容生产不再是少数媒体机构中记者和

编辑的专利,社会传播的"新常态"是:人人皆能成为传播者。

第二,个人被湮没的信息需求与偏好被激活。在传统媒介时代,信息传播的主动权掌握在媒体机构尤其是大媒体手中,它们充当着"守门人"的角色,通过议程设置筛选被认为"有价值"的信息进行传播,进而决定着公众的社会视野并主导公众舆论。"点对面"的单向传播模式使得来自"草根"的分散的个体需求处在被湮没、被忽略的状态。互联网的出现改变了这一局面,它重构了媒体与大众之间的权利关系,而渠道类别与层次的多样性则为人们的个性化信息需求与偏好的满足创造了更多机会,渠道间网状的互联互通使信息传播者与接受者之间的互动交流和双向协作成为可能。由此,传统媒体所主导的信息偏好逐渐被淡化,社会成员间的传播内容和传播要素变得更加丰富、多元和富有个性,从传播内容到传播方式越来越贴近"草根"的个人生活、个体情感和个性体验。

第三,个人闲置的各类微资源被激活。互联网的连接性与开放性激活了储存在个人身上的各类微资源,原本散落在个人身上的闲置时间、闲置知识、闲置经验等各类闲置资源在互联网条件下得以被发现、被检索、被匹配和被整合,由此打破了传统的倍受局域限制的市场资源,各类资源之间的连接呈现出无所不至的丰富可能,由此,已经创造并将继续创造出全新的资源配置方式和价值形成模式。

概言之,互联网构造了一个全新的传播场域和社会场域。在这种以个人为基本单位的社会传播的格局下如何激活、匹配和实现生态型的资源配置和功能整合,已经成为现阶段包括传媒领域在内的整个社会的一场深刻革命。

## 二、"个人"被激活之后的媒介生态重构是一场革命

在"互联网+"时代,以个人为基本单位的传播能量被激活,跨越时空的社会协作成为显出种种现实的可能性,互联网逻辑引导下的媒介生态正

在发生根本性的变革。传统不对等的、单向性的、局域式的媒介格局被打破，依托大流量开放平台为基础系统，由个人、商业或非商业利益组织以及专业新闻机构共同组成的信息节点在平台间自由流通、平等互动、相互聚合，完成信息的生产、分享与价值创造，并在平台共同体的作用下达至动态平衡。主要表现为以下三个方面。

### （一）基础系统：吸引和掌握着海量流量的开放平台

吸聚着海量流量的开放平台为以个人为基本单位的传播能量被激活的微资源提供了互联互通、全新聚合的基础系统。互联网技术赋予平台信息传播效率高、呈现形式丰富、传播范围可宽可窄的优势，同时从根本上变革信息筛选模式——即不再取决于少数人的价值取向，而是增加用户的主体性，运用大数据实现个性化、精准化定位，减低或减除用户接触信息的时间及机会成本。另一方面，随着技术垄断打破和接入成本的降低，用户在海量流量的开放平台上得以便捷有效地分享知情权、参与权、表达权、监督权。

大流量开放平台的主要功能是构建并维系多元信息汇聚和不同意见自由流通的生态系统。平台打破传统媒体内部配置资源、高能耗的生产方式，将信息发布和评论的权力下沉，利用开源的方式进行个体性的生产内容。个体将闲置的时间、体验和知识转化为内容生产能力（初创材料），并在社会协同中实现内容的增值。平台自身构成一个大的信息传播的共同体，每个节点的参与都会增加社会福利。正如克莱·舍基所言，全世界的认知盈余太多了，多到即使微小的变化都能累积成巨大的后果。作为一个突出的例证，拥有244年历史的《大英百科全书》于2012年宣布不再出版纸质版，其电子版点击量排名5967名。而与之形成鲜明对照的是创立不到20年的社会协作产物的维基百科的点击量排名全球第6。

在新的媒介生态下，平台通过市场配置资源的成本近乎为零，为最大限度地取得用户、扩展组织和市场的边界提供了可能。这就意味着，平台要不断适应社会实践中人际节点变化的需求，缩短平台升级的周期。新的媒介生态最大限度地排除了人为壁垒，同一节点的现实主体可以穿梭在海量信息的开放平台之间，争夺流量的激励机制加速平台的竞争，"新垄断"力量（即新的权威）则在竞争中逐渐形成。目前，谷歌等互联网公司正在大规模向未被联结的市场投放无线服务，现阶段平台的外部竞争尚处于流量之争的阶段，而下一阶段则是资源配置模式的效能之争。

**（二）新型的信息节点及节点集群：构建新的媒介生态的关键之一**

节点是互联网络中的内容主导者、分享提供者和价值创造者，大致可分为三种：不归属于任何组织的个人、商业或非商业利益组织以及专业新闻机构。在新的媒介生态下，互联网平台上的个体和组织都被高度节点化，节点成为信息联结的关键"接触点"。从某种意义上说，传统媒体的角色和地位"下降"到与个人一样的境地，成为错综复杂网络中的一个个节点。平台赋予所有信息节点的技术地位是平等的，可以连接一切。各节点实际能够联结的数量、辐射的范围和发挥的作用因自身资源禀赋和竞争力差异而有所不同，并对相关者形成影响。在社会实践中，节点间的空间分布是既有稳定性，又具流动性，不同节点常常因为共同关注的议题而形成概率性的集合，平台正是由这样的无数个流动的小"共同体"组成，某些节点成为内容（意见或事实）原创的核心，而某些节点则充当不同共同体间的信息"搬运工"。总体上说，价值认同、供求关系是信息流动、节点互动的基础。显然，构建新的媒介生态至关重要的一个关键，就是如何构建和维系新型的信息节点及节点集群。

从未来的内容生产上看，信息供给将分化为基础性生产和加工以及专业性生产和加工两大层次。在 Web2.0 及后 Web2.0 时代，基础信息供给数量和种类呈现几何级数的增长。特别是移动互联崛起后，每一个用户都具有随时随地被激发的可能，成为某种优势信息的生产者——所有当事利益主体、目击者"脱媒化"，主动生产和传播内容，减少了信息传播中的损耗，增加了信息的透明度。显而易见，人人参与社会表达的新闻生产具有价值多元、去中心化的特征。信息生产和存储成本下降打破了传统媒介所依循的规模经济的生产逻辑，使得非主流的多元信息需求得以满足，长尾效应显现。而意见领袖、专业新闻机构在这一格局下，将扮演降噪、过滤、优化、征信的作用，并通过这些作用的价值而重新获得权威。专业新闻机构将以开放的生产形式与他者互动，内部分工日趋细化，发挥专业化优势，提供高度差异化、个性化、定制化的信息服务，其中部分信息服务将实现付费，而更多的信息服务则通过多环节的价值链条以间接和第三方的方式获取利益回报。

从未来的分享方式上看，自由分享行为将创造信息节点间的联系，增加信息流通的次数，扩大信息影响的范围，提升整个平台的开放性。信息传播中的分享行为首先基于节点对于信息的价值判断。互联网实时性信息更新改变了大众的价值判断习惯，人们不再受传统媒体时期品牌忠诚度的驱使，而是将接受新闻信息放置于不断完善、即从不完美到完美的过程之中，并在分享和讨论过程中逐步还原、重塑、修正事实的真相或达成社会意见的"最大公约数"。新型的信息平台正是通过丰富的信息表现形式、多元的信息来源及专业化的信息解读（某些节点——机构或个人——为人们提供有效的判断依据），有助于人与人之间产生信任关系，并提升多元化传播过程中的自净化能力。此外，信息分享行为一般将依附于关系传播渠道，并由此增加彼此间的情感因素，实现中间抵达效果。所有分享节点与内容生产节点共同构成某一新闻信息传播平台的社会协作。

从未来内容生产的价值创造上看，每个信息节点不仅仅是信息的消费者，更是信息的创造者和分享者。每个个人作为信息传播的节点参与分享、创造的行为被赋予公共价值，因而实现从彼此的分享、创造中获得回报。个人作为信息节点的主体地位、业余参与的价值回报激发了人们分享的欲望，使得大众的闲置时间、闲置知识、闲置能力等各类闲置资源成为一种崭新的内容产业的巨大资源宝库。此外，节点间自由传播、平等对话的连接方式也从根本上改变了大众认识自我、了解世界、参与社会的认知模式和行为模式，改变了大众与他人建立联系的心理关系和互动性质。海量流量开放平台改变了传播中信息的意义，使得社会关系的总和构成共享信息、利益、价值等的共同体，从而达到人人参与、价值多元的动态平衡状态。

**（三）政府角色的转换：从传播机构的管理者到社会传播生态的共建者**

在互联网逻辑下的新媒介生态中，系统基于共同体作用下达到动态平衡，政府则应充当起全新的"守夜人"角色，通过制定规则、搭建平台、共营生态，为系统中每个主体提供最基础的保障与约束。随着改革开放的深入，中国的媒介管制理应呈逐渐放松的态势，在政治和市场的双重作用下实现渐进式的改革。

政府应该如何在未来的新媒介生态中发挥作用呢？须知，在互联网所构造的新的媒介生态中，政府应以一种全新的面貌出现，将自身作为融入大生态系统中的一分子。它要思考的不再是"我该怎么管理这个系统"，而是"我作为其中的一个行动主体，应该怎么维持这个系统的有序性和良性运行"。这种新思路强调的是，政府应当理性地放低自身姿态，从"管理组织"进化到"共建生态"的核心推动者，实现容纳社会多元主体的共同管理。具体来说，政府首先应为系统建立一套最基本的游戏规则，这套规则应该是底线性的、建设性的、保障性的，保障整个系统的稳定平衡运行；同时，参与协调搭建安全的、开放的公共平台，鼓励多种主体共同参与、贡献力量，平衡各方观点和利益，政府不再是站在所有人之上的管制者，而是成为协调者、仲裁者，为系统内的多元主体处理纠纷、解决困难、提供公共服务，尤其是政策服务；最后，政府应相信公民的力量，通过不断教育、培养、赋权，引导公民增强理性运用互联网的能力。总之，只有当政府与媒介生态中的各个主体成为"战友"时，"敌人"才能在其视野中最大限度地减少。

## 三、未来传媒转型发展的主流模式:"平台型媒体"

### (一)"平台型媒体":从概念的提出到价值链构建

基于互联网的连接与开放所造就的新型的社会传播形态应该是个什么样子呢?我们认为,面向未来的媒体转型发展的主流模式应该是与互联网逻辑相吻合的"平台型媒体"(Platisher)。

什么是 Platisher?美国人乔纳森·格里克(Jonathan Glick)在 2014 年 2 月 7 日发表《平台型媒体的崛起》一文,构造了 Platisher 这个词,当天,就引起了广泛关注。所谓 Platisher 是 Platform(平台商)和 Publisher(出版商)两个字合成后的缩略词。对于 Platisher 最好的定义并不是来自格里克,而是叫 Digiday 的一位撰稿人在 2014 年 8 月定义的:平台型媒体是指既拥有媒体的专业编辑权威性,又拥有面向用户平台所特有开放性的数字内容实体。简言之,这种平台性的媒介不是单靠自己的力量做内容和传播,而是打造一个良性的平台,平台上有各种规则、服务和平衡的力量,并且向所有的内容提供者、服务提供者开放,无论是大机构还是个人,其各自的独到价值都能够在上面尽情地体现。"平台型媒体"(Platisher)既是一个平台,同时,也是一个有"把关人"的媒体。这绝不纯粹是一个自媒体平台,比如,微博、微信、今日头条或者更早些时候的论坛、博客。除了"作文"必须符合法律法规之外,还必须符合平台的标准,取得准入资格。并且,平台会致力于平衡和多元健康的规则设定,以营造一个具有某种自清功能的传播的"生态圈",在此基础上,平台型媒体的本质是一个开放性和社会性的服务平台,用推特的 CEO 迪克·科斯特罗的话来说就是:"我们要为我们的用户在组织内容方面提供更好的服务。我们不仅要按照时间线顺序提供最快最新的内容,还要按照话题、主题、专题来组织内容。"

这样一个平台,就是要让所有的个人在上面找到自己的通道,找到能够激发自己活力的资源,这就是平台构造的基本特征。有了这样一种技术、规则,这个平台就形成一种新的媒介生态,每个人都能各得其所,主观上是为自己而奋斗,客观上又在造福于整个社会,这就是最好的生态化的机制,从而实现一种好的社会管理。从现代管理学的原理看,管理就是一种服务,而管理的目的不是为了管死,而是为了管活。一个管理的制度和举措是否是一个好的管理和举措,唯一的判别标准就是看它是管活了还是管死了。真正的管理就是要形成一个生态,让每一个个体在上面都能各得其所,这就是所谓未来媒介发展的主流模式——构建一个平台型媒介,这个平台可大可小,可以在不同领域,以人的社会关系和社会关联作为半径来构造传播的生态型平台,而媒介的管理和运作都是在这个平台上充分利用社会各方面资源的结果,而不是封闭起来的方式。这有一点像淘宝,它在线上建立了一个虚拟的线上商城,让很多个人、集体、大商厦在里面建立各种各样的设施。我们在内容方面,也要建立类似这样的一个内容分销、共享和多方参与的平台,这才是符合互联网逻辑的媒体构建。这里通行的关键词是开放、激活、整合和服务,这就是我们对于互联网基础上未来传播新模式的理解。

### (二)价值链构建:以满足用户基本需求为核心

互联网时代,原有社会结构中以组织化形塑的社会关系,逐步偏重于社交关系、社群关系等。[①] 优质的新闻产品想要抵达用户,就要在满足用户基本需求(社交是其中之一)的基础上来完成。以用户为中心,嵌入用户的生活圈、社交圈,使用户在实现社交等基本需求的同时完成新闻信息的获取行为,并通过汇集优质的内容生产商提供的新闻产品,实现新闻的一站式获取,进一步提高用户获取信息的便捷性、改善用户体验。

以 Facebook 为例,在媒体属性上,Facebook 主要是一种内容聚合媒体,

---

① 师曾志,胡泳:《新媒介赋权及意义互联网兴起》,社会科学文献出版社,2014年5月第1版,第10页。

而不是内容生成媒体，所聚合的内容既有来自于用户的UGC（用户生成内容），又有以Instant Articles（即时文汇）为代表的专业新闻产品。在此我们暂不探讨UGC所带来的新闻的社会化生产方面的问题，主要强调UGC的社交属性在提升用户持有和用户黏性方面的作用。而Instant Articles，是专业化的新闻生产所制造的新闻产品，是来自传统媒体与新媒体等内容生产商的高质量新闻产品（尤其是《纽约时报》等高信誉度的传统媒体），解决了新闻信息的权威性问题，满足了用户的新闻需求。如此，Facebook使用户在同一平台上既实现了社交这一基本需求的满足，也完成了新闻信息的获取行为。

此外，由于Facebook、Twitter等在用户持有方面占有绝对优势，它们便可以通过对用户数据的分析处理，更准确地了解用户其他方面的需求，进而为用户提供更多需求产品，在充分满足用户需求的同时实现自身盈利。

### （三）致力于强化主流影响力的Instant Articles项目：对用户新闻获取习惯的重塑

互联网下的媒介生态已经发生改变，之前由彼此竞争的新闻机构所执行的功能——尤其是报道独家新闻和重大突发新闻等——正在被技术平台商所取代。某一特定的新闻机构，其创建目标可能在于比Deadspin（运动网站）更快地报道重要的体育新闻，或比Scobleizer（科技网站）更快地报道重要的科技新闻，但是没有任何一个机构可以在传播范围和速度上持续地赢过Facebook和Twitter。[1]然而，尽管Facebook拥有占绝对优势的用户持有量，但用户使用Facebook的主要目的还是社交，Facebook只是用户获取新闻的辅助性工具。[2]

---

[1] CHRIS ANDERSON, EMILY BELL, CLAY SHIRKY（2014）.Post Industrial Journalism: Adapting to the Present. http://towcenter.org/research/post-industrial-journalism-adapting-to-the-present-2/.

[2] AMY MITCHELL, JOCELYN KILEY, JEFFREY GOTTFRIED, EMILY GUSKIN（2013）.The Role of News on Facebook. http://www.journalism.org/2013/10/24/the-role-of-news-on-facebook/.

基于这种情况,为了牢牢把握社会的主流影响力,Facebook 推出了 Instant Articles 项目,它已于 2015 年 5 月 12 日正式上线,首批共有 9 家媒体参与了这一项目的实施,分别为 The New York Times、The Atlantic、NBC News、National Geographic、BuzzFeed、The Guardian、BBC News、Spiegel、Bild。自此《纽约时报》等媒体将直接在 Facebook 发文,而不再像之前一样只提供内容链接,用户可以直接在 Facebook 上完成完整的新闻阅读和体验,而不再需要访问内容提供商的原始网站。根据 Facebook 的说法,Instant Articles 项目的推出,目的在于使用户获得更快捷、更丰富的用户体验。数据显示,在 Facebook 上打开内容链接所需的平均时间为 8 秒,而 Instant Articles 项目的推出可以使这一速度提升 10 倍。① 也有人分析指出,Facebook 真正的目的在于进一步提高用户黏性。② 但无论其目的如何,从用户的角度来说,用户的体验确实得到了提升,对新闻信息的获取也更为便捷,为用户实现新闻的一站式获取提供了便捷的渠道和平台。Instant Articles 项目的推出,很有可能使 Facebook 成为用户获取新闻的主要方式和途径,巨大的用户持有量、优质的新闻产品、更快捷更丰富的用户体验,三者的叠加很可能改变用户获取新闻的习惯甚至整个媒介环境的态势。

## 四、"平台型媒体":运行法则与操作要点

### (一)开放连接是第一生产力:媒体运营的观念变革

"连接"是互联网价值形成的基本方式,因此,开放与合作是互联网时

---

① Michael Reckhow(2015).Introducing Instant Articles. http://media.fb.com/2015/05/12/instantarticles/.

② JOSHUA BENTON(2015).Facebook wants to be the new World Wide Web, and news orgs are apparently on board. http://www.niemanlab.org/2015/03/facebook-wants-to-be-the-new-world-wide-web-and-news-orgs-are-apparently-on-board/.

代对媒体运营新模式所提出的关键性要求，Facebook 作为平台型媒体，本身并不生产新闻产品，而是将产品生产外包给《纽约时报》等专业的内容生产商，通过合作实现价值。

《纽约时报》2015 年第一季度的财报显示，其数字用户数、数字业务收入都在持续增加，印刷版发行量与印刷版收入都在持续下降。Instant Articles 项目推出后，由于失去了 Facebook 外链导流的巨大流量，纽约时报网站流量及相应的网站广告收入将会大幅下降，数字订户的增长势头，可能戛然而止。① 而 Facebook 则表示，内容生产商对其在 Instant Articles 发布的新闻产品拥有完全的控制权，且仍可以同时在其网站上发布该新闻产品。②

从对用户需求的满足来说，Instant Articles 项目的推出，在速度和丰富程度上提升了用户的使用体验，为用户的一站式新闻获取提供了极大的便捷，是相当有益的尝试。此外，互联网的优势就在于给用户提供更多的选择，使用户可以根据自己的喜好进行选择，可以选择在 Instant Articles 上阅读《纽约时报》等提供的新闻产品，也可以选择在《纽约时报》等网站上进行新闻获取，多种途径并存，是尊重用户习惯、以用户为核心的服务观念的体现。因此，Instant Articles 项目的推出，对于用户需求的满足来说是有增益的。

设想在未来，用户在 Facebook 等平台型媒体进行新闻的一站式获取，而不再光顾《纽约时报》等媒体，这就会导致传统媒体退化为与通讯社类似的单纯的内容提供商，并将导致整个行业格局的巨大变动。但新闻需求作为人的本体需求，用户对优质内容的需求不会减少，以专业新闻机构所从事的新闻生产活动的价值不会被消解。在这个媒介变革的时代，内容生产商要通过优质的新闻产品的生产，完成行业价值的建构和稳固，在生产过程中抱着开放与合作的心态，在拥抱新技术和坚守新闻业内核精神的前

---

① 杰罗姆（2015）:《纽约时报》将"寄生"Facebook，传统模式致命绝唱．网页链接：http://www.tmtpost.com/230862.html#rd.

② Joe 'Lazer' Lazauskas（2015）.7 Things You Need to Know About Facebook Instant Articles. 网页链接：http://contently.com/strategist/2015/05/13/7-things-you-need-to-know-about-facebook-instant-articles/.

提下，集中精力打造核心优势，并通过合作实现强强联合，才能更好地进行价值建构和实现。

结合新的技术环境和用户需要，Facebook一直在探寻新路，2014年2月创建了内容聚合平台Paper，接着又在2014年12月宣布与ABC合作制作一档60秒的新闻视频节目Facecast。技术变革所引发的整个新闻业的变革是一个大趋势，需要着力思考之处在于如何以用户需求为核心尽量主导这场变革，以及如何通过更多的合作来共同赢取未来。

### （二）传统媒体模式无法简单地平移到平台型媒体：关于"The Daily之死"的思考

在关于传统媒体与新媒体融合讨论十分热烈的今天，在各种网络新技术、新理念、新平台冲击下，平台型媒体已经成为大势所趋。科技与媒体的融合，让传媒界在Platisher身上看到了希望。但是在这种转型融合的过程中，我们尤其应该记取已经衰亡的默多克的互联网尝试之作The Daily的教训。老实说，The Daily的衰亡包括许多复杂的因素，诸如定位模糊、毫无特色等，但其中最为关键的原因是其平台化战略的"顶层设计"存在重大缺陷。

The Daily作为一个新闻产品，简单来说，是使用苹果产品iPad进行创新的一个新媒体平台，由默多克的新闻集团单独开发，是一种新型的新闻阅读应用，发行不再通过印刷，而是通过iPad和Appstore，用户需通过订阅获得新闻。

乍一听，这的确是一次传统媒体与新媒体的融合，是一次"纸媒时代"的巨大飞跃，但是稍作留意就会发现，The Daily的模式仍然没有脱掉传统媒体的窠臼，只是一次"换汤不换药"的"+互联网"模式的简单平移。我们都知道，传统媒体模式是这样的，一群精英新闻人生产优质新闻报道，通过用户付费或者广告盈利。而The Daily的模式其实还是照搬了传统媒体模式，是一种单一形态，只是用iPad替代了纸质印刷，但是这种形态，很显然已经不再适用于网络与新媒体快速发展的今天了。

网络时代下的平台型媒体，不应只是换一个电子平台那么简单，这里的平台化策略应该包含着"多平台"的含义,媒体开发了某种程序或者内容,只需做少量修改就可在另外一个或多个平台下运行,这才是当今媒体消费的趋向。"平台化"的实现至少应该有这样三个角度:对于媒体而言,同一程序可以在不同平台上同时使用(意味着不同平台之间有互为促销的功能);对用户而言,同样的内容可以在多个平台上获取,同时他们可以自由地选择不同程序的平台上的内容;对于平台而言,它们彼此之间可以互相呼应、互相补充,用户在上面可以通过不同平台互动交流。①这还是践行着 Web2.0 时代的特质:共享、互动、个人化。媒体是共融的多平台,用户是主动的使用者,信息和分享不是孤立的。

因此,从这个角度来说,The Daily 并不是一个多平台的新闻产品,而只是一个新平台的产品。它作为新闻集团旗下的一个独立体单独开发、经营,无法打通各平台间的隔膜,也无法融合,用户只是被局限的使用者,被动地接受信息,并且用户必须注册订阅才能获取新闻,无法传播、共享和互动。这些都违背了网络时代的精神,注定被时代淘汰。

除此之外,传统媒体的品牌基础和声誉也很重要。The Daily 作为独立开发的新品牌,自然不像《纽约时报》《金融时报》这样的媒体拥有忠实固定的目标受众群,因此在竞争上存在劣势。而有品牌价值和影响力的传统媒体则可以在传统平台与新平台之间进行互补。《经济学人》的成功经验就是将本刊用于深度阅读,同时打造网络类平台用于交流互动。这种策略非常成功,使利润率创出历史新高。跨平台的策略促进了相关的各类"阅读",多平台之间的补足与互动充分发挥了这种发行策略的优势。《经济学人》更是吸引了其 25% 的用户选择了订阅纸质版,25% 用户选择订阅数字版,还有 50% 用户两者都订。②

最后,"大而全"的传统媒体模式也不适用于今天的平台型媒体。早在发行之初,默多克就将 The Daily 描绘成了一顿物美价廉的丰盛新闻大餐,

---

① 陈昌凤:《平台化时代的单一试验:THE DAILY 之死》,《新闻与写作》,2013 年第 1 期。
② 陈昌凤:《平台化时代的单一试验:THE DAILY 之死》,《新闻与写作》,2013 年第 1 期。

虽然内容做得漂亮且包罗万象，但与承载力无边无际的网络相比，还是相形见绌，无法适应网络环境。网络内容的庞大、搜索引擎的发展、用户生产能力的提升等原因，都让每个人有了自由选择感兴趣内容的条件，因此平台化媒体不应再野心勃勃地建立内容繁多的大平台，而是成为多平台中的一分子，与其他平台融会贯通，致力于"小而精"的媒体模式。

**（三）"产消合一"的生产模式：平台型媒体内容生产和价值构建的节点**

平台型媒体既拥有媒体的专业编辑权威性，又拥有面向用户的平台所特有的开放性。因此，它绝不是单靠自己的力量做内容和传播，而是打造一个良性的开放式平台，平台上有各种规则、服务和平衡的力量，并且向所有的内容提供者、服务提供者开放，其中也包括个人。建造平台者制定一定的生产与传播规则，并允许用户在这个开放的公共平台上组织、生产内容，同时完成信息之间的消费流通服务，"平台+服务"是未来媒体融合的方向与发展模式。而"产消者"作为参与平台内容建设服务与信息消费的主体，必将对平台型媒体的发展起到至关重要的作用。研究"产消者"与平台型媒体之间的关系，有利于帮助我们抓住平台型媒体建设的重点。

首先，"产消者"是平台型媒体运行的有机组成部分。一个有互联网思维的平台型媒体，要靠不断涌现出来的新内容、新用户来维持其影响力的。"产消者"可以不断更新平台内容，而平台里的分享机制又让平台的社交圈与网络社交媒体产生良性互动，一些用户或许就是因为看到了那些被分享到网络上的精彩内容而选择加入平台之中当一名新的"产消者"的，这样的机制保证了平台型媒体的稳定运转。

其次，"产消者"可以决定平台型媒体的媒体生态走向。[①] 这主要表现在以下几个方面：（1）"产消者"的知识水平能影响平台的内容结构。一个有着较高知识水准的"产消者"会谨慎地发布内容，这样就能保证其内容

---

① 李嘉卓：《产消者：融合时代平台型媒体的核心》，《青年记者》，2015年第7期。

的质量。平台将来所涉及的"产消者"是什么样的知识层次,就会影响此平台未来是往好的方向发展还是往坏的方向滑坡,因此必须重视。(2)"产消者"的道德水平与自我约束能力可以保证平台的公信力。网络用户的道德水平参差不齐,因此需要建立有效的平台道德监督机制。一个有着较高道德水平的"产消者",在遇到虚假、恶意的信息时,会进行证伪与监督,而道德水平较低的"产消者"则会破坏平台环境,削弱平台自身的可信度。(3)"产消者"的社交圈文化会对平台的媒体文化产生影响。平台型媒体在现阶段的传播模式主要是靠人际传播来扩大知名度和影响力。"产消者"不仅是内容的组织者和生产者,还扮演了传播者的角色。而他们不同的社交圈有着不同的文化背景与兴趣选择,所以分析平台之中"产消者"的社交圈特征,对于平台未来的定位有着十分重要的作用。

最后,"产消者"可以帮助平台型媒体形成专有的营利模式。[①] 虽然到目前为止,大多数进行新媒体融合转型的传统媒体难以找到一个标准的营利模式,但在融合时代,一个服务用户的平台型媒体是完全可以通过平台上的"产消者"来实现赢利的。以淘宝网为例,它虽然不具备媒体属性,不算是平台型媒体,却有互联网平台属性。在淘宝网上,每一个开"店"的商家,是产品供给者,但同时也是淘宝网的消费者,这一点很像"产消者"的概念。在淘宝网这个大平台上,每一个参与者,都可以在平台制定的规则下进行自由的推广、策划、营销、提供服务、接受服务等活动,但都需要通过使用"支付宝"这个网络支付通道。"支付宝"上的金融交易与货币流通,就成为淘宝网盈利的一个重要基础。

相似的例子还有苹果商店(Apple Store),乔布斯开创了这样一个平台,目的就是让全世界所有喜欢苹果设备的用户都能在这个平台上"出售"程序或是"购买"应用,由于机制规则合理,使得平台的服务可信度极高,最终成为全球拥有苹果设备的人们最愿意去消费的网络商城,同时也成为苹果公司的赚钱平台之一。

---

① 李嘉卓:《产消者:融合时代平台型媒体的核心》,《青年记者》,2015年第7期。

当平台型媒体成为媒体转型融合发展的主流模式之时，在"产消者"的影响下就会形成一种潮流，或许这种潮流是未来UGC（用户生成内容）和OTT（通过互联网向用户提供各种应用服务）两种流行模式中的混合体，而"产消融合"时代也会在这种趋势下继续影响媒体产业转型升级。[①] 至于这种"产销融合"能否与平台型媒体机制相适应，要通过市场来检验。

（喻国明：长江学者特聘教授、北京师范大学新闻传播学院执行院长，教授、博士生导师；焦建：中国人民大学新闻学院硕士研究生；张鑫：中国人民大学新闻学院硕士研究生）

---

① 李嘉卓：《产消者：融合时代平台型媒体的核心》，《青年记者》，2015年第7期。

# "平台型媒体"的理论范式与实践路径(下)[1]

## ——平台型媒体的生成路径与发展战略

喻国明 何 健 叶 子

我们目前正处于 Web2.0 向 Web3.0 的过渡时期。在 Web2.0 时代,个人作为要素被激活,虽然引起了传统传播方式的去中心化,但是尚未形成新的经济形态。而在 Web3.0 时代,个人碎片化的资源将被重新整合,而媒体组织将会扮演整合者的角色,这是一个"机构唱大戏"的时代。在此背景下,平台逐渐成为重要的产业组织形式。早在 20 世纪 90 年代尼葛洛庞帝(Negroponte)就提到"平台"概念。他将数字化生存概念与平台联系,认为数字化是为存在和活动于现实社会的人提供进行信息传播和交流的平台,而这个平台是一种近乎真实的虚拟空间。[2] 有学者指出,平台是一种现实或虚拟空间,该空间可以导致或促成双方或多方客户之间的交易。平台经济学就是研究平台之间的竞争与垄断情况,强调市场结构的作用,通过交易成本和合约理论,分析不同类型平台的发展模式与竞争机制,一并提出相应政策建议的新经济学科。[3] 具体地说,平台是以网络外部性为特征的一种经济组织,涉及买方、卖方和第三方(平台方)。而传媒和平台经济有着天然的结合点,由于其特殊的"二次售卖"的商业模式,决定了其必须打造平台,

---

[1] 此文原刊于《新闻与写作》2016 年第 4 期。
[2] 【美】尼葛洛庞帝:《数字化生存》,胡泳译,海南出版社,1997 年 2 月第 1 版。
[3] 徐晋、张祥建:《平台经济学初探》,《中国工业经济》,2006 年第 5 期。

充分利用平台的网络正外部性。这个平台既面对用户又面对广告主等信息需求者，聚集一切可以汇聚的资源，成为"人流、物流、信息流"的汇集点，进而为用户和广告主提供更为多元化的服务，并依靠这个巨大的平台，开展相关的多元化活动。

概言之，平台型媒体是一个开放式平台，上面有各种规则、服务和平衡的力量，通过向所有的内容提供者、服务提供者开放，使得机构和个人的独到的价值都能够在上面尽情地发挥。因此，平台型媒体作为未来的一种新兴媒体形态，其自身是传播者也是平台服务者，通过协调平台上的各种力量，构建新型传播生态，成为社会资源的整合节点。

# 一、催生平台型媒体形成的四个动因

平台性媒体通过打造一个良性的开放式平台去重新构建传播生态，其特征是去中心化和开放连接的，这符合未来传媒业的发展趋势，而现有的传统媒体也存在着突破力量，内外诱因的推动下将促成传媒格局巨变。

## （一）当前市场结构中渐强的变革内驱力

就目前传媒市场来看，多数传统媒体内容同质化现象严重，存在着很大程度的重复劳动，造成信息冗余，资源没有得到合理配置。并且传统媒体存在过度竞争，市场重叠度过高的情况，使得单独一家媒体难以形成必要的规模经济效应。以往市场竞争的结果也许是"一城一报""一城几台"，传统媒体在在地性的信息资源提供上保有优势。但在互联网时代，人们将可以接触到的是成百上千家报纸、广电台，还有大量以此为基础并提供内容归类呈现和检索的门户网站和搜索引擎。单独一家媒体无法与整个互联网竞争，面对以上情况，对于资源的重新配置，避免同质化竞争，需要平台型媒体对其资源进行重新整合。而另一方面，受众的注意力资源是有限的，阅读习惯也逐渐移动化、碎片化，虽然存在海量信息，但是这些信息处于相对无序的状态，用户通过单一媒体获得的信息满足度低，而且信息搜寻、匹配的成本又过高。这种用户需求的强化必将导致市场结构因应性的重组。

### （二）互联网激活了个人资源，传播市场功能结构的变化与重组需要一个"实现最大公约数"的协调者

连接和开放是互联网的两大关键词。互联网时代个人资源被激活，在技术驱动下，每个人从传统的、被动的受众变为主动的用户乃至于内容的生产者。移动设备和互联网的普及使个人有了传播信息的能力，也激发了他们行使表达权的欲望。每个人都是传播者，同时也是信息接受者，微博、微信公众号等自媒体因此大量涌现。可以发现，近年来越来越多重大新闻事件信息的"第一落点"来自于用户的社交媒体，而不是权威的传统媒体机构。同时，由于传统媒体自身资源和关注范围有限，形成了传统媒体机构和广大用户之间在信息生产和传播上不同的比较优势。传统媒体可以利用其品牌和在地性资源，在深度报道或形成意见等领域深耕，更多地要将自己定位为"内容提供商"，调整并适应自己在传媒价值链分工中的位置，而其他信息则需要由互联网上的个人来提供。如华尔街日报于 2015 年 11 月推出 WSJ City APP，聚焦伦敦地区的财经新闻，专门服务于世界金融中心之一伦敦的商业用户。这一背景下，信息生产形成了 PGC（专业生产内容）和 UGC（用户生产内容）两种内容来源。由此，个人和传统媒体各自发挥自己的比较优势，信息生产和传播的社会分工被改变，效率也大大提高。但也存在个人因其在某领域的专业性，他所提供的信息甚至更加可靠、更加权威，尽管他作为个人是单纯的用户，某种程度上也向着专家生产内容靠近。因此，在开放的平台型媒体上，PGC 和 UGC 的边界也逐渐模糊，社会的产生分工结构也更加复杂，个人和机构的角色不再一成不变，其权利之间的沟壑也在逐步填平。

### （三）传媒产业价值链的延伸提升了传媒产业内外的关联度、产业边界模糊化和跨产业的资源与功能的整合已经成为发展的趋势

媒体作为具有一个极强中介特性的行业，其自身内部以及与其他产业

之间存在复杂的勾连关系。互联网时代传媒产业的价值链需要在一个更为广域的市场空间中重新架构，传媒产业内部的不同媒体和不同业务部门之间的关联度大大提升，传媒产业在外部与信息技术产业、零售商贸产业、文化教育产业的关联度也在实现跨越和连接，而打造平台型媒体，正是在这样一种背景和条件下整合广域市场上的相关服务与资源，有助于媒体企业达到规模经济和范围经济。互联网基于去中心的本质，通过"平台化"进行再中心化过程，不断重复开放—集中—开放—集中的发展进路。传媒市场是一个多边市场，具有市场间的网络外部性的鲜明特征。所谓市场间的网络外部性，是指某一特定市场上生产的产品效用随着对另一市场所生产产品的需求数量而变化。整合为一个平台后，能够更加充分地实现多边市场上的网络正外部性。而从内边界看，传媒产业的整合主要是进行媒体形态之间的融合，形成不同形态媒体的产业链相互勾连；从外边界看，则是泛媒介化，与其他产业进行融合，打造大媒体、大传媒，形成网状产业链。

**（四）原子经济向比特经济过渡，在去中心化、去权威化下的市场开放的背景下平台型媒体将成为媒介产业的主流形态**

20世纪的经济主要是一种原子经济的时代，是基于物质的。而21世纪的经济则是一种比特经济，核心是信息。长尾理论的提出者安德森认为，原子经济本质上是以大规模生产取胜，它遵从的是单一化、标准化、格式化。原子经济崇尚专业主义、精英文化，是权威横行的温床。比特经济则是多元的、个性的、小众的、扁平的。它崇尚的是主客一体、多元共生并存、贡献的满足和分享的快乐。"[1]据此不难发现媒体行业的巨大变革正是向比特经济过渡的结构性阵痛，比特经济形态满足了用户的需求，将是未来媒体行业发展的主要方向。后工业化时代的主流逻辑是去中心化、去权威化，崇尚自由和民主的，平台型媒体极大地削弱了传统媒体的中心地位和权威角

---

[1] ［美］克里斯·安德森：《免费：商业的未来》，中信出版社，2009年9月第1版，第15-34页。

色，提供了更为自由的空间和民主的表达方式，这是一种理念的进化。互联网表层上所有权的虚无和控制权的去中心化，任何一个人和组织无法独占或者控制它。在全球化的发展潮流之下，国家之间、地区之间、部门之间的市场开放是主要趋势，这都利于基于开放特性的平台型媒体的形成。

## 二、平台型媒体的特征及形态架构

### （一）平台型媒体的特征

平台经济学认为平台是市场或者用户导向的，通过建设大型平台系统，开放众多信息接口，汇聚各方资源以满足参与者多样化需求。据此我们认为，一个功能完善、架构合理的平台型媒体应当具备以下特征：

一是资源整合型平台。平台型媒体主要是为了满足参与者多样化的需求，从总体来看，平台型媒体以其信息超市的特征满足了所有用户的信息需求，从单个人来看，又能满足每个用户在其社交范围内的私人定制型信息需求。因此平台型媒体必须整合多种资源，融会多种传播渠道。

二是功能型平台。平台型媒体既是服务参与者交互的媒介，还具有服务资源配置与服务运营管理功能。在平台上，信息的传播者、接收者、传播渠道、效果反馈以及信息本身都是海量巨大的，因此平台需要通过平台发展与运行规则来进行管理，形成平台服务的商业生态。平台型媒体既服务于个人，也服务于广告商；既是一个平台，同时也是一个有"把关人"的媒体组织。

三是生态型平台。平台型媒体不仅吸引大量用户，还注重用户的体验，打通传播的"最后一公里"，从传统的强关系到互联网的弱连接，使人和人之间的连接有了无限可能，且优化性能也得到提升。引入了社交关系后，单向传播向交互式传播转变，以人的社会关系和社会关联作为半径来构造传播的生态型平台。

## （二）平台型媒体的组织架构

目前传媒业市场上已经出现了诸多打造平台型媒体的尝试，然而都只是实践探索的雏形。我们设想的平台型媒体有如下组织架构的基本形态。

1. 内容平台——内容生产与整合

平台型媒体首先是一个资源整合型平台，其内容首先包括传统媒体组织作为机构生产和提供专业性的新闻信息。现在已有这样的尝试，如 Facebook 与众多传统媒体的内容提供商合作，推出 Instant Articles，与世界各国多家传统媒体达成协议，分享新闻。第一批合作的媒体包括纽约时报、美国国家广播公司 NBC News 等，近期 Instant Articles 为了拓展亚洲市场，又与亚洲数十家媒体进行合作，其中包括中国大陆的 CCTV News。而且文章在 Instant Articles 上加载时间更快、用户体验更佳。随着越来越多的内容提供方改善了他们的移动端体验以适应不断变化的消费趋势，其他的出版商担心受众流失的危机感也会不断增加，因此平台的期望值不断上升，越来越多的传统媒体会愿意与平台进行合作，平台的聚合能力就越强。

然后是用户个人可以提供信息，如公民新闻、自媒体等，由自由撰稿人提供个性化的多元文本也是很好的方式。参考 Quora 为标准而创建的知乎就是一个主要由用户生产信息的平台，它致力于把高质量信息分享与获取的成本降低到每个人都可以参与其中，把人们大脑里的知识、经验、见解搬上互联网，让彼此更好的连接。目前也已经有很多公民新闻的网站，如美国有线电视新闻网 CNN 推出的 iReport，台湾公共电视文化事业基金会成立的 PeoPo，还有韩国的 OhmyNews，都为公民自产新闻提供了平台，又称"草根新闻""开源新闻""参与新闻"。国内媒体中新华社推出集用户原创、现场报道、解读评论、点题服务于一身的多媒体新闻集成交互平台"我报道"，也是公民新闻的实践。此外，公民新闻信息冗杂，必然会有谣言利用平台进行传播，或者是低俗无聊内容充斥，对媒体母品牌造成了名誉和专业性的伤害。因此平台型媒体除了为公民新闻提供传播渠道，如何运用"对冲机制"实现平台内容的自我净化是一个需要探索的基于网络规则的新范式,当然在必要的情况下按照公平、公开、公正的规则对特定的有争议的内容进行某种把关和审查也是题中应有之义。

最后还包括平台自己生产的信息,除智能化地利用机器新闻写作之外,如同样是进行平台型媒体初步尝试的BuzzFeed,为达到更好传播效果使用的清单体文章(listicle=list+article),形式简洁,逻辑清晰,信息含量大,省去了许多冗余部分,易于消化和吸收,满足了受众对多元化知识的欲求,也便于碎片化时间地利用,能够达到病毒式传播。平台也可以帮助受众整理信息以创造更好的阅读体验。比如对信息进行二次加工,精编有价值的内容以延伸产品的形式多次售卖。比如知乎就曾将其平台上有关互联网创业的内容结集出版《创业时,我们在知乎聊什么?》。

2. 渠道平台——信息的精准到达

个人的注意力资源有限,平台型媒体要通过融入关系和营造场景,降低受众获取信息的交易成本,主动为受众定制他需要的信息,使消费者用无所不能的终端通过无处不在的网络,获取各自所需的服务。具体说来,平台通过可靠的用户洞察技术,了解用户所需内容有何传播特质,精准地识别和响应用户需求,再把针对性强的内容直接投放到目前最活跃的传播网络中去,充分实现共享和互动。比如根据用户的年龄、性别、收入等基本确定其身份,通过其所在的圈子、互动的好友、关注的领域等信息更加精确地定位。再加上地理位置和时间等指标,可以分析出用户在特定时间、特定地点的情景身份,在各种强关系和弱关系的链接中掌握用户的不同场景的信息需求,打通多种社交媒体渠道,精准推送定制化的信息,提升用户体验。社交媒体时代成长的一代人的显著特征是更多地依靠亲密性而非重要性来理解世界、接收信息,为了抓住这样的受众,就必须融入社交关系。比如Google Now就可以与周围环境适配,在用户有需求时立即自动呈现像天气预报这样的实用信息。

BuzzFeed有一项专利数据技术,名为POUND(Process for Optimizing and

Understanding Network Diffusion），即网络传播的优化与理解流程。POUND能追踪内容的传播路径和方式，具体可以包括谁在分享什么内容给谁，以及这些人之间的脉络是怎样的，等等。POUND 技术也正在被 BuzzFeed 用在广告业务中，让广告主的内容到达更多用户。《纽约时报》开发的 Blossom 工具，能预测被分享到社交媒体上的文章会产生怎样的影响，还能根据内容的类型和相关分析数据判断不同平台应该推送的文章。算法技术与专业的编辑运作结合，在内容生产与分发方面会产生很多新的能力。

3. 营销平台——平台资源变现与增值

营销平台的要素包括广告、公关、促销、活动推广、视频游戏、社交媒体等一切关乎顾客与品牌接触的传播渠道，进行整合营销传播。营销平台也可与内容平台深度合作，整合有价值的内容多次售卖、深度开发。由于营销平台所进行的活动多是平台型媒体的营利活动，因此将在下面营利模式部分展开阐述。

用系统论的思想来看，平台的各个要素不是孤立的，而是有机联系的统一整体，平台内部和相互之间都能有机互动。这个平台是能够不断自我强化、自我优化的生态系统。同时实现"从单一传播向整合传播""从单向传播向双向传播""从大众传播向分众传播"三大转变。在信息生产、信息传输和信息消费三大环节上实现了从有限到无限、从有序到无序、从整体到碎片的转变。

### （三）平台型媒体的营利模式

1. 社会化原生广告与交易平台

在传统媒体营利模式探索的过程中，形成了以广告商对内容生产交叉补贴为主的营利模式，甚至导致了在纸媒的内容产品上出现了负定价。广告资源作为一个媒体极其重要的盈利来源，在平台型媒体时代依旧是各大平台型媒体的盈利源泉之一，但是在媒体形态发生巨变之后，基于人际关系的原生广告传播正在成为新的盈利方式之一。平台型媒体作为一个开放的平台，拥有大量的用户，这些用户既是信息的生产者也是信息的接收者，在受众碎片化又再聚合的转移过程下，必然会形成一个个具有规模效应的受众群体，同时在平台上也存留海量的用户行为信息。在大数据工具不断演进的情况下，为原生广告的精准传播提供了极佳的传播条件。首先，细分的群体能够为原生广告识别和框定目标受众，大大提高原生广告送达目标受众的机会。其次，在平台型媒体时代，人们在参与内容生产和传播的目的往往不仅仅是为了内容信息的传播，也在不断实现着对于自身社会关系的建构，这种建构是存在"把关"作用的，相对于一般广告几乎完全被过滤掉的情况，原生广告更容易进入人际关系渠道，而进入了关系渠道后原生广告不仅能更好地产生广告效果，同时也可实现原生广告信息在社会人际网络的二次传播。BuzzFeed 作为平台型媒体的初步尝试，利用累积标签和模块的数据将平台上的用户进行了正向的框定和反向的判断，能够将原生广告更好地植入信息之中，伴随着海量的分享频率在目标受众的人际网络中快速扩散。

在媒体形态向平台化发展的过程中，内容性的平台型媒体很可能会利用其平台优势延伸出一个广告交易平台，这是一个谋求利益最大化组织的天然倾向。新制度经济学认为一个企业进行扩张的动力是交易成本的节约，在平台型媒体的广告业务上集中体现在广告主的搜寻成本、广告资源的匹配成本、交易价格的协商成本，等等。以用户为考量单位的平台型媒体利用自己的平台优势，将广告资源进行聚合，同时将广告主进行聚合，不仅能满足所有体量的广告需求，还将免去了广告交易成本，获得双边市场的定价权，形成范围经济。

2. 内容产品的深度开发

在信息超载时代，内容产品的媒体行业所遇到的问题不再是内容信息的不足以及个体信息创造的困难，充分利用每一个的信息共享以及成为可能，形成了一种高效率、分布式、低成本的内容生产模式。而真正的困难是在大量无序化的信息中如何做到与用户需求进行合理、精确的匹配。所以，原始信息传播的门槛大幅降低，竞争环境激烈的条件下，以往仅仅单一信息流作为主要营利模式的媒体发展必然会受到严峻挑战。目前同质化、碎片化、过载的信息对于受众的吸引力持续减弱，基于平台内容的深度开发将是平台型媒体价值创造的主战场。

按照内容产品的开发程度，可以分为核心产品和衍生产品。从核心产品的开发上，平台型媒体主要充当的角色是内容素材定制商，根据社会组织和个人对于信息需求的不同，将平台上的信息资源进行重新组合和加工，形成一个能够满足社会组织及个人相对个性化需求的定制性内容素材包，包括社区生活信息服务、行业信息实时聚合服务等产品形态。这实际上是通过对于海量信息的重新秩序化，将真正有价值的信息筛选出来，做到信息资源的精确匹配。这一模式近似于内容聚合型网站对于新闻信息的聚合，但是在平台型媒体时代，信息的聚合不仅仅是新闻信息，其精度也不可同日而语，信息流的丰富程度和精确程度将是核心产品的盈利基点。而衍生产品的开发更为复杂，同时附加价值也更高。正如上文所述，平台型媒体集聚了海量的用户生产信息，也留有大量的用户行为数据，这些体量巨大的结构化和非结构化数据为平台型媒体进行深度产品开发奠定了基础，可以说，数据收集、管理、挖掘成本上的优势是平台型媒体的核心竞争力。就最为常见的媒体智库化产品衍生方向来说，以舆情信息服务为例，传统媒体的舆情信息服务往往是基于新闻信息的判别，不仅信息来源具有滞后性，出具的报告也存在程度不同的主观误差。而平台型媒体的信息不仅仅基于新闻信息，还有大量的 UGC 和用户行为数据，在信息的收集时效上也更趋于同步，凭借这些优势，平台型媒体提供的舆情分析也更为接近现实状态。

3. 内容孵化与经纪

平台型媒体相对于传统媒体一个巨大区别就是平台型媒体是一个话语权分散，草根话语、精英话语等多元话语和谐共处的地方，不同于传统媒体专业话语和精英话语的统治，平台型媒体向所有用户开放，每个人都能生产信息，都能拥有和运用被激活的传播能力。以平台型媒体为依托，用户在平台上的内容信息创造经过全体用户筛选，那些极具创意和价值的信息被突显出来，得到应有的传播，这为培养有潜力的用户内容信息生产提供了良好的孵化条件。而当拥有了大量优质内容资源的情况下，平台型媒体可以利用其传播优势，对于内容资源进行整理、开发、包装、推广。近年来十分火热的 IP 影视剧大多是来自于网络文学网站，这些网站实际上就是发育程度较低的平台型媒体，如盛大文学通过签约、授权、指导等方式与平台上的网络文学作家形成合作，把他们的内容作品推荐给出版业、影视业进行深度开发。而在平台型媒体时代，平台型媒体具有强大的整合能力，是内容商和出版商的结合，在此情况下将大量交易成本内化，进行内容孵化和内容经纪的成本大幅降低。然而更为重要的是，在平台型媒体与其他媒体竞争中，差异化、特色化、独占性的内容资源将是平台型媒体竞争的制胜关键，基于这些内容资源的深度开发将更具价值，使得内容孵化和内容经纪能够与其他营利模式形成协同效应。

4. 跨界资源整合

在平台型媒体时代是一个以社交关系为驱动力的时代，人与媒体出现了高度的勾连，人既是信息的生产者、把关者、传播者，也是信息的消费者，信息形态成为重塑人类社会的重要力量，而关系资源和关系渠道成为搜寻、动员、整合社会资源的重要途径。把持着复杂内容网与人际网的平台型媒体不仅仅是一个内容性媒体，更是一个具有广域连接能力的资源型媒体，是一种全面意义上的跨行业中介。在互联网时代的行业边界划分具有"人本—关系"属性，行业边界重新定义，作为社会的信息中枢，平台型媒体的价值在于成为互联互通的中介，能够将各个行业的资源进行聚合及重新构造，再将这些资源与其他社会资源需求者进行对接，成为一个资源聚合与对接的平台节点。这种跨界整合的产业形态创新是媒介市场版图与价值资源的重构，也是系统协同下营利模式的创新。就目前来看，腾讯打造的社交平台——微信已经具有平台型媒体的雏形，基于广阔的社会人际关系网络，微信作为一个平台入口已经与其他行业进行了资源的对接，例如与金融业对接的理财通，与电商对接的微信购物，与公共事业对接的生活缴费，等等。微信作为一个平台型媒体，形成了以其核心的节点的多方市场经济模式，通过平台服务的延展成功地践行了平台经济和网络经济。

总体来说，平台型媒体对于现有媒体形态是一种突破，媒体形态的变化必然导致营利模式的变化，平台型媒体充分利用其中介对接和资源整合优势，从内容生产和加工、产品和广告传播、跨界经营等流程进行了产业链的延伸和再造，这是进行营利模式创新的基础。

（喻国明：长江学者特聘教授、北京师范大学新闻传播学院执行院长，中国传媒经济与管理学会会长。何健、叶子为中国人民大学新闻学院2015级硕士研究生）

# 试析传统媒介与新媒体的合作模式与操作要点[①]

喻国明　曲欣悦　罗　鑫

**摘　要：** 互联网时代传统媒体与新兴的互联网媒体公司进行业务、经营等层面的合作越来越成为传统媒体试水转型的重要方式。本文探讨了传统媒体与新兴的互联网公司合作的具体模式，重点分析了传统媒体在合作过程中必须坚持的原则和错的关键。

**关键词：** 传媒融合　模式选择　操作原则

2012年底，哥伦比亚大学新闻学院推出了一份长达126页的报告，详细记录在在媒介生态环境变迁的时代背景下，美国传媒业已经经历或者正在经历的变迁，以及新闻机构、记者从中吸取了哪些经验教训。其中提到"在新闻生态系统中，竞争和合作之间总是存在紧张关系，但在目前的环境下，竞争成本上升，合作成本大幅下降，而单独工作的价值也下降了。"[②] 因此，新闻机构应该将他们的作品有系统地提供给其他重新利用的机构，无论是通过分享数据或者分享工具和技术。

在瞬息万变的互联网时代，传统媒体为了适应发展的需要，必须以更加开放包容的姿态参与到合作中去，而传统媒体与新兴的互联网媒体公司进行业务、经营等层面的合作越来越成为传统媒体试水转型的重要方式。

---

[①] 此文原刊于《德外荐读》，2016年4月13日，网页链接：http://url.cn/2BtsUUo。
[②] 余婷：《"坚持到底"将无路可走，而转型没有不痛苦的——新媒体生态下传媒业的困境与作为》，《新闻记者》，2013年第4期。

那么，传统媒体与新兴的互联网公司合作的具体方式有哪些？从传统媒体转型发展的角度来看，在合作过程中必须坚持哪些原则，采取何种态度？本文通过对一些典型合作案例进行分析，尝试解答上述问题。

## 一、执行力欠缺、技术人才匮乏、规避体制性风险：传统媒体与互联网公司合作的三大主因

从国内目前传统媒体采取的转型尝试中，我们可以看出，传统媒体与新媒体公司进行内容、技术、人员、资金等方面的合作已经十分常见。从传统媒体的视角来看，这种合作发生主要基于以下几点原因。

### （一）传统媒体欠缺执行层面的一手经验

传统媒体转型并非一个新鲜话题，进入 21 世纪以后，有关传统媒体在时代变迁、技术革新下的机遇和挑战的相关研究讨论就从未间断。传统媒体的危机也并非第一次发生，但是在移动互联网时代，遭遇颠覆的程度会变得更深、范围更广。近一两年来，随着互联网思维在市场运营层面的火热兴起，变内容为服务、加强传受互动、重视用户体验、用户黏度等互联网运营思维已经被大家耳熟能详。

因此，当前传统媒体在面临转型抉择时，所欠缺的已不再是理论层面的指导以及观念的转变，而在于理念执行层面的经验以及具体实施过程中的创意。

而一些新媒体公司，由于进入行业较早，且业务方向较为专一，对于如何在移动互联时代运营媒体，已经有过一些有益的尝试和教训的积累。这种宝贵的一手经验对于初探转型，以及转型过程中遭遇瓶颈的传统媒体来说，可以缩短他们"试错"的过程，加快其转型的速度。

### （二）利用新兴互联网（媒体）公司现有的技术人才

从互联网媒体行业最新发展趋势来看，无论是国外的 Facebook、

Twitter、谷歌、微软、雅虎,还是国内的腾讯、百度、新浪、搜狐、网易,其本质上都是新技术公司,可以说,技术和媒体相互驱动、相互促进、相辅相成。而技术的核心承载体是技术型人才。传统媒体培养了大量的传统采编人才,但是在转型尤其向新媒体转型的过程中,存在着重大的人才缺陷,主要表现为:一是传统媒体人才多,新媒体人才少;二是传统采编人才多,现代经营人才少;三是采编人才多,技术人才少。[①]从近几年传统媒体的招聘启事中,可以看出人员招聘方向越来越像前端技术型人才倾斜。

追求技术进步并不只是为了逐新逐利,也是一种对于用户需求的积极回应。一方面,媒介技术的进步极大地激发了用户的潜在需求,例如苹果公司整合技术,打造了iPhone、iPad等产品,使得产品和信息实现了良好的融合,有效地激活了用户对媒体的潜在需求。另一方面,技术和用户需求相互促进,共同发展,技术进步激发了用户的潜在需求,而用户的需求又成为技术发展的目标,时刻引领着技术的发展和进步。但是,从传统媒体的发展现状来看,在技术理念、技术实力和技术配套等方面和新媒体公司相比,都极其落后,相差悬殊。尤其是有效利用外部技术来为传统媒体提供技术支撑的技术系统集成能力很差,不能满足传统媒体转型的技术要求。

### (三)规避体制性调整风险

传统媒体在选择转型之时,首先无法回避的就是自身的制度性束缚。作为一个拥有一定的历史和庞大员工队伍的机构,必须要由稳定的工作流程、稳定的价值观来维持。这种稳定性,虽然在一定程度上增强了其抵御风险的能力,但也使其在面对新情况、新问题时,相对保守。这使得许多传统媒体在耗费了巨额资金成立了新媒体公司后,依然面临着管理、激励以及价值观重塑等重要问题,也同样面临着巨大的成本风险。

那些规模庞大、等级分明、有着精密工作流程的媒体,要想试验一些新奇的方法时往往很困难,因为"编辑部的结构就像军队,要想做出改变

---

① 郭全中:《传统媒体转型的难点与对策》,《传媒》,2011年第4期。

就会踩到别人的脚"①。而选择相对轻、小、快的互联网公司则具备更好的开放性、包容性以及灵活性,与这些新媒体公司合作,通过"借船出海"的方式,可以有效规避体制性增改所带来的风险。

## 二、"新旧媒体"合作的案例分析及简要评价

### (一)腾讯地方站:"地方传统媒体 + 门户网站"

腾讯地方站是腾讯(Tencent)公司旗下直属的地方门户型网络媒体,是融新闻信息、行业信息、互动社区、娱乐产品为一体的地方综合门户型网站,以"第一城市门户"作为自己的定位目标。2006年至2014年,腾讯·大渝网、大秦网、大成网、大楚网、大闽网、大豫网、大粤网、大申网、大湘网、大浙网、大辽网、大苏网、大燕网13个地方站相继落户。

1. 合作背景

根据《互联网新闻信息服务管理规定》的规定,商业网站在"转载新闻信息或者向公众发送时政类通信信息,应当转载、发送中央新闻单位或者省、自治区、直辖市直属新闻单位发布的新闻信息,并应当注明新闻信息来源,不得歪曲原新闻信息的内容。"作为商业网站,它是无法独立完成异地的新闻采编业务的。腾讯在地方门户网站所在地,与当地的相关传统媒体签订了新闻转载协议,从而保证了新闻的稳定来源。②

传统纸媒的发展遇到阻碍,进入停滞调整时期,而此时许多报业集团自办的新闻网站浏览量依然不大,处于鸡肋的"困境",而腾讯建立地方门

---

① 余婷:《"坚持到底"将无路可走,而转型没有不痛苦的——新媒体生态下传媒业的困境与作为》,《新闻记者》,2013年第4期。
② 喻国明:《数字化时代的媒体U化战略》,《新闻与写作》,2006年第8期。

户网站对于许多报业集团而言具有一定的吸引力。①

2. 合作方式

地方的报业集团与腾讯网合资成立全新的公司，由该公司负责运营地方站。各地方站相互独立，又互为支持。每个地方站网址与腾讯首页、腾讯各地方站都互相设有链接。

| 地方站名称 | 上线时间 | 落户地点 | 合作媒体 |
| --- | --- | --- | --- |
| 腾讯·大渝网 | 2007年7月 | 重庆 | 重庆日报报业集团暨《重庆商报》（重庆腾汇科技有限公司） |
| 腾讯·大秦网（原名"西安腾讯网"） | 2006年6月 2009年1月9日，更名"腾讯·大秦网" | 西安 | 腾讯公司旗下直属 2014年10月19日，腾讯大秦网因对网站内容把关不严、疏于监控，放任恶性有害信息传播，违反了《互联网新闻信息服务管理规定》等有关规定，陕西省互联网信息办公室决定对其处以关停7天的处罚 |
| 腾讯·大成网 | 2008年 | 成都 | |
| 腾讯·大楚网 | 2008年 | 武汉 | 湖北日报传媒集团 |
| 腾讯·大闽网 | 2011年1月12日 | 福州 | 腾讯公司旗下直属 |
| 腾讯·大豫网 | 2011年8月26日 | 郑州 | 河南日报报业集团暨《大河报》社 |
| 腾讯·大粤网 | 2011年8月18日 | 广州 | 南方报业传媒集团（广东腾南网络信息科技有限公司） |
| 腾讯·大申网 | | 上海 | 解放日报报业集团暨《新闻晨报》 |
| 腾讯·大湘网 | 2012年7月16日 | 长沙 | 中南出版传媒集团暨《潇湘晨报》 |

---

① 喻国明:《数字化时代的媒体U化战略》,《新闻与写作》,2006年第8期。

续表

| 地方站名称 | 上线时间 | 落户地点 | 合作媒体 |
|---|---|---|---|
| 腾讯·大浙网 | 2012年11月29日 | 杭州 | 浙江日报报业集团 |
| 腾讯·大辽网 | 2013年6月18日 | 沈阳、大连 | 辽宁报业传媒集团 |
| 腾讯·大苏网 | 2013年8月28日 | 南京 | 合作媒体 新华日报 南京日报 扬子晚报 现代快报 金陵晚报 |
| 腾讯·大燕网 | 2014年12月28日 | 北京 | 新京报 |

### 3. 合作特色

地方站的落地，形成了独特的区域、商业、生活服务以及政务平台价值。2012年开始，腾讯地方站整体营收大幅增长，已成为国内颇具吸金能力以及具影响力的地方门户。

（1）先进的经营模式

在传统的报网合作模式下，《重庆商报》只能得到为数不多的转载授权费用。而腾讯与重庆商报的合资成立"腾讯·大渝网"，重庆商报出资500万，占49%的股权，腾讯持51%的控股股权；腾讯负责做载体，重庆商报负责网站经营，合作方按照各自的股权比例共享利润；"腾讯·大渝网"建立了现代公司制的管理模式，实行管理层持股，极大地调动了公司员工的积极性。

在重庆，重庆商报要求记者每个月必须为"腾讯·大渝网"提供一定数量的当天即时新闻，外围的广告业务则交给广告代理公司代理，但重庆商报要求每个代理公司每年必须完成"腾讯·大渝网"一定数量的代理任务。这从新闻资源和收入来源两个方面保证了"腾讯·大渝网"的正常运作。

（2）地域性分众化传播

腾讯网的核心是其依靠旗下的核心产品所运营的庞大的用户信息。面对移动互联网的冲击，腾讯率先打通了其网络媒体事业群下的核心产品及平台，将微信、腾讯微博、QQ、腾讯视频与腾讯网相结合，形成了"即时通信传播"+"互联网传播"+"平面媒体传播"的组合传播模式。以大苏网为例，在青奥会中，大苏网设立了青奥专栏、开通了腾讯青奥的微博、腾讯视频也开通了专门的青奥频道，微信、QQ 均会定期向用户推送青奥相关新闻及活动资讯。[①]这也预示着商业门户网站与传统纸媒的媒介融合发展具有了或可期待的新模式。

2008 年上半年网络新闻的用户规模猛增，目前网络新闻用户已经超过网民的八成，使用率达到 81.5%，用户规模达到 2.06 亿人，并且使用率一直保持稳定状态，高于美国（71%）和韩国（67.1%）。[②]

腾讯可以通过所经营的用户关系对特定**地域群体**主动推送少量，但是能深度契合受众心理的地方新闻，促使受众对于其网站的整体内容保持持续关注。这既实现了腾讯作为全国性网站**实现地域性**分众传播的目标，同时，也扩大了地方性媒体内容的传播范围，**实现了**精准的传播效果。

4. 合作评价

腾讯大网系这种"地方传统媒体+门户网站"的合作模式，对于传统媒体而言，就是把传统媒体自己重新搭建新媒体平台的压力转移给了具有丰富运营经验的互联网媒体公司。这部分转移掉的压力既有建设平台成本、技术成本、人员成本，甚至还有网站成立初期的推广和运营成本。对于开拓新媒体领域的传统媒体机构而言，无疑是一种经济实惠的选择。但是，我们必须看到，这种合作模式对于地方传统媒体来说仍然存在现实问题。很多腾讯地方站虽然有一定程度上的知名度，但鲜有受众会把它们的品牌与其传统媒体联系在一起，因此，从某种程度上来说，这是否也只是开拓了一种新的内容贩卖模式，传统媒体自主介入和管理新媒体平台的转型前景

---

① 《腾讯地方站发展模式调查解析》，网页链接：http://www.chinairn.com/news/20130830/095321545.html。

② 《第二十二次中国互联网络发展状况统计报告》，《中国互联网络信息中心》，2008 年 7 月，第 36 页。

依然不够明朗。

## （二）淘宝"码上淘"："传统媒体+电商"

2014年4月22日，由上海报业集团联合阿里巴巴集团主办的2014中国报业新趋势论坛在上海举行。"论坛上，包括上海报业集团、北京青年报、南方都市报、重庆日报报业集团、楚天都市报等在内的共52家报社与阿里巴巴签约合作意向书，加入到'码上淘'业务的试水行列中。这也是阿里巴巴继4月1日联合六大城市12家报纸推出'码上淘'业务之后，与报业展开的第二次大规模合作。"① 在此基础上，媒体形成了"传统媒体+电商"的转型模式。

1. 合作背景

（1）阿里移动互联网的战略布局

阿里巴巴集团重视移动端的重要性，旨在通过与报纸的区域化合作进行业务推广，试探O2O及无线支付。借此机会，阿里巴巴能够强化消费者在移动端的消费习惯、比重与频次，这也符合阿里大举进军移动互联网的战略布局。

（2）互联网时代群雄纷争的用户资源

随着移动互联技术的发展以及终端的更新迭代，用户逐渐从PC端向移动端转移到移动端，且用户在移动端的黏性逐渐提高。阿里巴巴与报纸合作，意图将报纸的阅读受众转换为淘宝的移动端用户，挖掘用户资源。

（3）阿里日益迫近的IPO

阿里IPO（即首次公开募股）一直以来为众所瞩目，2014年9月20日阿里在美国纽约证交所上市。在此之前，"码上淘"其实是一种过滤与净化的行动。"如果淘宝平台所有商品都纳入码流程，并伴随严格的规范认证，

---

① 热点:《数十家媒体加入"码上淘"试水行列》,《中国记者》2014年第5期。

那么每个商户、每件商品都会透明地处于监督之下,并可以追溯。"①

(4)传统纸媒电商经验和平台的缺乏

反观传统综合性纸媒,除了能够自行发布广告外,并没有经营电商的经验,也没有精准的商品定位,更没有能力着手供应链、物流、支付三大环节。

2. 合作方式

根据协议,阿里巴巴集团为合作媒体开放其商品库资源,读者在合作报纸版面上,可以看到基于二维码技术的商品"淘宝码"。只要读者用"手机淘宝"扫码,就可以在手机上直接完成下单购物和付款等环节,坐等商品上门。

整个模式需要阿里先进行投资:报纸读者只要对报纸上的二维码进行扫描的动作,阿里就要支付给媒体。另有消息显示,"去年双十一后,阿里向报纸提供销售流水的分成。"②

3. 合作特色

(1)五大应用

"码上淘"公布了第一期五大应用:"商品码""服务码""码上店""互动码"、"媒体码"。"媒体码",就是前文所述,由用户通过手机扫描印于报纸上的"二维码",迅速连接到所提供的商品和服务,直接打开交易通道。

这种方式,使得媒体几乎可以不用关心电商行业的三大环节,即供应链、物流和支付。报纸需要做的就是如何把二维码传播出去。

这种操作手法短期内的确可以见效,纸媒专门为"码上淘"加印版面,并不是什么难事。从长期来看,报纸需要考虑的也是如何将报纸内容与商品推销信息更好地搭配在一起,产生更强的传播和营销效果。

---

① 王如晨:《阿里"淘宝码":从野蛮到文明的战略蜕变》,《上海信息化》,2014 年第 7 期。
② 《媒体电商化之路,流量已有,道路未平》,钛媒体,网页链接:http://www.chinahightech.com/html/1853/2014/1029/10525769.html。

（2）实现 O2O 交易闭环

以上五项应用环节都经过了精心设计，其中服务码本身就是一个二次营销闭环的开始。扫描服务码后，用户自动关注商家的微淘店铺，"这就又加入了微信和微博的 SNS 基因，商家会在微淘中采取提高用户黏性的各种措施，从而促成二次及 N 次购买——红包和优惠会刺激买家扫码动作的实现。"①

4. 合作评价

虽然胡泳等学者最初看好该项目，可我们认为，"码上淘"实际上并没有达到预期的效果。

（1）传统媒体只是"打广告"

首先，由平面广告直接进入销售渠道，这真的是传统媒体形态的彻底转型吗？恐怕不能这么认为。这种直接接入式的转变，仅仅是得益于二维码、在线支付等移动互联网技术的发展。

"实际情况则是，传统媒体牺牲了不断衰减中的影响力，占用大量版面资源为淘宝做广告，而且错过了找到自己核心战略、发展自身电商业务的时机。在这样的合作中，甚至连传统团队介入学习提升自身新媒体能力的机会都没有得到。"②传统媒体仅仅是"打广告"而已。

（2）报纸受众与淘宝目标消费者重合度不够高

报纸当前的读者群体多数为 50 周岁以上的人群，而这部分人群对于淘宝多数并不熟悉，要让"码上淘"真正与纸媒结合，恐怕需要"让年轻人读报纸，让老年人研究手机。"③

---

① 揭业良：《阿里推"码上淘"对接线上线下，扫描交易拓宽移动电商渠道》，《通信信息报》，2014 年第 6 期。
② 杨溟：《牵手，还是婉拒——浅议传统媒体融合转型中的技术合作原则》，《中国传媒科技》，2014 年第 7 期。
③ 《手机淘宝推"码上淘"，探路媒体电商》，《通信信息报》，网页链接：http://www.gtobal.com/info/detail-648503-p1.html。

纸媒相对于自媒体而言，信息更为真实可信，让年轻人养成潜心看报的习惯不是坏事；老年人对研究手机的功能不感兴趣，如果在纸媒上出现吸引他们的商品，开发手机功能也不再那么缺乏动力。但这种置换，真的可以实现吗？

## 三、"新旧媒体"合作的原则及操作之关键

### （一）合作现状

从腾讯地方站到淘宝"码上淘"，传统媒体的转型都离不开"合作"这个话题。但现实生活中的合作存在很多误区，导致不少媒体将大量的时间、金钱等资源耗费其中，"交了巨额学费"，却在"试错"中错过了宝贵的时机。

原因主要集中在以下两点：

1. 传统媒体的技术依赖性

传统媒体人对新媒体技术的陌生，往往导致他们对新技术产生恐惧与依赖，在与新媒体的对外技术合作上完全没有话语权。

2. 传统媒体的合作盲目性

在还没有寻求到最有利的路径和模式时，传统媒体并不敢以逸待劳，谋定而后动。因为目前转型是一种大趋势，不合作可能连傍新媒体大佬的机会都没了。在新媒体环境下，时间就是先机，就是赢的可能，"宁错一步，不误半秒"成为普遍的心态。

### （二）合作的基本原则

"合作的'话语权'往往是掌握在强势者一方的。而所谓'强势'，无非是由资源（市场资源、体制资源等）优势、技术优势及运作模式的先进

性等方面决定的,未必都基于平等,共享原则基础上的合作是为达成共赢目的而实施的相互妥协与彼此配合。"① 如何在合作中互利共赢,明晰自身优势、明确发展目标、明了合作的原则和底线至关重要。

1. 数据积累权属

"构成未来媒体竞争力的核心是数据。通过对那些动态的包括结构化和非结构化的数据进行统计分析,可以揭示用户行为习惯及情感需求的轨迹,获得准确度较高的用户兴趣倾向、个性化需求以及新业务发展趋势等重要信息。"不管是对于内容制作还是营销送达,这些都是必不可少的一手信息和资源。对于转型中的传统媒体而言,核心数据库的建设更是摆脱传统的生产方式和经营理念的一条捷径。

2. 资源整合权属

"基于互联网的社群是媒体未来的运营核心。在传统的信息经营转向关系经营的新媒介生态环境中,资源整合权属指的是O2O活动的关系运营权。"O2O,Online to Offline,线上到线下的联通,除了技术性问题的解决,还需要基于互联网的社群关系的运营。我们怎么把传统媒体已有的受众关系,转化为基于互联网层面的社群关系呢?在社交媒体平台上拥有粉丝不代表就天然具备关系运营能力。

因此传统媒体需要牢牢掌握运营的组织管理权,调动已经具有的品牌公信力、团队专业能力,针对互联网社群进行良好的策划、组织和设置。

3. 核心运营权属

"核心运营属权就是在跨界行走时,在开放式平台上具有明确的战略目标和终极要求。混搭竞争已经不是同业竞争,当我们把价值链上的若干合作

---

① 杨溟:《牵手,还是婉拒——浅议传统媒体融合转型中的技术合作原则》,《中国传媒科技》,2014年第7期。

方吸引过来时，找到各自的位置，建立自己在核心战略中的独有优势至关重要。"传统媒体应该在此基础上组建自己的项目团队进行专门的合作接洽，外包的内容仅限于非核心的业务或者是底层互联网相关的开发工作。真正的核心业务和活动，应该有赖于自身的复合能力、创新能力以及跨界组织能力。

4. 产品规划权属

"有了团队，有了动态数据，开发怎样的产品、怎样才算是好的产品、如何优化产品、怎样开发出好的产品？前三个问题涉及产品规划目标、标准评估、导向与机制，都是影响媒体成败的核心内容。"其实这和上一段论述的核心运营权属相近，除了"怎样开发出好的产品"可以外包或招标外部团队合作开发，其余都应该是媒体主导和控制的。在此基础上，建议转型中的传统媒体培养或打造自身"智库"团队，类似于纽约时报与高校合作的研究院，麻省理工学院的 MIT "媒体实验室"模式。

综上所述，新旧"联姻"作为传统媒体转型过程中的一个重要的实现方式，可以帮助传统媒体在试水转型的初期解决技术、人员、资金等众多问题。但是，在合作过程中，传统媒体也必须明确自己的合作原则和合作底线，掌握合作的主动权。传统媒体既要以平等、共享的姿态去倾听合作方以及用户的需求，重视用户体验，同时也要以学习的姿态，在合作中找到自身的特点和适合的发展路径，使转型过程中的步态更加轻盈、稳健。

（喻国明：北京师范大学新闻传播学院执行院长，教授、博士生导师；曲欣悦、罗鑫均为中国人民大学新闻学院硕士研究生）

# 中美报业数字化转型现状之比较

## ——基于《中国经营报》与《华尔街日报》的分析[①]

丁汉青　杨　雅

**摘　要**：本文以《中国经营报》与《华尔街日报》为分析对象，采用内容分析法，从产品角度入手，先客观描述两报数字化转型现状。然后以《华尔街日报》为参照对象，提出《中国经营报》提高数字化程度的三条重要途径：突破视频表现形式缺失的限制，提高表现形式多样性；突破"传者中心"型生产理念，增强与用户的互动，引导用户参与生产，提高UGC内容比重；开辟多样化、稳定的收入来源，巩固与推进数字化转型成果。

**关键词**：报业　数字化　转型

在以数字化、网络化为特征的信息革命时代背景下，报业数字化转型可理解为报业在新生产技术推动下构建新型生产关系的过程。尽管中外报业数字化转型目前均处于探索阶段，但总的来看，以美国为首的发达国家的报业数字化转型领先于中国，这样的时间差为探索中国报业数字化转型的恰当时机、商业模式等带来了便利。基于此判断，本文先尝试建立起衡

---

[①] 本文为新闻出版总署2012年课题项目（项目编号：d-12-4）成果，原刊于《中国出版》2014年第12期。

量报业数字化转型的指标体系，然后选择《中国经营报》与《华尔街日报》为比较对象，对比中外报业数字化转型现状，以期从一个侧面为中国报业数字化转型提供借鉴。

## 一、案例选择

尽管无论是从发展历史还是当前经营实力来看，《华尔街日报》与《中国经营报》并非同一重量级媒体。然而，一方面，数字化转型对于所有报业来讲都是一个迫切的课题；另一方面，这两家综合类财经报纸还存在很多相似之处，例如读者肖像、报道主题、智囊资源等，[1][2]而这种相似性为本研究提供了对比的基准线。因此我们认为，《华尔街日报》与《中国经营报》具有比较的价值。

## 二、研究方法

内容分析法可以将媒体上直观的文字、非量化的信息转化为可以量化的数据，以便科学地分析研究对象的某些特征。本研究就采用内容分析法，以"数字化转型状况衡量指标体系"中类目为编码项目，以每篇报道为分析单元，共分析三个时间段987篇报道。从产品角度入手，客观描述两报数字化转型现状。

---

[1] WSJ Audience Profile. 2012-12-28. http://www.wsjmediakit.com/downloads/WSJDN_Audience_Profile.pdf?121026105521

[2] 数据参考：《中国经营报》发行部2009读者调查，http://wenku.baidu.com/view/ac59518071fe910ef12df831.html.《中国经营报》2010新生代H3人群调查，http://wenku.baidu.com/view/9ac5b743011ca300a7c39026.html?re=view

## （一）具体比较对象的选定

由于"中国经营网"与"华尔街日报在线"分别为《华尔街日报》与《中国经营报》数字化转型的主要产品展示平台，因此双双入选为具体比较对象。除此之外，由于考虑到当两个跨国度、跨文化的媒体进行比较时，国别之间单个媒体的比较往往容易引导研究者做出将研究结果简单归因于政治、文化因素的判断，[①]因此本研究还需要选择一个既可以和"华尔街日报在线"对照、又可以与"中国经营网"对照的过渡性媒体，作为中间项。"华尔街日报中文网"便是其中的首选。因此，本研究的具体比较对象就包括"中国经营网"（简称 CB）、"华尔街日报在线"（简称 WSJ）与"华尔街日报中文网"（简称 WSJ-CN）。

## （二）编码项：数字化转型状况衡量指标建构

皮尤研究中心在《2007 新闻媒体报告》中提出一套指标，从定制化、参与性、多媒体、编辑品牌化、报道深度、收入流 6 个方面构建指标体系，来衡量报纸数字化转型的状况。范东升 2011 年在《中外数字报业盈利模式比较》中运用了这一套指标，并且进行完善和重构。其指标分为两大类，内部指标和外部指标。内部指标是指技术指标和组织管理指标；外部指标是指报纸网站呈现出来的、可以量化测评的指标，包括品牌塑造、多媒体、数字资源、用户服务、收入流、网站表现，以测评中外报纸网站个案，衡量数字报业的发展程度。[②]

本研究在前人的指标构建基础上，从研究可行性较强以及指标覆盖全面的考虑和筛选，最终确定 6 组变量（如表 1 所示）。编码单元是报纸网站首页上的所有内容，包括新闻、评论、图片、音视频、广告等。

---

① Tsan-Kuo Chang（张瓒国）, Jisu Huh, Kristine McKinney, Sela Sar, Wei Wei. Adina Schneeweis. Culture and Its Influence on Advertising: Misguided Framework, Inadequate Comparative Design and Dubious Knowledge Claim. International Communication Gazette. 2009, 71(8): 671–692.

② 范东升:《拯救报纸》，广州：南方日报出版社，2011。

**表 1　内容分析编码指标构建**

| | 编码指标 | 编码项 |
|---|---|---|
| 指标体系 | 首页内容 | 首页内容原创程度 |
| | 表现形式 | 新闻内容表现类型 |
| | | 数字化呈现形式 |
| | 数字资源 | 网站内数字资源 |
| | | 网站外数字资源 |
| | 用户互动 | 用户表达 |
| | | 用户选择 |
| | 收入形式 | 网站收入来源 |
| | 网站指标表现 | Alexa 排名查询 |

为对上述指标做量化处理，各指标对应的编码项说明如下：

1. 首页内容：文字新闻、图片新闻、视频新闻、评论原创与否；2. 表现形式：是否有文字、图片、音频、视频、动画、滚动屏提要、热点推介、幻灯片、手机报；3. 数字资源：文内链接、文外链接、站内搜索、数据库资源、站外链接、付费资料、旗下媒体；4. 用户互动：读者评论、民意测验、论坛、博客、社交媒体、个性化定制、RSS、最热新闻列表、其他；5. 收入形式：广告、会员注册费、订阅、电子商务、其他收入；6. 网站指标表现：网站表现：网站排名、访问量；用户体验：达到率（指近三个月内全球用户的访问率）、蹦失率（指访问网站后仅浏览一个页面就离开的用户比例）、用户停留时间。

### （三）样本选取

本研究选取三个网站的首页内容，采用目标式立意抽样方法，排除周末休息日，在周一至周五这5个工作日之间进行抽样，综合考虑经济类报纸网站的新闻更新特点以及避开特殊新闻量时段（2013年3月17日之前为两会报道的特殊时段），将周一（2013年3月18日）作为分析各网站的日期。

编码过程为：编码员每隔6小时分别对这3个网站首页进行内容保存和分析。具体抽样时间为北京时间2013年3月18日早9时，下午15时，晚间21时（即纽约时间2013年3月18日晚22时，3月19日凌晨4时以及早10时）。

### （四）信度测试

两名除研究者之外的编码员参与了编码。在编码之前，笔者对两名编码员进行了培训。信度测试时研究抽取早8时的华尔街日报中文版首页所有新闻（样本1）、下午14时的中国经营网首页所有新闻（样本2），以及晚20时的华尔街日报在线首页所有新闻（样本3）作为信度检测对象，占总样本的16.67%，符合信度检验的样本大小标准（占总样本的10%–20%）。

运用SPSS软件进行信度检测，测试结果，两名编码员关于样本1的信度为0.867，样本2的信度为0.959，样本3的信度为0.860，符合研究要求的信度标准。

## 三、数据分析

根据所建指标体系，笔者对所选样本进行编码，并进行数据处理、赋值与结果分析，具体数据分析过程如下：

### （一）各指标编码结果

下文将就首页内容、表现形式、数字资源、用户互动、收入形式、网站指标表现这六个指标，分别对样本"华尔街日报在线""华尔街日报中文网""中国经营网"三家网站的编码结果进行分析。

#### 1. 首页内容

相比于中国经营网，华尔街日报在线在文字内容原创性上更加优秀。

WSJ 的网站内容基本均为原创。而相比之下，中国经营网的原创率仅为七八成。同时，中国经营网上文章数量较少，首页的新闻基本在 90 条上下，虽然相比于 WSJ 的 100 多条新闻来说，差距并不是很明显，但是若将其与同是中文网站的华尔街日报中文网相比，两者的首页新闻数量有四五十条的差距。

在图片新闻原创性上来看，三家网站都不太高，每家网站都只有 10 条左右的图片为原创，其他图片皆为转载图片社如 Getty（华盖）等，或是来自于资料图库。在原创图片个数大体相同的情况下，WSJ 与中国经营网的图片原创率都在 50% 左右。另外，WSJ 的首页图片总数基本上在 20 条以下，而两家中文网站的图片数量都达到 30 条左右，可以看出中英文网站为目标用户群体提供图像信息的不同策略，中文网站更倾向于迎合读图时代用户的心理。

三家网站首页的原创评论所占的比例都很高。除去读者评论的数量，三家网站的原创评论数量基本都可以达到 100%，这体现出财经类网站独有的提供专业意见与深度解析的能力。在著名评论员的划分依据上，英文网站中文章末尾注明某教授学者、某业内专家，以及某专栏资深评论员的，都算作著名作者/评论员；中文网站中未明确标出的，可以按照常识判断或百度搜索判断的，如金碚、叶檀、五岳散人等都算作著名作者/评论员。在首页出现的著名作者/评论员文章的数量以及所占比例上，中国经营网也与 WSJ 旗鼓相当。

2. 表现形式

目前来说，大多数报纸网站的数字化表现形式都很丰富。三家网站都在首页运用了图片、幻灯、内容提要（即以浅色小字在标题下方显示新闻导语）等表现形式。WSJ 的两家网站不仅有视频，而且有专门的音频栏目"WSJ Radio"（华尔街日报电台），可以满足用户多任务操作时的需求。三家网站都没有动画栏目，这是财经类网站严肃性、专业性的惯性要求所致，也与定位高端专业的目标用户群相吻合。但是，运用动画效果来将报道可视化，也是不妨一试的选择。2012年底《纽约时报》的数字化专题报道雪崩（Snow Fall），以及2013年3月新华网的"地球绿飘带"三北防护林可视化集成报道，就是很成功的范例。

3. 数字资源

WSJ的大部分文章都会有相关的文内链接，比如所提到公司的相应道琼斯股指走势等；而文外链接，即为读者推荐网站内的相关新闻，设置相对较少。三家网站都有滚动新闻，中国经营网的"即时播报"放在首页左上角图片的下方，华尔街日报中文网的"最新消息"在相似位置的图片上方，两者都是自右向左滚动播出新闻。而WSJ则在页面左上方单独辟出一块空间"Latest Headline"（最新消息），三条新闻为一组，自下而上滚动播出，如果出现最新鲜的消息时，会以红黑底反白色的"Breaking News"（突发新闻）形式呈现。相比之下，WSJ的做法更加醒目。

4. 用户互动

WSJ开通了"Professor Journal"（教授论坛）与"Student Journal"（学生论坛）两个论坛，供不同的受众群体学习和发表观点。三家网站都在首页为读者评论开辟专区。同时，三家网站都开通了RSS（聚合内容）订阅，同时都在显著位置设立链接标志，方便用户链接到社交媒体。WSJ可以根据用户需求提供定制网页，并发送到用户的电邮之中。在三家网站中，只有华尔街日报中文网有民意测验的板块设置，加强了与读者的互动。WSJ的两家网站设置了最热新闻列表，这一技术对于用户需求反馈的速率很高，可以快速甄别出本网站上用户访问最多的新闻，并根据热度将其排序，再将其推荐给其他的访问用户，这体现了一家报纸网站数字化的成熟度。

5. 收入来源

在三家报纸网站中，均设置了广告服务。其中华尔街日报中文网的广告数量最少，且全部是本报本集团的广告。WSJ 的首页网站上有很多栏目冠名 "sponsored"（赞助），是一种原生广告（native ad），可以链接到该赞助商或广告商的网站首页，在很多国外网站如雅虎、LinkedIn 使用都很普遍。中国经营网的广告采取传统的矩形广告和横幅广告形式，推广本报纸的广告较少。三家网站都有会员注册服务，华尔街日报中文网和中国经营网浏览网站都是免费的，而 WSJ 的大部分文章都需要用户付费注册会员才能浏览。

### 6. 网站排名

根据 Alexa 网站排名的数据流量统计显示，在近三个月内，WSJ 美国排名 118 位，世界排名 312 位；中国经营网在中国国内排名 1537 位，世界排名 20294。根据 2013 年 3 月 18 日当日的数据，两家网站用户到达率分别为 0.4% 和 0.009%，蹦失率分别为 61% 和 55%。

### （二）数据处理方法

对研究结果进行数据处理时，分为两种情况进行考虑。

第一种情况是百分比数据，例如编码所得到的内容原创率。由于在编码过程中已经得到相应的数值，因此对比方式则是直接用三家报纸所对应指标项的百分比进行计算，用早、中、晚的平均值再乘以 100。计算方式为：

分数 = 原创率（早 + 中 + 晚）/3*100

第二种情况为 "是 / 否" 类型的编码。计算方式为：将每组指标的总分设定为 100 分，不考虑指标中各个子指标的权重，平均计算分数。举例来说，第二项指标 "表现形式" 中有 7 项子指标，WSJ 符合其中的 6 项，占比重 6/7；中国经营网符合其中的 3 项，占比重 3/7，则计算结果如下：

WSJ 分数 = 总分 100*（符合指标项数 / 组内总项数）=100*6/7=85.71

CB 分数 = 总分 100*（符合指标项数 / 组内总项数）=100*3/7=42.86

## （三）数据赋值结果

根据数据处理的公式计算，各网站内容分析结果的最终分值如下表2所示：

表2 三家报纸内容分析赋值

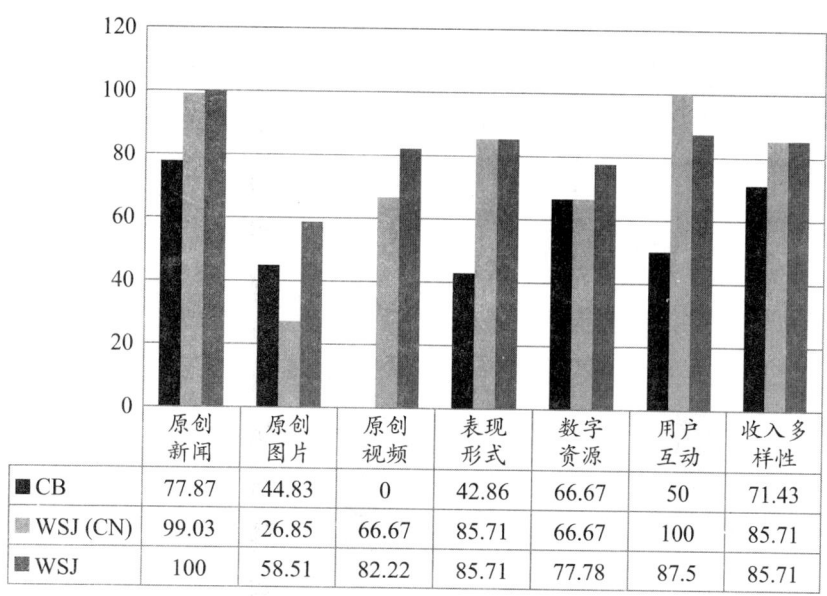

| | 原创新闻 | 原创图片 | 原创视频 | 表现形式 | 数字资源 | 用户互动 | 收入多样性 |
|---|---|---|---|---|---|---|---|
| CB | 77.87 | 44.83 | 0 | 42.86 | 66.67 | 50 | 71.43 |
| WSJ (CN) | 99.03 | 26.85 | 66.67 | 85.71 | 66.67 | 100 | 85.71 |
| WSJ | 100 | 58.51 | 82.22 | 85.71 | 77.78 | 87.5 | 85.71 |

在本研究中，华尔街日报中文版作为样本设计中的过渡性媒体，提供了一个中文阅读环境下的中间项，可以更好地展现《华尔街日报》与《中国经营报》数字化程度的对比。例如在原创新闻量方面，WSJ无论中英文版原创率都接近满分，相比之下《中国经营报》与两者相比都稍低；在原创图片方面，《中国经营报》分值低于WSJ，但高于同语言阅读环境下的中文版；在用户互动方面的，《华尔街日报》与《中国经营报》相差不多，但由于其中文版的用户互动分值很高，说明《华尔街日报》的中英文版的界面设计，是基于了中美用户对数字媒体使用习惯不同的前提。如果说中文版用户更倾向于使用互动资源的假设成立的话，那么《中国经营报》的网站在目前的数据基础上还是有很大的提升空间。

传媒发展的范式革命：传统报业的困境与进路

## 四、研究讨论

基于以上对比，本研究认为，《中国经营报》可从以下几个方面推进数字化转型。

### （一）转变思路，结合数字技术、网络技术自身要求及网络用户的使用习惯提高原创性为"中国经营网"进一步推进数字化转型的重要方面

从图1可以看出，"中国经营网"原创新闻、原创图片均低于"华尔街日报在线"与"华尔街日报中文网"，并且没有视频。

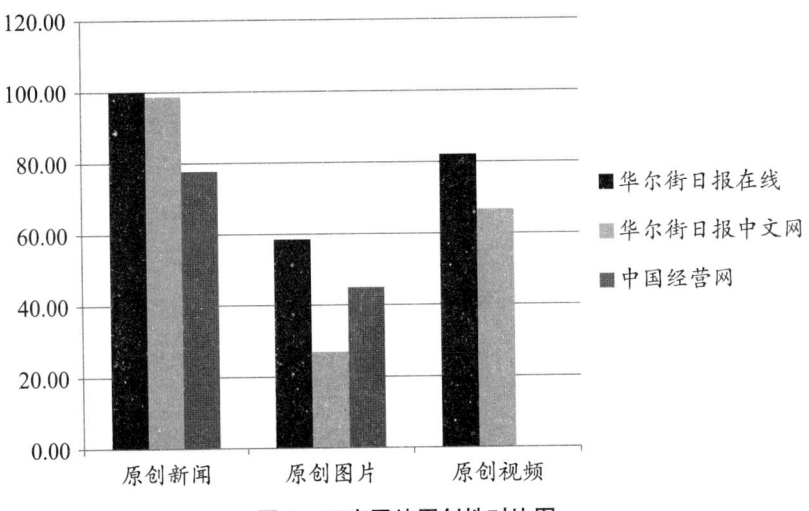

图1　三家网站原创性对比图

内容为传媒产品的核心所在。《华尔街日报》改造母报之后为网站提供了丰富的、适合数字化呈现的原创新闻资源，体现出较彻底的"转型"思路。而《中国经营报》虽然创办了几家子报刊，意图从内容上为网站增添资源，但是并没有结合数字技术、网络技术自身要求及网络用户的使用习惯较大幅度地加强"原创"内容的产制，而是将网站在很大程度上变为纸质媒体

的"翻版"。"中国经营网"有必要淡化静态、平面呈现新闻的传统生产理念,致力于结合网络用户的使用习惯,充分利用和开发数字技术、网络技术,生产原创内容。

**(二)丰富"表现形式"、增强"用户互动"、增加收入来源为《中国经营报》提高数字化程度的重要途径**

一般认为,表现形式多样、数字资源丰富、用户互动强、收入来源多样的网站数字化程度更高。图2反映出除数字资源拓展外,中国经营网在其他三个方面均与华尔街日报网有较大差距,存在差距的上述三方面也恰恰成为中国经营网提高数字化程度的重要立足点。

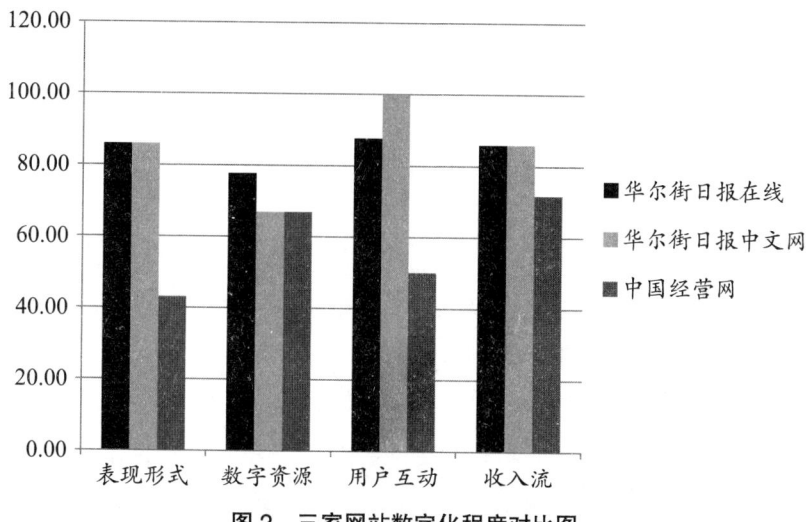

**图2 三家网站数字化程度对比图**

首先,突破视频表现形式缺失的限制,提高表现形式多样性。

对视频制作的忽视大大弱化了中国经营网表现形式的多样性。"中国经营网"视频内容的缺失也许有客观原因,譬如技术限制、人力限制等,但毕竟使得网站失去了一种数字化呈现的可能性。中国经营网有必要深入调查视频形式缺失的限制因素,并寻找突破路径。

其次,突破"传者中心"型生产理念,增强与用户的互动,引导用户参与生产，提高 UGC 内容比重。

数字化技术使双向沟通既便利又经济，单向传输的"传者中心"型生产理念与数字技术本质相背。报业数字化转型既然要顺应数字技术的要求，就需要将生产理念由"传者中心"型改为"用户中心"型。将用户视为服务对象，尊重与洞察用户需求，增强与用户的互动，同时引导用户参与生产。

再次，开辟多样化、稳定的收入来源，巩固与推进数字化转型成果。

"巧妇难为无米之炊"。充足的收入仍是巩固与推进报业数字化转型的坚实基础。虽然华尔街日报网在"收入流"维度上得分高于中国经营网，但是实际上，开辟多样化、稳定的收入来源、巩固与推进数字化转型成果对两报同等重要。

在数字报纸刚刚成熟之际，《华尔街日报》就提出了付费订阅的盈利机制。《中国经营报》目前还未将网站内容资源作为盈利点来考虑。根据相关报告显示，中国经营网目前的收入渠道分为三类：广告发布与检测服务，网上发行服务及电话营销服务，网站排名、频道代理等互联网增值服务。付费会员、有偿信息及财经内部等资料下载等只是作为增值服务模块中的一小部分来提及，并未形成正规的营利模式。与很多国内传统报业相似，这是一种长期以来形成的在事业制时期依赖行政拨款，在企业化转型之后依赖广告资金的观念。同时，报业并未注重打造自身品牌、精粹内容资源，"内容为王"不仅仅只是一个口号，或者是用来争辩的议题，而应当是转化为报业核心优势，并且用来转换成自身利润的一个重要来源。

总的来看，一方面，《华尔街日报》在数字化转型进程上的稍稍领先为《中国经营报》数字化转型实践提供了一个参照系；另一方面，《华尔街日报》与《中国经营报》在数字化转型道路上都还有很长的路要走。无论是对何者而言，影响报业数字化转型程度的最大不确定因素仍在于从业者的思维转型程度。报业数字化转型的深化仍需要从业者进一步淡化重视单向传输信息内容的传统办报思维，强化顺应数字化形式及互联网逻辑的新型思维。

作为一项探索性研究，本研究存在如下不足之处：第一，研究的样本量较小；第二，在比较过程中，倾向于描述差别，而对差别产生的原因则较少探讨。以上不足需借助后续研究加以突破。

（作者简介：丁汉青，女，中国人民大学新闻学院副教授，中国人民大学新闻与社会发展研究中心传媒经济研究所副所长，博士；杨雅，女，中国人民大学新闻学院2013级博士研究生）

# 理解传统媒体的现实境遇[①]

丁汉青

**摘 要**：本文以美国和中国报纸、杂志、广播、电视等四大传统媒体为分析对象，从受众流失、广告下行、投资者转身三个角度，客观描述了当前美国和中国传统媒体所面临的发展困境。并提出造成传统媒体现实境遇不乐观的实质在于，基于数字技术的新媒介由于风格模式的创新，正分流走越来越多的、原属于传统媒体的注意。基于此，本文提出，传统媒体若想重建吸聚注意新模式，其逻辑起点依旧在洞察用户。

**关键词**：传统媒体 现实境遇 注意 模式 用户

报纸、杂志、广播、电视统称为四大传统媒体，其共同特征为大规模地单向传输最大多数公众所需要的一般信息。世间没有长盛不衰的东西，在报纸约 400 岁、广播 90 多岁、电视 80 多岁的今天，不管人们是否愿意承认，传统媒体的确已步入衰退期。

---

① 此文原刊于《新闻前哨》2014 年第 3 期。

# 一、传统媒体正在经历着的衰退：受众流失—广告下行—投资者转身

## （一）美国传统媒体

近些年，美国传统媒体业不断传来"坏消息"：2005年12月，论坛报集团宣布破产、2009年4月《基督教箴言报》全面停纸转网、2012年12月《新闻周刊》全面停纸转网、2013年10月《华盛顿邮报》以2.5亿美元的价格落入贝索斯之手……如果时间足够长，这份清单还将延续；如果时间足够长，这份清单中出现的媒体类别将不再局限于纸媒！

1. 受众流失——釜底抽薪的力量

"风起于青萍之末"。美国纸媒的衰退早就随着读者的流失而初露端倪：由美国皮尤研究机构发布的美国《2013年新闻媒体现状》可以看出，自1999年至2012年，不同年龄段、不同教育程度、不同收入阶层的读者规模均呈下降态势（见图1、图2、图3）。[①]

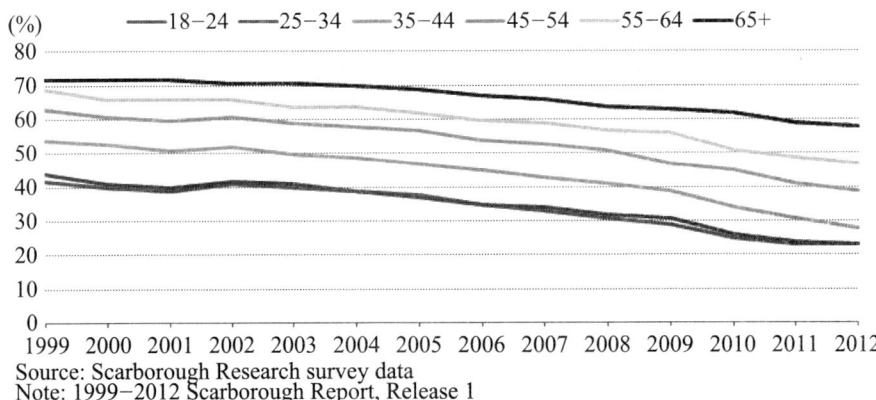

图1　1999至2012年美国不同年龄段读者的规模

---

① 数据转引自：Pew Research Center :2013 State of the News Media, http://stateofthemedia.org/。

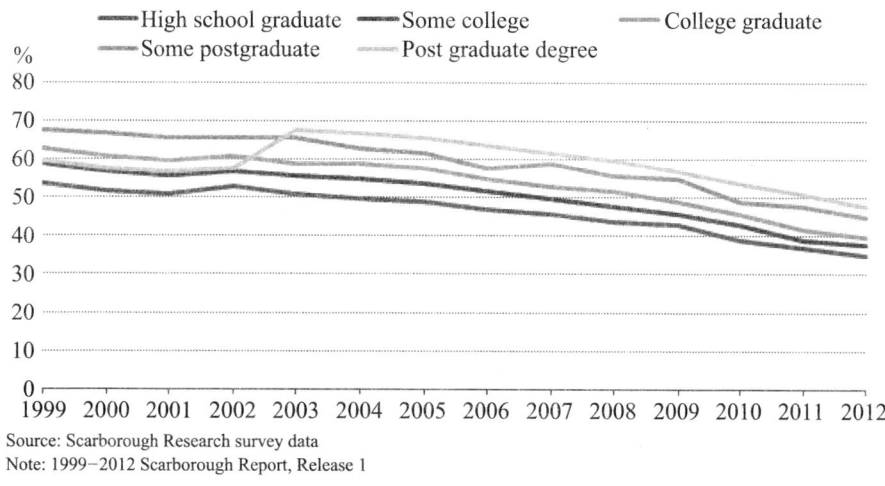

图2 1999-2012年美国不同受教育程度读者的规模

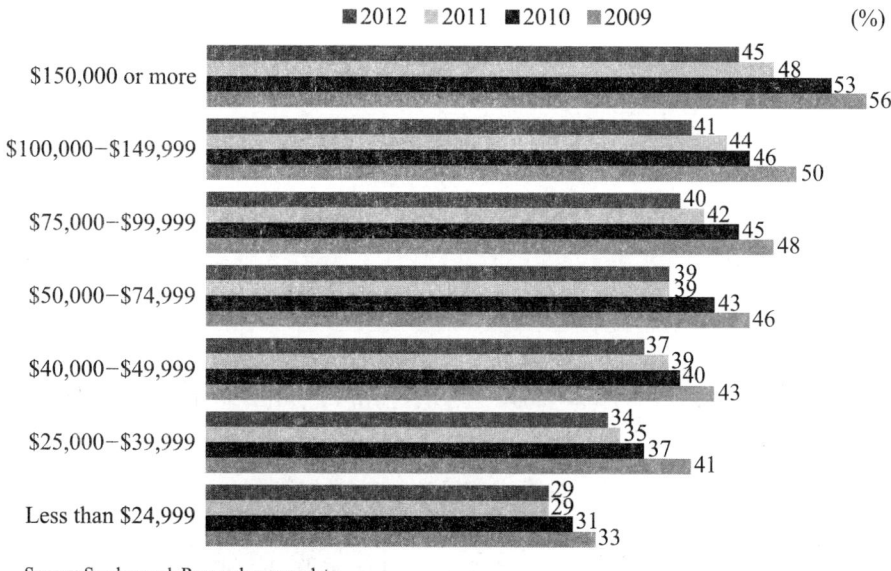

图3 2009-2012年美国不同收入群体的读者规模

无独有偶，美国电视观众的流失也赫然在目。[①] 花旗研究（Citi research）报告显示，除2012年奥运会期间有稍许缓解外，美国广播和有线电视收视率从2011年9月起就持续遭遇负增长。媒体股分析师克雷格·墨菲特（Craig Moffett）和迈克·纳桑森（Michael Nathanson）表示，付费电视产业遭遇到了有史以来最差的一年。2013年第3季度，各大电视网的订户数流失量达到113000户。尼尔森数据显示，美国电视网黄金时段收视率持续下降（见图4）。ISI集团数据显示，从2010年初到2013年底期间，有线电视订户数持续下降，甚至低至4千万以下（图5）。

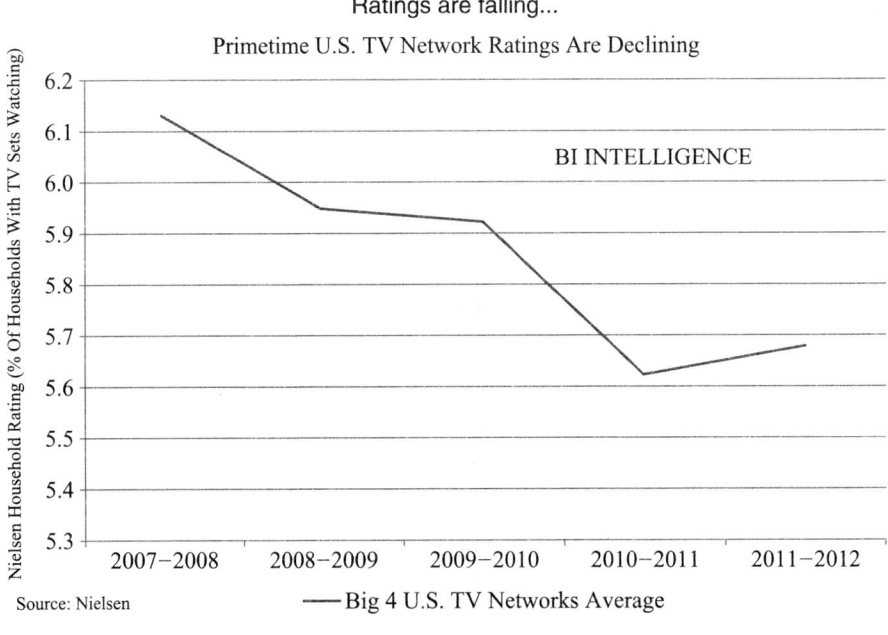

图4 美国电视网黄金时段收视率

受众是传统媒体的基石，受众流失对传统媒体行业而言无疑是釜底抽薪！

---

① 以下数据均转引自：Jim Edwards:TV is dying, and here are the stats that prove it, http://www.businessinsider.com/cord-cutters-and-the-death-of-tv-2013-11.

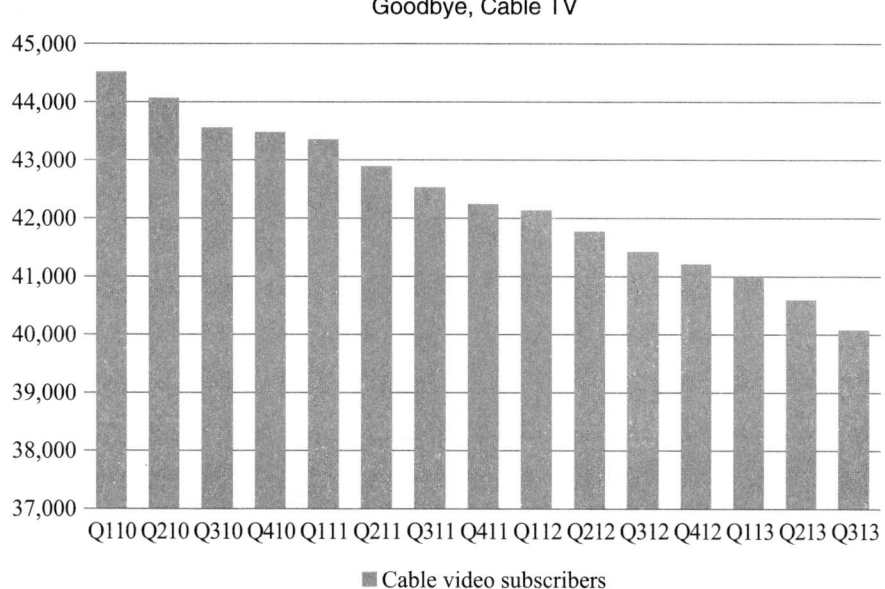

图5　2010第1季度至2013年第3季度美国有线电视订户数

2.广告收入下行：受众流失后的反应

"目光聚集之处，金钱必将相随"。广告说到底是传统媒体将吸聚来的受众注意变现为经济收益的途径之一。当公众注意越来越多地撤出传统媒体、转而投向互联网、手机时，广告主的广告预算亦随之迁移。由图6可以看出，虽然自2003年起，美国报纸已开始收获线上广告收入，无奈线上广告收入所带来的增量无法弥补纸版广告收入的减少，因此，报业广告收入总体走势下行。特别是2008年与2009年，下行趋势几乎为断崖式。

比较而言，美国电视借助提高广告资源单价的举措，大大缓解了广告收入的下降。目前来看，电视广告资源需求价格弹性较小，所以，提高广告价格对总收益的正面影响（单价提升，致使单位广告售价提升而使总收益增加）大于负面影响（价格提升，致使广告售卖量减少而对总收益造成减损）。尽量有此积极表现，还需要看到，麦格里资本（Macquarie Capital）的研究显示，用户花在移动终端与电视上的时间分别占媒介消费总时长的19.9%与38.4%，而移动终端与电视所吸纳的广告份额分别为4.3%与42.1%。[1] 这说明用户花在移动终端与花在电视上的时间比重与其所吸聚的广告投放比重极不协调，这种不协调终会促使广告资金慢慢由电视转向移动终端。

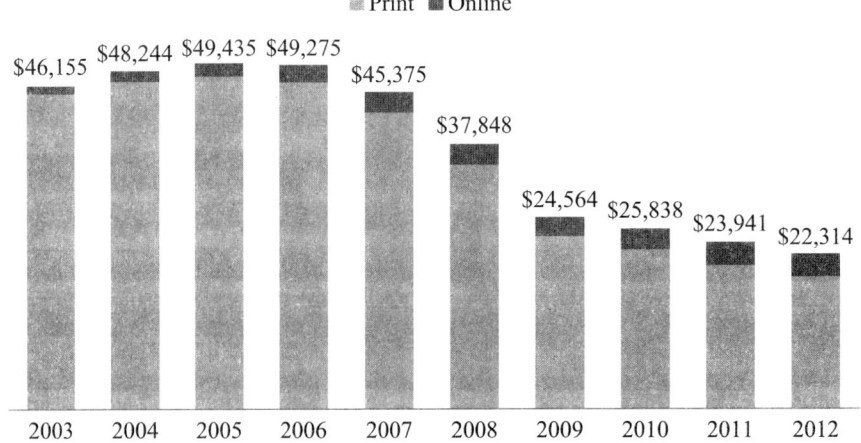

图6 2003至2012年美国报纸广告收入[2]

3. 资本转身——低回报率降低传统媒体对资本的吸引力

传媒行业是个高资本投入行业。作为三大生产要素之一的资本总是逐利而行。当传统媒体行业带给投资者的回报率偏低时，资本便会转身。

**（二）中国传统媒体的衰退**

中国虽缺乏类似美国皮尤研究中心这样的机构所发布的系统数据，但

---

[1] 数据转引自：Jim Edwards:TV is dying, and here are the stats that prove it, http://www.businessinsider.com/cord-cutters-and-the-death-of-tv-2013-11.

[2] 数据转引自：Pew Research Center:2013 State of the News Media, http://stateofthemedia.org/

是，透过一些零散的数据，仍可大体看出中国传统媒体正在经历着与美国传统媒体类似的境遇。

首先，从一些局部调查数据可以直接看出特定传统媒体受众流失的现状。CTR 一项有关 2006 至 2010 年城市居民读报行为的调查显示，2010 年城市居民人均读报份数从 2006 年度的 1.33 份下降至 1.2 份；人均日阅读时长从 2006 年的 42 分钟下降到 36 分钟；晚间读者规模从 21.5% 下降到 17.1%。①

广电总局发布的《2013 年中国视听新媒体发展报告》称，北京地区电视机开机率从三年前的 70% 下降至 30%，传统广播电视收听收视群体向老年人集中，40 岁以上的消费者成为收看电视的主流人群，电视观看人群的年龄结构呈现"老龄化"趋势。②

其次，从侧面亦可推断出传统媒体用户规模日益缩减的现实。一方面，CNNIC 发布的年度数据显示，中国网民规模和互联网普及率及人均周上网时长持续增加（见图 7）；另一方面，已有研究发现，用户花在新媒体上的时间与花在传统媒体上的时间呈负相关关系。③ 由以上两点亦可大致推断，总体而言，中国大陆传统媒体用户规模亦在流失中。

受众流失紧紧伴随着广告量的减少。来自 CTR 媒介智讯的数据显示，2013 年上半年电视、报纸、杂志、电台的广告资源量分别下降了 6.7%、14.6%、21.9%、16.6%。④

---

① 沈颖：《2011 中国报业读者市场趋势》，http://www.sina.com.cn 2011 年 08 月 18 日，2013 年 11 月 28 日查。

② 广电总局：《2013 年中国视听新媒体发展报告》，http://www.199it.com/archives/124597.html，2013 年 9 月 30 日查。

③ 喻国明等著：《中国人的媒介接触：时间维与空间界面》，人民日报出版社，2012 年版，第 413 页。

④ 姚林：《2013 年上半年广告市场分析》，《青年记者》，2013 年 8 月上。

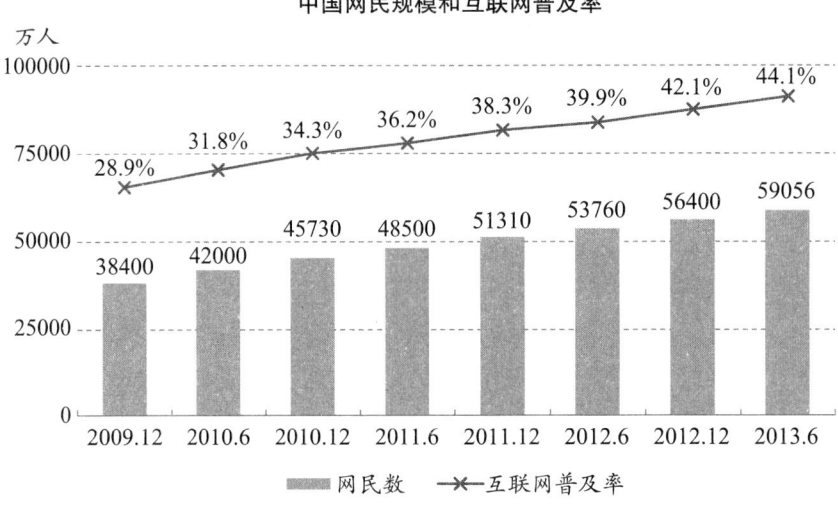

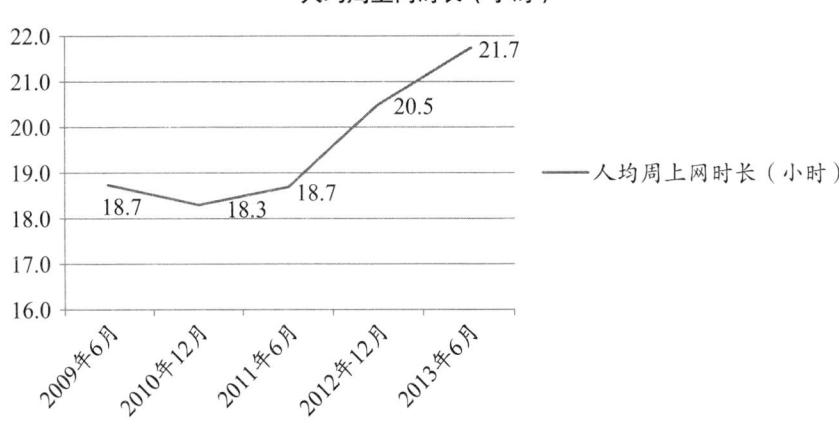

图7 中国网民规模与人均周上网时长[①]

对于高度倚重广告的传统媒体来讲，广告资源量的减少直接影响关键财务指标的表现。以偏重纸媒的新华传媒为例，自2008至2012年，其营收、净资产收益率、基本每股收益等均呈下行趋势（图8）。凭此财务表现，新

---

① 数据来自CNNIC：第32次中国互联网络发展状况统计报告，http://www.cnnic.net.cn/。

华传媒对资本的吸引力可想而知。

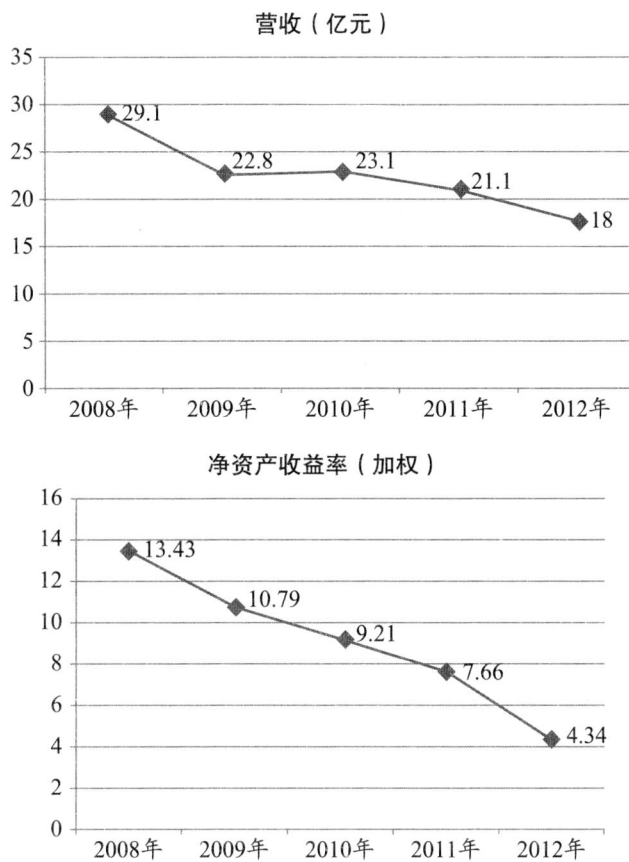

图 8　2008-2012 年新华传媒（股票代码：600825）营收、
净资产收益率与基本每股收益走势图

由此可见，不管是由市场主导的美国传统媒体还是定位于"事业性质、企业化管理"的中国传统媒体，均正遵循着"受众流失—广告下行—投资者转身"的路径日渐式微。

当然，横向比较来看，中国传统媒体的经济状况总体仍较美国同行乐观，造成这种差异的原因主要还在于中国特色的经济与政治环境。

（1）传媒改革所释放的制度红利

在改革开放大背景下，中国传媒业时有变革。特别是80年代中后期至90年代，"事业性质、企业化管理"的新定位、"将广播电视与报刊行业列为第三产业的决定"等逐步将市场机制引入传媒业，以市场机制配置资源所产生的效率奠定了90年代中国传媒业的繁荣。此外，带有试点性质的小范围改革也释放出巨大的经济效益，譬如2009年SMG率先实行的制播分离再次将传媒组织向现代企业方向推进一步，SMG的经济收益在2010年获得了53.33%的增长率（见图9）。

（2）人口红利

一个国家或地区的社会总抚养比（0~14岁人口与65岁以上人口之和在总人口中的比重）低于50%时，被称为处于人口红利期。实施计划生育前迅速增殖的人口为改革开放后社会各领域的发展准备了充足的劳动力。传媒业属于劳动密集型行业，低廉的劳动力成本为传媒经济的迅速发展注入了积极因素。

（3）资本红利

自1994年东方明珠IPO上市以来，众多传媒组织积极谋求上市。传统媒体从包括股市在内的多种融资渠道募集的大量资金为自己插上了翅膀。资本杠杆的撬动作用极大地助推了中国传媒业的发展。

（4）房地产红利

自1998年起，中国放弃福利分房，房地产市场启动。房地产的高回报率为涉足者带来了丰厚利润。不少传统媒体一方面交易手中所掌握的房地产资源，另一方面积极投身房地产投资，从房地产经营与投资中获得的丰厚利润支持了不少传统媒体的发展。

理解传统媒体的现实境遇

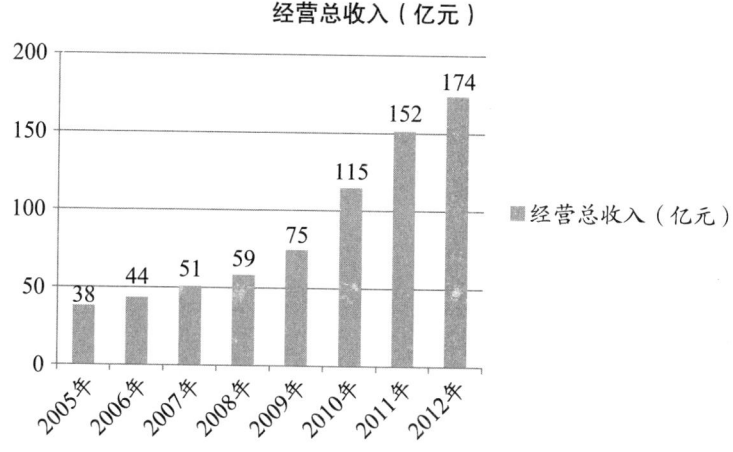

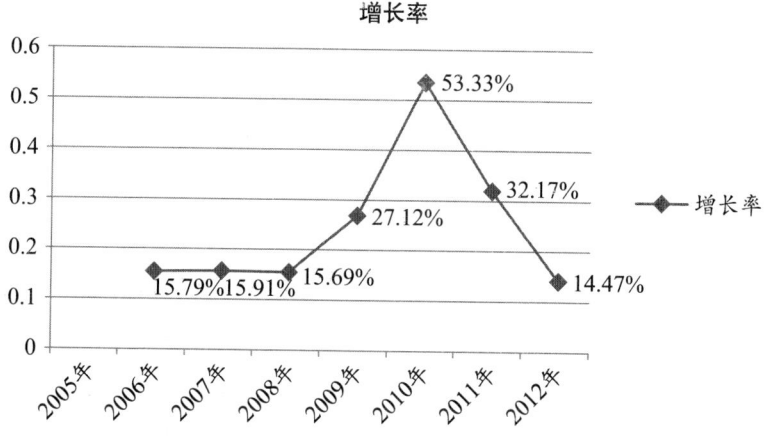

图9 2005-1012年SMG经营总收入绝对值及增长率

（5）政策保护

传统主流新闻媒体肩负坚守思想阵地的重任，政策保护其不会轻言"破产"。

总的来看，中国传统媒体当前生存境况好于美国同行，无非得益于两个方面，一是改革开放以来中国传媒经营业务领域越来越多地引入市场机制所带来的效率提升，二是政府对主流新闻媒体的政策支持。尽管有此差异，还必须看到，红利总有耗尽的时候，政策保护也有限度。美国与中国传统媒体的现实境遇只是"五十步与一百步"的差异，其实质类似。

## 二、传统媒体现实境遇不乐观的实质：吸聚注意新旧模式的碰撞

"注意"从来都是一种宝贵的资源。原始部落酋长通过"讲故事"方式聚拢部族成员的注意，并由此显示自己的"权威"；报纸、杂志、广播、电视、图书等传统媒介通过提供专业信息服务聚拢公众的"注意"，并基于此在社会中发挥政治、经济、文化等多方面影响力。到了信息社会，随着信息量的激增与信息接受终端的无处不在，"注意"这种资源的稀缺性更加突显。与物质生产行业相比，传统媒体行业的一个显著特征是先吸聚注意，再将注意变现为包括经济收益在内的各种收益。由于吸聚注意在媒体商业模式中占据非常重要的地位，所以要理解传统媒体目前现实境遇的实质，还要从传媒业吸聚注意的模式说起。

### （一）工业时代吸聚注意的模式——权威模式

在大工业时代，各行各业利用新型动力所驱动的流水线，生产大量、同质的产品，这种规模化生产解决了困扰人类许久的因物质生产匮乏而造成的普遍短缺。现代传统媒体兴盛于大工业时代，遵循大工业时代的基本逻辑：借助庞大组织的力量，大规模地收集、加工整理、复制、传播同样的信息产品。这种生产方式与大型汽车公司利用流水线制造出大量标准化的汽车非常相似。由于工业时代之前信息资讯领域内的主要矛盾为信息短缺，因此这种批量复制、大规模传输的信息生产方式虽消解了用户的个性化需求，但因破解了大众普遍面临的信息短缺而成为吸聚注意的主导模式。这种模式的一般特征包括：首先，受传统媒介技术的限制，单向传输为传统媒体主要的传输方式，形成"你传我收"的格局；其次，受"多元无知"等心理因素的影响，传统媒体发出的声音很容易被认为是"意见气候"中的主流意见，并因此受到追捧，形成"你说我随"的格局；再次，广告依赖型传统媒体的内容生产者与消费者间缺乏价格杠杆，因此媒体常倾向于生产能吸引最大

多数用户的"一般性产品",用户的个性化需求较少被考虑。简言之,工业时代这种吸聚注意模式的基本特点可概括为:奉行精英主义、以传播者为权威、由聆听与服从的受众为传播对象、单向传输缺乏想象力的说教式内容,将受众视野与心性拘于权威构建的小世界。

近四百年来,虽然大众传媒新品种(如广播、电视)的出现曾促使原有传媒调整至与其传输介质技术特性更匹配的"小生境"中,但在信息时代到来之前,传统媒体吸聚注意的基本模式从未被真正撼动过。

### (二)信息时代吸聚注意的新模式——风格模式

信息时代来临后,具有通约能力的数字技术彻底打通了既有媒介的技术基础。基于数字技术的新媒介技术体系不再遵循原技术渐进量变的逻辑,而是促使技术进入一个质变的新阶段。数字技术以信息技术革命为大背景,在信息技术革命中,规模、同质、自上而下大工业生产逻辑让位于碎化、个性、群体协作的新型逻辑。技术赋予个体以低成本地自由沟通的可能,人自身对平等、自由与新世界的向往被激发出来,在这种情况下,传统媒体所奉行的权威模式对注意的吸引力大大降低,具有信息时代气息的新型吸聚注意模式——风格模式——吸聚到越来越多的注意。该模式的基本特点为,在开放多元的平台上,人人参与、双向互动、相互激发、共同创造富有个性特征与想象力的内容。

### (三)风格模式吸引用户大规模迁移,使传统媒体旧有商业模式难以为继

图10生动地描绘出用户注意正从电视、广播、印刷等传媒媒体迁移至线上、移动等新型媒体的现实图景。这幅图景与工业革命初期大批农民从土地迁移至工厂"何其相似"。媒介消费迁移的动力在于具有信息时代气息的新型吸聚注意模式——风格模式——正在冲击原有的权威模式,分流走越来越多的、原属于传统媒体的注意。传统媒体建立在售卖注意基础上的旧有商业模式自然越来越难以为继。电影《疯狂原始人》中那位连呼"谁

要听故事"却得不到家庭成员积极回应的"爸爸"也许就是当今传统媒体的现实影象——失落而又无奈!

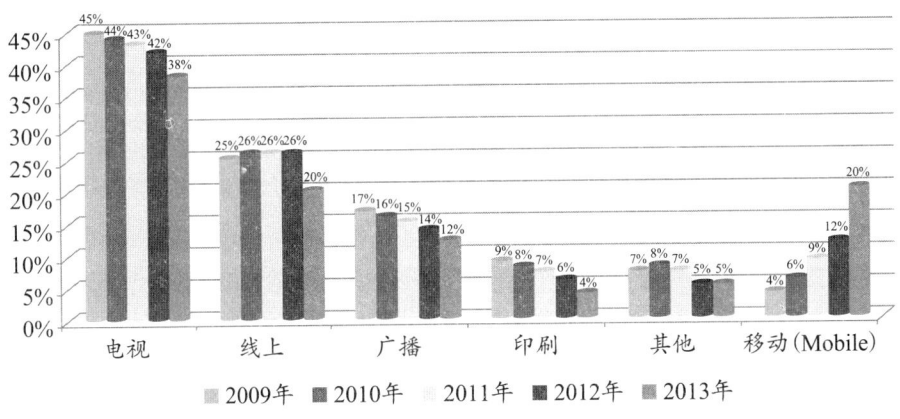

图10　2009至2013年美国人媒介消费份额[①]

## 三、洞察用户——传统媒体重建吸聚注意新模式的逻辑起点

随着技术的发展、资本市场的放开,传统媒体的发展战略可简单描述为"以技术、资本为两翼,以大文化产业为本体,同时由政策平衡"。如果将当前传统媒体的发展战略比作一只鸟,其基本样态如图11所示。

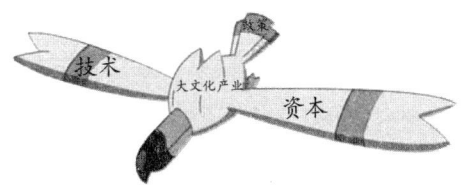

图11　传统媒体发展战略基本样态

大文化产业的基本定位促使电视台致力于突破"电视"做电视、报社致

---

① 数据转引自:Jim Edwards:TV is dying, and here are the stats that prove it, http://www.businessinsider.com/cord-cutters-and-the-death-of-tv-2013-11。

力于"突破"报纸做报纸、广播电台致力于突破"广播"做广播、杂志社致力于突破"杂志"做杂志。这种突破的出发点在于以"用户"概念取代"受众"概念。一方面,行业边界不再受大众传媒业的局限,而是外推至能满足用户需求的多个领域。譬如浙报传媒收购盛大旗下边锋与浩方,进入游戏行业;再如 SMG 涉足电视购物与少儿艺术培训等。另一方面,传媒产品的形式与内容皆以洞察用户为逻辑起点。

"将行为建立在用户洞察基础之上"的观念代表着传统媒体真正从"传者本位"转变为"用户本位"。洞察用户的范围很广泛,包括用户心理洞察(个人心理、群体心理、社会心理)、行为洞察(个人行为、群体行为、社会行为)、需求洞察(有风格地讲用户需要的故事)等。

目前大数据应用为洞察用户提供了很多便利。Google 搜索利用大数据建立的电影票房预测模型可以提前一个月预测票房。[①]Netflix 基于大数据分析而推出的纸牌屋(House Of Cards)不仅荣获 2013 年艾美奖最佳导演、最佳选角奖,而且还使 Netflix 营收、订户与股票价格大增。[②]2013 年北京时间 9 月 30 日晚有消息称,Facebook 将向美国四大电视网 ABC、NBC、福克斯和 CBS 提供报告,分析某一电视节目在 Facebook 的网络中产生了多少社交会话,每集电视剧带来了多少"赞"、评论和分享,以及多少用户参与了这些活动……以上个案均显示出,有些传统媒体不仅已经意识到洞察用户的重要性,而且已经了解到利用新手段洞察用户的重要价值!

# 四、结语

信息时代迫使传统媒体不得不"顺时而变",踏上以"洞察用户"为行

---

[①] Reggie Panaligan, Andrea Chen: Quantifying Movie Magic with Google Search, http://ssl.gstatic.com/think/docs/quantifying-movie-magic_research-studies.pdf.

[②] 《Netflix 是如何用大数据捧火〈纸牌屋〉的》, http://www.36kr.com/p/201569.html。

为逻辑起点的道路。不过，我们还应承认，与生于信息时代的新型媒体相比，兴盛于工业时代的大众传媒行业虽体形庞大，但老态毕现；已有经验既是财富，也是包袱。传统媒体在转型道路上到底能走多远，还有很多问号：传统媒体内部能否突变出新媒体"基因"？在大文化产业中，新闻信息产制部门的地位如何？基于用户洞察生产的内容产品需要怎样的版权保护环境？需要用户数据的传媒组织与掌握大数据的互联网公司将建立怎样的关系？大数据拥有方是否会成为整个产业链的掌控者？……

这是一个最坏的时代，传统媒体业由于未来充满变数而变得焦虑；这是一个最好的时代，一切皆有可能！

（作者简介：丁汉青，女，中国人民大学新闻学院副教授，中国人民大学新闻与社会发展研究中心传媒经济研究所副所长，博士）

# 移动互联时代传统媒体核心竞争力再造路径研究

李 彪

**摘 要**：本文从未来传播的主流趋势为关系传播和情感传播为逻辑起点，分析了当前UGC（用户生产内容）模式的弊端和未来UGC、PGC和OGC多元合作的生产模式，并对移动互联网时代的营利模式转变进行分析：从流量之争到入口之争、从先有明确营利模式到先占有用户、从规模经济到范围经济、分享经济和集成经济。

**关键词**：关系传播 情感传播 PGC 关联整合

## 一、引言

从2010年开始，中国进入了移动互联网年代，移动互联网发展非常快，正在颠覆一切，移动端的创新与升级已然成为互联网公司的主要角力场和碰撞焦点，移动互联以咄咄逼人之势变革一切、链接一切、使得一切皆有可能，已然成为未来发展的主流趋势。"得移动者得天下"俨然成为各大互联网公司笃信的金科玉律，PC互联网时代方兴未艾，传媒业尚未很好地理顺PC互联网时代的各种信息生产、信息供给关系、信息传播权力格局等，移动互联网时代却悄然来临。移动互联时代传媒业如何再造传统媒体时代的传播辉煌已经成为业界共同思考的核心命题。

## 二、关系传播和情感传播成为移动互联时代的软硬件

渠道和内容是传媒业讨论最多的两大核心议题,在渠道霸权时代,得渠道者得天下,有了信息通路,无论是信息资源还是广告资源都会蜂拥而至;随着对刊号等资源进一步丰富,信息通路在不断增加,大家思考的是如何生产出更好的内容产品抓住读者的眼球,当时最多的讨论是"眼球经济"、"注意力资源",争论最多的是到底"内容为王"还是"渠道为王"的终极答案。但随着以微博和微信为代表的社交网络时代来临,人人都是记者的大众麦克风时代来临,民众使用媒介的目的和功能指向发生根本变化,单一的信息需求转变为社交、生活服务等于一身的综合服务诉求,在以往的传播关系中,任何需求都是搭载在信息传播这一个主要功能支点上的,而随着传播关系社交化和复杂化,信息传播功能反而下降为从属于社交关系的次生功能,内容和渠道变得贬值化,关系传播和情感传播成为这一时代的核心竞争力。

### (一)关系传播是移动互联时代传媒的"硬件"

任何人都生活在关系社会中,不可能脱离关系而存在,人本质上是一个"关系人"。农业文明时代,基于血缘、地缘等关系而形成社会的关系网和群落化存在,人际传播和群体传播是这一时期的主要传播形态,社会归属感最为强烈;工业文明时代来临后,一定程度上使得社会个体所依附的原有社会关系网被破坏和取代,个体重新以"原子化"的方式而存在,社会关系链接的基础则主要是依赖学缘和业缘,社会关系开始变得虚拟化,社会归属感也相应下降;而随着网络社会的崛起,移动互联网尤其是以微信和微博代表的社交移动互联网媒体的勃兴使得人们得以重新部落化、族群化,人与人之间的社会关系也随着社会的进步越来越丰富,一种新型的社会关系诞生——基于趣缘的社会虚拟关系,并且社交移动互联网的社会属性在

不断消退，人们越来越把过多的私人领域的想象也叠加到社会关系上，并越来越倚重于这种虚拟的社会关系网，社会关系和社会结构发生了本质性变化，而依附在虚拟社会关系网之上的传播关系也会基于新型的社会关系移动互联网而改变和重塑，关系传播将逐步取代大众传播、组织化传播成为社会传播的主流传播形式。

以往人们获得个体生理极限以下的信息主要依靠的是传统大众媒体，传播多少就知道多少，大众媒体成为人们获取外界信息的首选渠道，在人们获取信息的所有渠道中，传统媒体贡献的社会信息占到总体的80%以上，这种信息传播格局在社交网络时代则发生了根本倒置，据中国人民大学舆论研究所2014年针对当前民众的信息消费习惯的调查研究，目前网民获取信息的渠道结构中，依靠社会关系网而不是大众传媒获取的信息比例已经上升到60%以上，尤其是年轻群体，获取信息的渠道主要是朋友圈和微信群，其余则是网易、凤凰等新闻客户端的推送信息，人际关系网传播大有取代大众传播之势，未来随着朋友圈、微信群等社交关系网的进一步扩大，这一比例还会继续上升。

### （二）情感传播是移动互联时代传媒的"软件"

著名营销学大师菲利普·科特勒曾把消费者的社会行为分为三个阶段：一是量的消费阶段，即人们追逐买得到和买得起的消费；二是质的消费阶段，即寻求货真价实、有特色、质量好的商品；三是情的消费阶段，即注重购买商品的情感体验和人际沟通。[①]人类传播的历史也是按照这个脉络来演进的，因为信息本身就是一种特殊的消费产品形态，从最早的渠道为王时代，民众获取信息的多寡一定程度上与信息渠道本身的丰度有很大关联，那是对信息"量"的消费时代，因此，当时人们得到一份报纸会从报头一直看到"报屁股"还有点意犹未尽的感觉。

---

① ［美］菲利普·科特勒著、王永贵译：《营销管理》，中国人民大学出版社，2012年版，第4—7页。

随着媒介技术的发展，信息渠道的价值在不断消解，民众获取信息的渠道多元乃至冗余，可以看到的信息当量在不断增加，信息熵随处可见，这个时候质量好的信息内容成为民众信息消费的主要形式，内容"质"的消费成为这一时代重要特征，因此，在当时"追剧"成为一种社会时尚。

社交网络和社交媒体的崛起，UGC（User Generated Content，用户生产内容）、PGC（Professionally-generated Content，专业生产内容，也称PPC，Professionally-produced Content）和OGC（Occupationally-generated Content，职业生产内容）等多种社会生产方式多元并存，整个社会内容生产者呈现出社会化、立体化和结构化的趋势，好的信息内容不再是稀缺性资源，民众在对信息消费的同时更加关注的是信息本身带给自身的社会情感体验和情绪按摩需求，人们对信息的消费不再是低层次的"我知"阶段，而变成了"我思"高级阶段，注重参与意识和在场意识，注重在传播中实现情感交流和人际互动，在互动满足虚拟网络社会带来的集体空虚和社会情绪受挫，即关系消费和情感消费的信息消费方式崛起，移动互联时代必然是以情感传播和情感体验为鲜明特征的传播时代。

从某种意义上可以说，关系和情感是天然融合的，关系是形式，情感是内容，在关系基础上架构起来的社会情感是更高的阶段，在虚拟社会交往中，有些人互相加了对象为好友，建立了所谓的关系，但基本上没有说过太多的话，情感没有建立起来，这种关系只是一种形式关系。因此，从这个意义上可以说，虽然很多传媒意识到社交、关系在传播中的重要程度，但从关系传播过渡到情感传播还有很长的路要走。

## 三、移动互联时代的信息生产格局：UGC+PGC和OGC多元化生产方式

### （一）UGC模式之困：UGC和平台间的"零和竞争"

随着移动互联时代的来临，移动产品APP越来越多，再加上社交功能

属性的凸显，UGC模式基本上成为业界公认的金科玉律，成为APP产品的标配，一系列UGC模式的产品扎堆出现，如移动社交工具的公众平台、盖楼跟帖、段子APP等，还有无论是购物还是拍照APP都必须加上UGC的功能模块，这些产品依靠大量用户贡献内容而获得了大量的用户量，甚至因此获得资本市场的青睐。但UGC模式越来越成为一个"大坑"，与其所依附的社交平台成为一种零和博弈的关系。

从本质上说，UGC模式就是吸引足够多的用户参与进来到社交平台的内容建设，用户贡献内容必须达到一定的量级，否则难以形成平台效应，最多也只是小打小闹，难以形成气候，吸附更多的社会注意力资源，但一旦真正有了大量用户，并且有足够多的内容支撑平台的价值对更多用户输出的时候，平台的价值才能凸显出来。而这种平台一旦形成，平台方就会制定各种规则让用户来遵守，有些规则会比较苛刻，UGC生产的积极性受到打击……封号、恶意删除等规则都有可能打击平台上的用户进行内容生产的积极性。人口红利既是UGC平台壮大的基础也造成UGC平台发展具有不确定性，在平台方看来，用户的质量不是那么重要，只要保证拥有足够多的用户和粉丝数量，用户贡献的内容足够的多，一些用户哪怕是优质用户的流失并不算什么，这就造成了平台上的用户流动非常强，平台间的可替代性也非常强——只要有同属性的平台出现，用户很容易就会流失到别的平台上。

另外，UGC产品的营利模式至今还尚不很明晰，像百科、问答类等UGC产品很难有自己独特的营利模式，要比广告、商品交易等有明确营利模式的互联网产品难得多，平台方为了改变盈利的困境，在获取足够多的用户后，为了赚钱到处挂满广告，平台方和用户的初心和合作基础已经发生了变化，随着平台的不断壮大，活跃的底层用户价值已经被消耗殆尽，用户越来越不受到平台方的重视，从目前的实际运作来看，UGC模式似乎是一个可望而不可即的梦，例如目前新浪微博盈利所面临的困境。

**（二）信息生产的新格局：UGC、PGC和OGC多元化生产**

随着移动互联网的发展，信息内容的生产不断细分出多元模式：UGC、

PGC 和 OGC，很多研究者总是希望讨论出到底"谁会替代谁"、"谁必将是主流模式"等问题，作为一个去中心化的网络社会，信息生产模式无所谓好与坏、谁替代谁的问题。首先 PGC 和 UGC 经常存在交集，某种意义上 PGC 属于 UGC 的一部分，部分专业内容生产者既是该平台的用户，也以认证等专业身份贡献具有一定水平和质量的内容，如微博的科普认证账号、政务微博账号还有一些加 V 认证的网络意见领袖；其次 PGC 和 OGC 也存在着交集，在平台上，存在着一少部分专业内容生产者既有一定的专业身份，又有一定的职业身份，如媒体的记者、编辑，既有新闻的专业背景，也以写稿为职业领取报酬；再次 UGC 和 OGC 也存在一定的交集，一定的专业生产机构在平台上注册，传播自己的信息内容，既是平台的内容贡献者又带有本职业的生产特性，如微博上的媒体官方微博和微信上的公众号。

因此，UGC 不是万能的，未来单纯的 UGC 模式是不足以支撑起整个互联网发展的，必须是 UGC 和 PGC 相辅相成的内容运营思路主导，因为一个成熟的互联网内容产品，不论网站还是社区、视频平台、音频平台和社交平台，均是 UGC 负责内容广度，贡献流量和用户的参与度，PGC 负责维持内容深度，树立平台品牌和创造平台高附加价值，两者缺一不可。从这一个意义上来说，未来的互联网上信息生产格局应该是以 U+P 和 OGC 两个模式并行不悖地来主导。

## 四、移动互联时代的商业模式：从单点支撑到生态圈布局

纵观目前互联网产品特有的营利模式，主要有两种：一是创业者或实力一般的小企业，做出来一个"小而垂直"的 APP 产品，通过口碑营销和病毒营销迅速做出社会知名度和足够多的用户，进而获得 VC（风险投资）的青睐，通过圈来的钱再进一步优化产品和社会营销，希望获得更大的买家来购买，创业者和 VC 均获得丰厚的利润，再转向其他产品，这种营利模式颇有点"击鼓传花"之嫌，主要是靠"眼球"变现和"用户"变现；二是大

的互联网公司则相对稳扎稳打一些，每一个产品都是希望覆盖到所有用户群体的"大而全"APP平台产品，由于内部产品线很完善，一方面可以将其他产品的用户平移，另一方面可以用其他产品的获利来弥补新产品的盈利亏空，等到新产品成熟后"反哺"其他产品，走的是"龙生龙、凤生凤"的滚雪球模式，不在乎"一城一地"的得失，而是整个产品生态圈的综合搭建。

从以上两种典型的互联网产品运营模式来看，未来的商业模式主要由以下几种演变趋势。

### （一）从流量之争到入口之争

传统 PC 互联网时代所有运营思路追求的是流量，通过流量来变现，获得广告主和投资者的青睐，当时比较流行的网站是 Alexa（www.alexa.com），通过这个网站可以查询到世界上所有万维网的流量、世界排名和本国排名。随着移动互联时代来临，互联网公司的竞争重心也由原来的 PC 端向移动端转移，移动 APP 产品成为各家互联网公司铆足劲争夺的焦点，大家不再追求的是流量，而是 APP 产品的下载量和装机量，移动 APP 产品本质上属于互联网入口，九宫格般的触摸屏图标排列，像一个个互联网入口，互联网公司掌握的入口越多，就代表着自身的实力和布局的优劣，就像排兵布阵一样，开发出尽量多的、好的移动产品就代表着占据更多的流量入口，获得与用户群更多的接触点，产品的生态圈建设的优劣就是移动互联网入口的多寡，这才是移动互联时代大家关注的焦点所在，从这个意义上说，流量不再是大家竞争的焦点，入口之争成为移动互联网时代的竞争实质。

### （二）从介质融合到产业融合

2003 年，美国西北大学教授戈登（Gordon）将当时美国存在的媒介融合现象总结出来了五种基本的融合类型：一是所有权的融合（Ownership convergence）；二是策略的融合（Tactical convergence）；三是结构融合（Structural convergence）；四是信息采集融合（Information-gathering convergence）；五是新闻表达融合（Storytelling or presentation convergence），即介质融合，其中，前三种融合属于"媒介组织行为"的融合，后两种则是从业人员的角度的融合[1]。对于国内新闻实践来说，由于不允许跨行业办媒体，第一种所有融合和第三种结构融合目前还存在不切合实际性；第二种策略融合、第四种信息采集融合和第五种新闻表达融合则比较流行，尤其是第五种介质融合的尝试[2]。

由于国外的传媒集团多是多元经营的，并且很多是由实体产业收购媒体产业所形成的，如台湾旺旺集团收购了《中国时报》、中天电视等一系列媒体，因此还存在第六种融合方式，那就是业态融合，无论是实体产业收购媒体产业，还是媒体产业"逆袭"转型或收购实体产业，都属于业态融合的范畴。

在笔者看来，目前我们的新闻实践还停留在介质融合和业务融合的简单层面，介质融合是最低级的融合，是一种被动融合，试图用前 Web 时代的思维生产 Web2.0 时代的产品，那肯定是被市场所唾弃的；业务融合属于中级融合层次，虽然跳出了介质融合的简单思维，但仅能解决的是行业生存和温饱的问题，行业的再次腾飞和弯道超车的问题仅仅靠业务融合是解决不了的；业态融合和跨界发展才是媒体融合的高级融合，从互联网发展大势来看，媒体行业作为一种信息服务业[3]，本质上不具备太大的产业优势，这一点从新浪在中国互联网格局中的地位演变就可以看出来，新浪一定程度上是中国网民互联网新闻阅读习惯的定义者，但在中国目前互联网"三家分晋"的 BAT 格局中，却没有新浪的身影，可以说新浪是"成也媒体，败也媒体"，新浪最早靠媒体发家，后来推出的一系列产品，只有媒体产品成功了，其他非媒体产品鲜有成功者，博客和微博从本质上讲都是媒体产品，其经济来源也有媒体的身影——片面依赖广告资源，随着其财力的捉襟见

---

[1] 许颖：《互动·整合·大融合——媒体融合的三个层次》，《国际新闻界》，2006 年第 7 期。
[2] 高钢：《媒体融合：追求信息传播理想境界的过程》，《国际新闻界》，2007 年第 3 期。
[3] 支庭荣：《新媒体不是传统媒体的延伸——融合背景下"转型媒体"的跨界壁垒与策略选择》，《国际新闻界》，2011 年第 12 期。

肘，很多互联网巨头对其虎视眈眈，2013年4月，阿里巴巴5.86亿美元收购新浪微博18%股权，阿里巴巴也获得了在新浪微博做广告和导入流量的权限。因此，从本质上说，媒体产业是个嫌贫爱富的产业，但归根到底是个信息服务业，从属于其他产业，媒体产业要想解决广告日益疲软的趋势，必须主动出击，主动跨界，主动进行业态融合。

### （三）从先有营利模式到先有用户

PC互联网时代互联网公司上马任何一个产品都是追求的明确的营利模式，如门户新闻可以依赖传统广告模式、音乐和游戏依靠付费等，营利模式明确后就可以想方设法吸引足够多的用户来使用，好比是开设酒店，只要场地准备好了就等着顾客上门即可，在这一时期，明确的营利模式是第一位的。移动互联网时代，大家追求的不再是明确的营利模式，而是用户，用户和营利模式不再像"鸡生蛋还是蛋生鸡"那样的哲学命题那么难思考了，因为有了明确的营利模式和商业概念时，往往这个市场已经是一片"红海"甚至是"血海"了。如饿了么创始人张旭豪一个90后在2009年开始做饿了么时并不知道什么是O2O（即Online To Offline，线上到线下），在2012年大家都在热烈讨论O2O的概念才意识到自己当时做的就是O2O的事情，如果等着2012年饿了么再开始做时，整个市场门槛已经不是饿了么最初的几个90后所承担得起了。因此，移动互联网时代，大家都在议论某一个商业模式或者商业概念时，这个商业模式已经过时了。很多互联网公司的做法是不管盈不盈利、何时盈利，先把用户规模做起来，先把社会口碑做起来，自然可以筑巢引凤，VC（风险投资）自然蜂拥而至，因此，用户规模和用户体验成为这一时期互联网企业思考的优先问题。

### （四）从规模经济到范围经济、分享经济和集成经济

规模经济是指由于生产专业化水平的提高等原因，使企业的单位成本下降，从而形成企业的长期平均成本随着产量的增加而递减的经济。比较典型的是PC互联网时代四家商业新闻门户网站之间的规模竞争，大家比拼

的是谁的用户群多、谁的广告收入多、谁的浏览量多,这种竞争还停留在简单的粗放型的规模竞争,属于规模经济的范畴。

范围经济(Economies of scope)指由厂商的范围而非规模带来的经济,也即是当同时生产两种产品的费用低于分别生产每种产品所需成本的总和时,所存在的状况被称为范围经济,只要把两种或更多的产品合并在一起生产比分开来生产的成本要低,就会存在范围经济①。随着百度、阿里和腾讯三家互联网新贵的不断布局和发展,互联网格局发生了彻底翻转,四家争霸到三国演义,互联网企业之争由原来的单纯追求规模到现在的 BAT 三家积极布点,加大自身产品的生态圈布局,整个竞争的焦点由原来的单点竞争到现在的生态圈建设能力之争,这种竞争某种意义上也契合了范围经济应有之义。未来 BAT 格局之争会进一步升级,生态圈建设力决定综合实力。目前移动互联网还处在热潮之中,一旦热潮过后,虽然投资和收购依然会是 BAT 的主旋律,但接下来 BAT 会更注重自身生态系统的深度整合。O2O 服务是 BAT 共同竞逐的最重要战场,微信公众号、支付宝服务、百度直达号,分别扮演着 BAT 作为连接用户和服务、连接线上和线下的撒手锏。

集成经济近两年讨论的热点话题,集成经济是一种板块经济,集成经济的板块属性表现为整体一致性,企业不再是单个的企业而是一个在生产技术、商务往来上有紧密相关性的企业集群,置身于企业集群中的单个企业能够获得 1+1＞2 的协同效应②。在移动互联网行业,各互联网公司目前正在进行的就是集成经济的整合,即以现有的强大平台为中心,百度有搜索,腾讯有微信和 QQ,阿里巴巴有淘宝,在此基础上通过不断链接、整合其他社会关联资源,使整个产业链结构成分充满活力,创造更多新生价值,是基于技术和社会关系作用的与时俱进③。在平台基础上集成人气流、商流、

---

① 喻国明等:《传媒经济学教程》,中国人民大学出版社,2009 年版,第 3-6 页。
② 王永、刘建一、张坚:《浅析规模经济、范围经济与集成经济》,《江苏商论》,2004 年第 3 期。
③ 喻国明、樊拥军:《集成经济:来传媒产业的主流经形态——试论传媒产业关联整合的价值构建》,《编辑之友》,2014 年第 4 期。

物流及信息流等资源的整合，实现虚拟经济、实体经济和金融经济全面开花，打通三者之间的壁垒，做到彼此兼容衔接贯通，从而实现集成经济的溢出效应。

## 五、结语与讨论

移动互联网方兴未艾，传媒已经部分失去了 PC 互联网时代的社会话语权和经济转型时机。关系传播和情感传播已经成为这一时代主旋律，信息生产主体的混杂与相互替代性都为传媒业提出了严峻挑战，未来传媒业必须顺势而为，主动拥抱技术革新和社会变迁，而不能更加抱残守缺。长远来看，移动互联网所构造的经济形态必定会走出一味追求规模的"量"的竞争单一模式，未来媒介产业必然将在范围经济、分享经济、集成经济方面创造出更多的价值实现的新路径。

（作者简介：李彪，男，江苏徐州人，中国人民大学新闻学与社会发展研究中心研究员，主要研究方向：传媒经济学、新媒体与社会）

# "互联网+"时代媒体融合转型的做点研究

李 彪

**摘 要**：本文从历史的维度将媒介融合的历史脉络分为了触网、介质尝鲜、业务流程再造和借鸡下蛋四个阶段，通过梳理发现媒介融合整体来看是教训多于经验、失误多于成功，并在此基础上从现实运作的角度综合分析了上海报业集团模式和浙江日报报业集团模式，认为未来媒介融合转型竞争力的打造可以依赖相关路径选择：资本运作、用户本位、基因改造、产业集成和大数据化信息生产，提出了未来媒介融合转型的若干做点。

**关键词**：媒体融合　产业集成　互联网+　资本运作

2014年8月18日，习近平总书记在中央全面深化改革领导小组第四次会议上发表重要讲话，强调"要推动传统媒体和新兴媒体融合发展，要遵循新闻传播规律和新兴媒体发展规律，强化互联网思维，坚持传统媒体和新兴媒体优势互补、一体发展，坚持先进技术为支撑、内容建设为根本，推动传统媒体和新兴媒体在内容、渠道、平台、经营、管理等方面的深度融合"。这是中央最高领导对传媒产业的发展和布局做的最为直接和明确的表态，为未来的传统媒体产业发展指明了基本方向。本文主要从纵向（媒

---

① 此文为中国人民大学明德青年学者培育计划项目（中央高校基本科研业务费专项资金资助项目批准号14XNJ025）成果之一，原刊于《编辑之友》2015年第11期。

体融合的历史脉络）和横向（当前主要转型模式）为传媒融合转型提供历史坐标和可能的路径选择。

## 一、媒体融合的历史脉络梳理

1993年12月6日《杭州日报》通过杭州市的联机服务网站进行传输，被认为是中国最早的报纸电子版；1995年教育部主办的留学刊物《神州学人》上线，标志着中国媒体出现网络版，从那时算起中国互联网新闻的历史已有20个年头；1997年《人民日报》网络版（现在的人民网）上线，一定程度上代表着"国家队"开始出击网络新闻……这20年间对于人类来说已经可以从一个蹒跚儿童成长为年轻小伙子了，但中国传统媒体的触网过程充满了艰辛和波折，目前依然还处在摸着石头过河阶段。这20年的媒体融合和数字化转型之路大致可以划分以下几个阶段。

### （一）1997–2006年：以数字报、手机报和报网互动为代表的初次触网阶段

1997年人民日报网络版的上线，传统新闻媒体纷纷触网，从简单地将报纸的版面以电子版的形式挂在网上，到简单的文字发布，再到网页新闻的出现，由于中国的相关法律规定商业互联网机构只有新闻的编辑权没有新闻的采访权，因此商业门户网站只能靠抓取传统媒体网页新闻进行编辑来获取新闻来源，传统媒体当时多是以线下发行为主战场，对线上网页新闻基本上置于锦上添花的状态。传统媒体开始失去了其传统的渠道霸权地位，沦为四大新闻门户网站的信息链中的下游和免费打工者。这一时期传统媒体的数字化转型是以教训大于经验而告终的，虽然在形式上实现了上网，但在本质上依然是将传统媒体的思维照搬到网络上，只是触网阶段。

### (二)2005-2010年:以二维码、3D报、4D报和读报器为代表的介质尝试

这一时期传统媒体继续在媒介介质上进行尝试,比较典型的是二维码、3D报、4D报和读报器等介质的问世。2005年3月,《北京晚报》在国内率先推出二维码,当时被很多业界人士寄予"报业未来发展希望"的厚望,但由于那时智能手机还尚未普及,二维码并没有取得大的发展。2010年4月16日,国内首份"3D报纸"《十堰晚报》问世,可戴上随同报纸赠送的3D眼镜观看新闻图片,图片就会立体地呈现在眼前;2011年《洛阳日报》又推出国内首份4D报纸,除了打开报纸后可以看到栩栩如生的牡丹,还可以闻到牡丹的阵阵花香……还有媒体尝试其他介质,主要是以电子读报器为代表。2008年,《解放日报》引入了E-INK电子读报器,成为很多报社青睐的对象:认为以后无须订报纸,直接向给用户以很少价格或者免费提供的读报器中推送报纸即可。但这一时期的介质的尝试在短暂的眼球效应后大多是以赔钱赚吆喝而告终,无论是3D报还是电子读报器都属于过渡产品和技术,不足以承载媒体转型的介质大任。

### (三)2008-2010年:以中央厨房制和全能记者为代表新闻业务流程再造

在进行介质尝试和突围的同时,业界还努力尝试新闻业务流程的优化和再造。2008年,烟台日报传媒集团仿照"中央厨房编辑室"搭建全媒体平台,记者的稿件向多个全媒体终端发布,报社试着从"报纸社"转型为"报道社"[1];2010年,宁波日报报业集团也成立全媒体新闻部,首批15名记者每人配备摄像机、数码相机、录音笔和笔记本电脑……这一阶段的转型尝试真正开始从终端介质逆序到新闻生产,开始从介质融合过渡到业务融合,试图在后台生产环节彻底实现媒介介质之间的前台差异。这种尝试的初衷

---

[1] 蔡雯、刘国良:《纸媒转型与全媒体流程再造——以烟台日报传媒集团创建全媒体数字平台为例》,《今传媒》,2009年第5期。

是好的，但最终的结果不尽如人意，据 2015 年 3 月最新消息，连媒介融合倡导者最津津乐道的坦帕新闻中心已无法融合生存下去，不得不重新拆开独立运行，主要是内部的沟通成本和协调机制不畅等一系列原因造成的。

### （四）2010–2014 年：移动互联时代的借鸡下蛋尝试

随着 2009 年 8 月新浪微博的上线，很多媒体寄希望于微博等自媒体平台，纷纷在微博上开设官方认证账号，2012 年年底全国 90% 以上的新闻媒体都在微博上开设媒体账号；2011 年微信上线，媒体又纷纷在微信开设公共账号。另外，一些传统媒体也积极开放新闻 APP 产品，希望重获传统大众媒体时代的注意力资源，但在苹果 App Store 的应用 TOP100 名排行中没有任何一家新闻媒体的 APP 产品。无论开设微博还是微信公共账号，本质上都是借鸡下蛋，受制于其他平台，最终也是"为人作嫁衣"。而 APP 产品，依然是作为传统媒体的补充发行渠道来定位，不愿更不敢革自己的命，再加上缺乏互联网思维和互联网基因，APP 产品在整个传媒集团中作为附属产品而存在。

## 二、当前传统媒体融合转型的思考与反思

通过这一时期传媒尤其是报业的融合转型和发展之路大致可以得出如下相关结论。

### （一）总体转型绩效评估：教训多于经验

中国媒体的数字化转型和融合之路起步早，但成功的案例少，教训多于经验，很多传媒多以赔钱赚吆喝而告终，进行的尝试多是以探索成分为主，内生性压力不大，甚至个别传媒组织是以跟风模仿为主，受制于传统思维和路径依赖，缺乏前瞻性和规划性，如 3D 报纸，国外 3 月份出现，国内 4 月份就出现了类似报纸。

从目前转型实践的结果来看，多数传媒依然将触网就等同于互联网思维；对受众与广告的双向流失干着急，对之前盲目跟风越来越持审慎态度：要么是按兵不动静观其变；要么病急乱投医，继续寻求新的良方，但投钱则显得很谨慎。但面临的形式越来越严峻，在 PC 互联时代失去的阵地在移动互联时代反而越来越扩大，互联网企业在实现了自身价值（后）开始觊觎媒体领域这块大蛋糕，传统媒体的日子会越来越难过。

### （二）前台终端和后台业务流程再造的延长线思维无法改变困局

传统媒体转型之路大致的脉络可以概括为从前台终端的介质转型开始，延展到后台的业务流程再造，但无论是前者还是后者都是在做延长线，不能从根本上改变传统媒体的颓势和困境。

前台终端的介质转型是希望自己生产的信息在更多的介质和平台上展现，进而扩大受众覆盖面和吸取更多的注意力资源，进而换得更多的广告收益，但在现实实践中就会发现，这还是停留在传统渠道霸权时代，认为信息渠道是稀缺资源的价值假设之下，随着互联网时代来临，渠道价值已经最大限度的被稀释，这种占个渠道就占了一些注意力资源的想法已经落后了，受众可供选择的渠道已经无限扩大，在信息质量不能提升的前提下，多增加一个渠道就多增加了运营成本，反而使得传媒更加负重而行，无论是 3D、4D 报纸还是电子读报器，最终都是短暂吸引民众注意力，赔钱赚吆喝。转型的各种尝试最终都是以烧钱为结局，关键烧钱并没有取得预期的效果，反而转型的信心也受到了打击。其实国内的报业都基本上按照以下路径来转型的：办新闻网站—电子报、手机报、3D 报—报网互动—电子读报器—全媒体记者—二维码—微博媒体账号—微信公共账号，但基本上没有根本的改观，"玩票"的结果是总在"玩票"。

作为后台的业务流程再造则是在前台终端转型尝试失败后对新闻生产组织方式的调整和改变，无论是中央厨房制还是全能记者，基本假设前提都是将组织生产流程改造以便更好地进行信息生产，但随着自媒体平台的不断崛起，大众麦克风时代来临，信息生产已经不再全部依赖于组织化生产，而是被社会化大生产方式所取代，不管内部流程打造多么精细化和全能化，不将信息生产大环境的改变考虑进去，都无异于"闭门造车"。

无论是前端介质改变还是后台业务流程再造都是传统媒体在做延长线，试图通过前端介质的多元和后台业务的整合实现最佳的信息生产方式①，但这种思维已经不适应社交网络时代带来的信息生产革命，简单的延长线思维必须改变。

### （三）介质融合 VS. 业务融合 VS. 业态融合

2003 年，美国西北大学教授戈登（Gordon）将当时美国存在的媒介融合现象总结出来了五种基本的融合类型：一是所有权的融合（Ownership convergence）；二是策略的融合（Tactical convergence）；三是结构融合（Structural convergence）；四是信息采集融合（Information-gathering convergence）；五是新闻表达融合（Storytelling or presentation convergence），即介质融合②，其中，前三种融合属于"媒介组织行为"的融合，后两种则是从业人员角度的融合。对于国内新闻实践来说，由于不允许跨行业办媒体，第一种所有融合和第三种结构融合目前还存在不切合实际性；第二种策略融合、第四种信息采集融合和第五种新闻表达融合则比较流行，尤其是第五种介质融合的尝试③。

由于国外的传媒集团多是多元经营的，并且很多是由实体产业收购媒体产业所形成的，如台湾旺旺集团收购了《中国时报》、中天电视等一系列媒体，因此还存在第六种融合方式，那就是业态融合，无论是实体产业收购媒体产业，还是媒体产业"逆袭"转型或收购实体产业，都属于业态融合的范畴。

在笔者看来，目前我们的新闻实践还停留在介质融合和业务融合的简单

---

① 郭全中：《融合的本质是什么？》，《编辑之友》，2014 年第 8 期。
② 蔡雯：《从"超级记者"到"超级团队"——西方媒体"融合新闻"的实践和理论》，《中国记者》，2007 年第 1 期。
③ 高钢：《媒体融合：追求信息传播理想境界的过程》，《国际新闻界》，2007 年第 3 期。

层面，介质融合是最低级的融合，是一种被动融合，试图用前 Web 时代的思维生产 Web2.0 时代的产品，那肯定是被市场所唾弃的；业务融合属于中级融合层次，虽然跳出了介质融合的简单思维，但仅能解决的是行业生存和温饱的问题，行业的再次腾飞和弯道超车的问题仅仅靠业务融合是解决不了的；业态融合和跨界发展才是媒体融合的高级融合，从互联网发展大势来看，媒体行业作为一种信息服务业，本质上不具备太大的产业优势，这一点从新浪在中国互联网格局中的地位演变就可以看出来，新浪一定程度上是中国网民互联网新闻阅读习惯的定义者，但在中国目前互联网"三家分晋"的 BAT 格局中，却没有新浪的身影，可以说新浪是"成也媒体，败也媒体"，新浪最早靠媒体发家，后来推出的一系列产品，只有媒体产品成功了，其他非媒体产品鲜有成功者，博客和微博从本质上讲都是媒体产品，其经济来源也有媒体的身影——片面依赖广告资源，随着其财力的捉襟见肘，很多互联网巨头对其虎视眈眈，2013 年 4 月，阿里巴巴 5.86 亿美元收购新浪微博 18% 股权，阿里巴巴也获得了在新浪微博做广告和导入流量的权限。因此，从本质上说，媒体产业是个嫌贫爱富的产业，但归根到底是个信息服务业，从属于其他产业，媒体产业要想解决广告日益疲软的趋势，必须主动出击，主动跨界，主动进行业态融合。

### （四）互联网基因和互联网思维最重要

传媒转型，基因的变革是最重要的。互联网不仅仅是工具和渠道，更是一种可以改造世界的新结构方式[①]。习近平同志多次讲话中都提到互联网思维，要求我们用互联网来重新整合构建汇聚我们的传媒实力，实际上是要用现代方式来重新整合我们的媒介。媒体要想充分利用互联网思维进行改革，就必须抛弃以往"各立山头""一家独大"的包干理念，因为互联网强调的是互联互通，是共享，不是闭门造车。互联网时代，

---

[①] 严三九：《从形态融合到生态变革——传媒形态与生态在融合中的颠覆与发展》，《编辑之友》，2014 年第 8 期。

媒体市场不是被压缩了，而是被扩张了，但是为什么传统媒体一再喊难？根子就在思维上。传统媒体要想转型，不仅仅需要进行自我改良，更需进行改革。如何改革？互联网思维不仅仅包括我们的技术，更是整合、汇聚的能力。通过互联网，将以往各家媒体的拳头产品，金牌栏目集合起来，了解市场需求，洞察传媒变迁，才有可能跟上时代发展的步伐，继续引领传媒业发展[1]。正如习总书记提到的，真正运用互联网思维，颠覆以往的运营逻辑。

### （五）业态跨界和产品混搭是未来的主流趋势

在上面的讨论中，对目前的传媒产业的继续画延长线的做法做了分析，对传媒产业的发展大势尤其是作为信息服务业的可能路径进行了探讨，笔者认为传媒产业发展必须走一条介态跨界和产品多元混搭的弯道超车的非常态发展之路。

如果将媒体融合限定在行业内折腾，那么媒体融合是个伪命题，只有将媒体融合上升为业态融合，才能获得更好的视野和发展的无限可能性，彻底打破业界的藩篱，向产业链上下游环节延展。因此，综合起来，虽然看似拥有了更广阔的市场，传统媒介的媒体人却觉得市场空间越来越小，所做的作为越来越无效，自己的空间越来越受挤压，这说明用传统的方式去做精细的市场、精确的服务，已经严重不适应。一方面是市场的无限扩大，另一方面，传统媒体觉得自己的生存空间越来越受到挤压，这本身就说明传统媒介面临的不是小修小改的问题，而是深刻性、革命性的转型改变。即使是革命性的，也需要有试验阶段，要有逻辑过渡。目标和路径一定是要奔着未来正确的方向，而不是简单地按照工作的惯性化来做延长线[2]。

---

[1] 彭兰：《推动中国网络媒体变革的七大博弈》，《编辑之友》，2014年第5期。
[2] 蔡雯：《媒介融合趋势下如何实现内容重整与报道创新——再论"融合新闻"及其实施策略》，《新闻战线》，2007年第8期。

## 三、集成经济视角下的传媒集团融合转型的路径选择与未来趋势

集成经济是近年来对传媒产业发展的趋势比较形象的概括和总结,喻国明等研究者认为传媒经济运作历程是不断整合关联价值的过程,大致可以概括为以下三个阶段:第一阶段是传媒追求的是规模经济效应;第二阶段是追求范围经济效益,而第三阶段则是传媒集成经济模式,集成经济可以被认为超越传统的单一系统整合为主的发展路径,可以有效突破规模经济所带来的规模不经济和范围经济带来的范围不经济的天花板效应[1]。集成经济的一个重要表现形式就是不同领域的产业集成,产业集成指的是不同领域的产业之间纵向或横向联系所形成的创新结合体,本质上讲,产业集成是虚拟经济实体经济和金融经济等方面的系统集成,在产业集成中,每一个产业部门都是资金与技术的来源,并构成众多其他产业部门的市场需求,形成特定的产业市场群。简而言之,产业集成就是以传统产业或成熟产业乃至衰退产业的核心产品为平台,通过其相关性产业或支持性产业的集成融合来形成新的利润来源。在集成经济视角下,未来传媒集团融合转型的路径选择可以有以下做点。

### (一)资本运作是发展大趋势

从传媒与资本两者的风马牛不相及到互相融合共生,两者不断联姻的背后动因必然是市场发展的原始需求,从目前市场发展来看,资本尤其是VC(风险投资)不断"攻城略地",很多传媒转型的背后都有资本运作的身影。传媒产业作为一种特殊的信息生产部门,必然遵循产业发展的基本规律,如默多克的新闻集团1948年从澳大利亚的一份地方报纸起步,到2012

---

[1] 喻国明、樊拥军:《集成经济:来传媒产业的主流经形态——试论传媒产业关联整合的价值构建》,《编辑之友》,2014年第4期。

年已经跃居全球500强公司中的第364位，旗下产业囊括报刊、电视、互联网等所有行业的媒体类别，其不断扩张的诀窍就是通过资本运作——不断融资和并购实现跨越式扩张。这里的资本运作并不是前几年大家疯狂追求的上市，而是让资金流动起来，形成现金流，在流动中生钱，并且善于借助杠杆原理，善于强强合作，善于与资本公司合作，以基金、金融投资等为手段，实现传媒集团资本的保值与增值。"好风凭借力，送我上青云"，传媒业的未来属于那些善于借助资本杠杆不断融资并购敢想敢干的运营者。

在目前的报业集团转型中，资本运作做得可圈可点的是刚成立不久的上海报业集团。上海报业集团从一成立就强调资本运营的水平，在资本构成上，吸纳文化资本、金融资本、产业资本、社会资本等共同进入，充分体现主体丰富、产业融合以及主流媒体与新媒体深度融合的特点。在制度安排上，考虑充分遵循权责对等、激励约束并举的原则，既遵守现有的国资规范要求，又有所创新和突破。报业集团将作为基石发起人，主发起两支产业基金，分别从事文化产业领域内重大项目的战略投资和风险投资。一是新媒体产业基金，募资规模10亿元人民币，重点关注新媒体内容生产、产品设计和技术支撑环节的潜力型、成长型项目；二是文化产业并购基金，首期募集10亿元，并购基金主要着眼于行业内部的整合，投资也以中后期的长期投资为主，关注跨媒体、跨地域、跨行业、跨所有制的产业整合项目，积极向娱乐等相关产业倾斜。

上海报业的模式可以概括为：侧重资本运作，实行精品战略，上海报业未来将主发起至少三个基金：一是文化金融地产基金，新媒体产业基金和文化产业并购基金；二是打造好拳头新闻产品，如澎湃、界面和上海观察，尤其是界面，定位为中国的彭博社，主打财经金融信息服务和金融产品打造；三是重点投资跨媒体、跨地域、跨行业、跨所有制的产业整合项目。

### （二）用户需求是根本

随着媒介技术的不断演进发展，媒介生产与供给市场发生了根本性逆转，传统的媒介供方市场向需求方市场不断转变，在转变的过程中不断出现新的变化：需求方市场更加碎片化、快餐化和移动性，被动的"受众"转变成了能动的"用户"，同时，用户的"在场意识"和参与意识在不断增强，用户不再简单地满足"知情权"，他们也希望参与到信息的生产环节中来，制造新闻、评价新闻，更希望在信息生产上加上自己的烙印，"参与权"在不断增强。传统媒体的数字化转型不是简单的自我转型和自我革新，必须适应用户的需求变化，实现"全媒体、全天候"的个性定制化传播，通俗地说，就是要实现3E（Everybody、Everywhere、Everywhen）传播。

在报业集团转型过程中，浙江日报报业集团坚持一切以用户为重，用户为基础。浙江日报报业集团子公司——浙报传媒（浙报传媒控股集团有限公司是浙江日报报业集团出资设立的全资子公司，统筹运营浙江日报报业集团经营性资产，经营业务包括传媒及相关文化产业、资本运营等领域）斥资32亿收购盛大旗下的游戏、对战平台边锋和浩方。半年后浙报传媒从边锋浩方两个游戏平台获得的纯利润已经超过了整个浙江日报报业集团传媒主业的利润收入。但这背后最重要的是浙江日报报业集团获得了对浩方边锋两个平台的用户的舆论影响力——边锋浩方平台目前的3亿注册用户（其中2000万活跃用户）会成为报业集团信息传播、舆论影响的基础和目标。从这个意义上说，浙江日报报业集团的这条转型路径既考虑到了报业集团的生存与经济支撑，又获得了扩大报业集团传播力影响力的潜质，可以说达到了"一石二鸟"之功效。

为了更好地了解用户的信息需求和情感需要，浙江日报报业集团坚持数据库战略，勾连用户资源与报业未来。集团2012年开始着手启动数据库建设，并且从一些国际知名的互联公司挖来了首席数据官，并且快速组建了数据工程师团队，目前已有近30个数据库工程师来进行数据的挖掘、运行、服务。

### （三）基因改造是基础

目前传媒面临的窘境，一定程度上是基因出了问题，是以媒体本位思维束缚了自己思维，正如习近平同志强调的，要有互联网思维。相较于互联网思维，互联网基因更为重要，传统媒体很容易丧失互联网环境下的思考能力，有了路径依赖，从这个意义上说是其基因落后了。基因改造必须要为传媒重新植入互联网基因，在路径选择上有两个：一是另起炉灶，新项目完全把传统媒体的人员和管理人才进行有效隔离；二是让互联网的人来主导。这种改造虽然极端，但效果会很好。

浙江日报报业集团2009年9月与阿里巴巴集团合作创办了《淘宝天下》，鉴于浙江日报报业集团强大的采编队伍，该杂志采编人员一开始都是由浙江日报报业集团派驻到淘宝，希望彻底改造为互联网基因，但结果却出乎意料，两个团队的运作理念完全不同，使得浙江日报报业集团的采编人员与淘宝人员在《淘宝天下》的内容设置和用户偏好等具体运作上纷争不断。浙江日报报业集团只好将采编队伍撤回，由淘宝重新招一些新人和淘宝团队内部的人来进行内容生产，反而现在的《淘宝天下》越来越像互联网媒体。与其说两个团队存在文化差异，不如说是两者的基因就是不同的。浙江日报报业集团通过这个事情吸取了教训，积极移植互联网基因，近年来全力打造了一系列新媒体创业孵化器。2011年10月，浙江日报报业集团启动了传媒梦工场项目，在整个集团内部招聘，录用的前提是必须丢掉原来的事业单位编制，全部市场化运作。成立后就牵头举办了中国新媒体创业大赛，孵化了一批新媒体项目，包括知微、优微、虎嗅网等，已经取得了一定的行业影响力。这就是"摈弃旧机体，重建炉灶"的转型思路。

### （四）产业集成是路径

根据集成经济的相关产业集成理念，任何有创新的产业都有可能成为传媒产业新的助力引擎。面对传统媒体集团主业不断下滑的困境，传媒组织八仙过海，各显神通，多元经营大放异彩。众多媒体副业不输主业，从服务业到制造业乃至农牧业，从三产到二产再到一产，媒体领导"抓革命促生产"，每个有可能掘到金块的产业都去积极参与、渗透，多数收效明显，少数盆满钵满，如徐州报业2013年年收入近5亿，主业副业各占一半；浙江日报报业集团2013年净利近3亿，将近一半是来自游戏收入……其他副业超主业的传媒集团，比比皆是，不多举例。

### （五）大数据库是助力

大数据目前是传媒行业比较热门的概念和话题之一，信息生产的外部效应是数据的富集和冗余，大数据使得我们进入了智能社会，传媒业作为信息生产部门，是社会大数据的重要来源之一，与大数据融合具有天然动力。媒介融合和数字化转型必须实现信息与用户的智能匹配，通过数据挖掘和分析技术，在不断优化用户信息需求的基础上，实现信息和用户需求的智能化匹配，真正满足用户个性化、定制化的信息需求。未来的新闻生产方式必然由原来的组织化生产到现在的社会化大生产再到未来的人工智能化的按需生产。从这个意义上说，大数据技术支持下的信息——用户智能匹配已经成为媒体转型的绝佳支点，利用数据存储和数据挖掘技术，找到目标用户和核心用户，知道他们的现实需求和潜在需求，并通过一套精准有效的算法，及时推送。浙江日报报业集团目前将游戏平台——边锋与浩方的3亿注册用户，2000多万活跃用户，再加上浙江日报报业集团传统媒体的600万用户，组成了一个大数据库平台，未来借助大数据库对用户做精准分析和特征画像，进行准确定位和信息、服务推送，真正成为用户的"信息管家"，按需生产。

大数据技术还能帮助传媒企业更好地实现"O2O"（Online To Offline，即线上到线下），从而实现真正的线下延伸。传媒业内在就需要从线上到线下的影响力延展，需要从虚拟到现实和从现实到虚拟的有机互动，大数据可以有效了解线上线下社会需求，并进行有效的信息资源互动和精准投放，从而能够更好地发挥该模式的威力。

未来传媒集团融合转型必须实现三个基本转变：一是从单一成分的传播受众到多元、多变的用户群体；二是从粗放型的大众化传播到精准化的人际传播和小圈子传播；三是从单一的信息资讯服务到个性化的综合信息解决方案，将传统的信息传播模式从"大水浇田"，向"滴水灌溉"模式转变，并在此基础上，对未来传播和传媒的概念进行重新定义，对传统的信息生产方式和信息传播机制进行重新界定,积极探索与再造"信息管家+技术专家+产品经理"的信息生产—融合机制,实现"内容产品化、产品服务化、服务众包化"转型之路。

(作者简介:李彪,男,江苏徐州人,中国人民大学新闻学与社会发展研究中心研究员,主要研究方向:传媒经济学、新媒体与社会)